三石五　编著

30天读30人

秦汉

篇

月读《史记》

上海交通大学出版社
SHANGHAI JIAO TONG UNIVERSITY PRESS

内容提要

　　本书从《史记》中选取秦汉时期具有代表性的人物,从人物故事、文化常识、原文选读等几个方面选编内容,让读者对这些人物有一个全方位的认识。本书是"月读《史记》"系列的第三册书,带领读者每天"读一文,识一人",用一个月时间了解全书内容。本书阅读层次明晰,形式新颖,故事性强,易于入门,为读者阅读古文经典搭设了兴趣的桥梁。

图书在版编目(CIP)数据

　　月读《史记》.秦汉篇/三石五编著.—上海:
上海交通大学出版社,2023.2
　　ISBN 978-7-313-28214-9

　　Ⅰ.①月… Ⅱ.①三… Ⅲ.①中国历史-古代史-纪
传体②《史记》-通俗读物 Ⅳ.①K204.2-49

　　中国版本图书馆CIP数据核字(2022)第253384号

月读《史记》——秦汉篇
YUEDU SHIJI——QINHANPIAN

编　　著:三石五
出版发行:上海交通大学出版社　　　　地　　址:上海市番禺路951号
邮政编码:200030　　　　　　　　　　电　　话:021-64071208
印　　制:上海盛通时代印刷有限公司　　经　　销:全国新华书店
开　　本:880mm×1230mm　1/32　　印　　张:10.375
字　　数:215千字
版　　次:2023年2月第1版　　　　　　印　　次:2023年2月第1次印刷
书　　号:ISBN 978-7-313-28214-9
定　　价:53.00元

前言

　　编写"月读《史记》"系列，是一次尝试。这套书的内容，源于一门关于《史记》的拓展阅读课，这门课程以《史记》中的人物为主要线索，附带讲解文化常识和古文知识。这些内容简要而浅显，不及《史记》原典的九牛一毛，然而，"浅显"容易入门并引发兴趣，"简要"会让人觉得"不够"，于是想要去读《史记》的原典以及更多相关的书籍。"兴趣"是最简单也是最珍贵的，编写本书的动因也即在此。本书的主要内容诞生在课堂中，是经过教师讲解、学生反馈、编辑选取后逐渐形成的。因此，从某种意义上来说，这是一本由老师、学生、编辑齐心协力完成的书。

　　本书内容的第一条线索，是人物。众所周知，《史记》是纪传体，由"本纪""表""书""世家""列传"五个部分组成。"本纪""世家"和"列传"中有众多精彩的人物传记，但并非每一个人都有单独的篇目，很多帝王和诸侯的故事都合并在"本纪"或"世家"中。另外，有单独传记的人物，也可能还出现在《史记》的其他篇目中，比如伍子胥的故事在《吴太伯世家》《楚世家》《伍子胥列传》等篇中都有记述，本书选取了人物后，将他在《史记》中的全部内容罗列出来，然后加以综合概述，无论人物的地位高低，都像"列传"一样一个个地展示。

本书内容的第二条线索，是时间。"月读《史记》"系列按时间顺序分"春秋""战国""秦汉"三本书，各选30位（组）代表人物。同时，每本书又分若干篇章，这些篇章按时间顺序列出一个个时代，依次展示这一时代历史进程中的代表人物。本书围绕这些人物，介绍他们的故事，了解他们所处时代的礼仪、环境、器物等，并感受他们的精神，当然，还要一起阅读一些原文经典段落，感受文言文独有的韵律节奏，欣赏太史公的卓越文笔。

本书是"月读《史记》"系列的第三册，选取了30位（组）《史记》中记载的"秦汉"人物。如果读者每天抽空读完一个人物的故事，那么只要用一个月的时间，就能读完这本书，这也是为什么起名"月读"的原因。但"月读"并不是抄捷径的"速读"，"月读"的本意是抛砖引"欲"，循阶而上。希望读者从这本书中找到自己喜欢的人物、故事或知识，更希望它能在你心中种下一颗兴趣的种子，让你在今后的某一天，去翻开那本万世不朽的经典，去领略司马迁"究天人之际，通古今之变，成一家之言"的神奇魅力。

体例说明

本书包含了一些体例和栏目，在此逐一解释说明，方便读者参考阅读。

 人物目录、年代示意图

本书共有六个篇章，每一篇章以一位统治者的称号命名。这些篇章按照人物的时间顺序排列，分别为"秦始皇篇""西楚霸王篇""汉高祖篇""吕太后篇""汉文帝篇""汉武帝篇"，每一篇章中包含了该统治者同时代的代表性人物。这些篇章就像一个个驿站，串联起了一条可见的时间线，读者可配合人物目录和《秦汉主要事件年代示意图》对本书中罗列的秦汉时期的时间顺序有一个总体的了解。

篇名印章

每一篇章的篇头名称中都有一幅印章作品，由篆刻文化推广人朱曦老师篆刻，每一方印章中都包含了一些有趣的小知识。这些印章所用字体为篆书或金文，这些字体与《史记》的文字内容相结合，或许能为阅读增加一些太史公时代的氛围，丰富一些阅读体验。

 人物关系图

在每一篇章的开头，列出了本篇章涉及的主要人物的关系图。借助人物关系图，读者可以快速了解故事脉络、人物关系。

 文化常识

每一篇人物故事之后，都设置了"文化常识"作为正文的附加栏目。每一篇常识根据人物故事中出现的某一个称呼、器物或行为，加以解释说明。通过了解其中包含的文化或科学知识，读者可以更好地理解人物和故事。

 原文选读

每一篇人物故事之后还附有"原文选读"栏目，所挑选的小段古文，出自该篇人物对应的《史记》原文篇章，读者可通过简易"注解"，尝试着阅读这些古文，感受太史公的文字魅力。

各篇人物目录

汉武帝篇		汉武帝		司马迁	
	张汤	郭解	公孙弘	卜式	
	窦婴 田蚡	卫青 霍去病	李广		

汉文帝篇　汉文帝　刘长 刘安　冒顿 赵佗　袁盎 晁错　刘濞 刘武

吕太后篇　吕雉　周勃 周亚夫　刘章　陈平

汉高祖篇　刘邦　张耳　田横　萧何 曹参　张良　韩信　彭越 黥布

西楚霸王篇　陈胜　项羽

秦始皇篇　秦始皇　李斯　赵高 胡亥

秦汉主要事件年代示意图

大泽乡起义
前 209 年

垓下之围
前 202 年

刘邦称帝
前 202 年

秦统一
前 221 年

吕太后称制
前 188 年～前 180 年

汉惠帝在位
前 195 年～前 188 年

汉高祖在位
前 206 年～前 195 年

秦始皇在位
前 247 年～前 210 年

七国之乱
前 154 年

汉文帝在位
前 180 年～前 157 年

汉景帝在位
前 157 年～前 141 年

汉武帝在位
前 141 年～前 87 年

漠北之战
前 119 年

司马迁
任太史令
前 108 年

前 221 年

前 190 年

前 160 年

前 130 年

前 100 年

目 录

秦

始

皇

篇

"秦始皇"印章：印章字体一般为篆书，故刻印又称篆刻，是结合了书法与镌刻的一种传统艺术形式。本印章仿汉印风格，横平竖直清晰，笔画线条较粗。

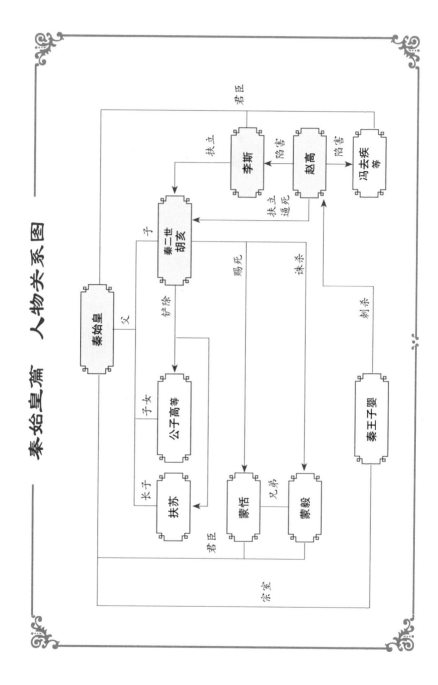

秦始皇篇　人物关系图

君臣

李斯 — 陷害 — 赵高 — 陷害 — 冯去疾等

扶立

扶立
逼死

秦二世
胡亥

子

秦始皇

父

铲除

赐死

诛杀

刺杀

秦王子婴

子女

公子高等

长子

扶苏

蒙恬

兄弟

蒙毅

君臣

宗室

1. 秦始皇

公元前221年，三十九岁的秦王政在位的第二十六年，秦国统一天下，从此他成为全天下的始皇帝。然而，这一年距离秦始皇去世只有十一年，距离秦朝覆灭也只有十三年。秦始皇继六世余烈完成统一伟业，却二世而亡，让我们翻开《史记》，看看太史公在《秦始皇本纪》中所记录的嬴政一生的功过。

横扫六国

嬴政，公元前259年出生于赵国邯郸。父亲是当时在赵国为质的秦公子异人（后改名为子楚），母亲是赵女，曾是商人吕不韦的宠姿。吕不韦认为公子异人"奇货可居"，于是全力协助子楚最终继承秦国王位，即秦庄襄王。

公元前247年，庄襄王在位三年后去世，十三岁的太子政继承王位。秦王年幼，由太后和相国文信侯吕不韦主政。九年后，秦王政加冠成年，长信侯嫪（lào）毐（ǎi）因谋反被族灭，吕不韦也受牵连被罢免，后自杀。秦王亲政，一方面不断派军队侵吞列国土地，另一方面重用李斯、尉缭等人。尉缭献策重金收买列国权臣，从内部瓦解各国的抵抗。

公元前230年，也就是秦王政在位第十七年，秦灭韩，将韩国土地设置为郡，韩国成为六国中第一个被吞并的国家。接着，秦王政发兵将赵、魏、楚、燕、齐逐一吞并，经过十年的战争后，终于横扫六国，完成了统一天下的伟业。

尊号皇帝

吞并列国后，秦王与群臣商议，想拟定一个匹配自己伟大功绩的称呼。之前，周天子是天下共主，被称为"王"。到了春秋战国时代，诸侯的势力不断壮大，纷纷僭越称王，秦国第一位称王的国君是秦孝公的儿子，也就是秦王政的高祖父——秦惠文王。更久远的五帝时期，统治者都称为"帝"，战国时期秦王政的曾祖父秦昭襄王就曾和齐湣王分称"西帝""东帝"，以此显示秦、齐两国要比"王"还尊贵。臣子们从古籍中找到更古老的"天皇""地皇"和"泰皇"的称呼，其中"泰皇"是最尊贵的，因此群臣都认为只有"泰皇"的尊号才配得上秦王的不世之功，同时他们建议今后君主的命令称为"制"和"诏"，而君主自称为"朕"。最后，秦王政决定将"皇"和"帝"两个字组合在一起，自称为"皇帝"，其他的都按照臣子的建议。可见，在秦王看来，他的丰功伟绩要比古代的所有君主都更伟大，因而他的称号也是前无古人的。

秦王政既认为古人不能与自己相提并论，也不想要后人对他议论长短，因此他废除了谥号的制度（谥号制度到了汉朝又被恢复）。谥号是指君主死后，由后人对他生前的功过进行评定后加一称号，比如周文王的"文"、齐桓公的"桓"等。谥号制度得以让儿子评论父亲、臣子评论君主，秦王政对此非常反感，并宣称"朕为始皇帝"，以后的皇帝以"二世、三世直至万世"依次计数，直到无穷尽。

天下一统

始皇帝为自己定了尊号，也必须从方方面面为统一的国家定下各种制度。君臣依从五德终始学说，按照五行相生相克的观点，认为周是火德，而秦取代了周，则秦为水德，又以五行中的水来对应世间的万物，历法以十月为每年的第一个月；颜色则尚黑，旗帜、服饰等都崇尚黑色；数字以六纪，即在日常生活中使用数字以六为标准，比如兵符、法冠都长六寸，车宽六尺、用六匹马拉，等等。

始皇帝同意李斯的谏言，不再分封诸侯，而是全面实施郡县制，共设置了三十六个郡，这样，权力完全集中在了中央朝廷和皇帝手中。做完了这些安排后，始皇帝下令欢聚宴饮，庆祝天下太平，再无战事。民间的兵器全被收到咸阳，熔化后铸造成了编钟以及十二个巨大的铜像，伫立在宫廷中。始皇帝又着手统一法令、度量衡、车轨、货币以及文字，使得广袤国土上的所有人都真正成为皇帝的臣民。为了方便管理和控制，同时壮大都城，始皇帝将全国十二万户豪富迁至咸阳。

巡行封禅

统一天下后第二年（公元前220年），为了彰显国威，始皇帝决定前往各地巡视，为此他下令修建坚固宽阔的驰道，专供皇帝出巡使用，这些遍及全国的驰道最终都通往国都咸阳。

始皇帝第一次巡行了西北地区，那里原先就是秦国的土地。次年（公元前219年）第二次巡行则到了齐地，始皇帝一行登上了峄（yì）山，并在山上留下纪念石碑，上面刻有歌颂始皇帝功业的韵文。秦始皇是登山立颂文石碑的第一人，他之后数次巡视天下都留有刻石。也就是在这次巡行中，始皇帝效仿古代的统治者，在泰山举行了封禅大典，祭祀天地。但据说，在下山时天降大雨，始皇帝不得不在一棵树下避雨，后来他封这棵遮雨有功的树以"五大夫"的爵位，可见，天下的万事万物都能领受皇帝的恩泽。

在泰山封禅之后，秦始皇沿着海岸线，登上了芝罘（fú）山和琅琊山，并都留下石刻。在此期间，一位名叫徐市（即徐福）的齐郡人上奏说：海中有三座神山，分别叫作蓬莱、方丈、瀛洲，上面住着仙人。徐市请求沐浴斋戒，带领童男童女出海寻访神山，秦始皇批准了他的请求，让他挑选了数千名童男童女乘船去海中寻找仙人。这一年，始皇帝已经四十岁，他对仙人和长生不老的渴望也越来越强烈。

南征北伐

公元前218年，秦始皇连续第三年出巡，当皇帝的车队经过阳武县博浪沙时，有刺客想用大铁锤砸杀皇帝，秦始皇受了惊吓却并未受伤，但是士兵没能搜捕到刺客。阳武县属于三川郡，是战国时韩、魏故地，这次刺杀行动其实是张良策划实施的（详见本书《7.张良》）。嬴政一生有记载的遭遇了四次刺杀：第一次是燕使荆轲行刺；第二次是荆轲好友高渐离想用筑击杀他；第三次就是这次在博浪沙遇刺；第四次则发生在两年后，在咸阳微服出巡时遇到刺客，所幸刺客被随行的四名武士击杀，皇帝大怒，派人在关中大肆搜捕同谋者，结果搜查了二十天却一无所获。

连续遭到刺杀并没有阻挡秦始皇出巡的脚步。公元前215年，他第四次出巡，这回他东巡至碣石，此处原是燕国故地。秦始皇照例在此刻石立碑，并委派燕人卢生等方士寻访仙人。卢生出海回来后，带回自己抄录的图，上面有一句奇怪的预言："亡秦者，胡也"。始皇认为这里的"胡"指的是北方游牧民族（即匈奴，从后来的历史发展来看，亡秦的"胡"似乎应是胡亥），因而他在震惊之余，立刻派遣大将蒙恬率领三十万秦军伐胡，并收复了黄河以南（即黄河河套地区）的失地。为了巩固北部的边防，秦始皇在阴山山脉一带新设了几十个县，并大量迁徙中原的刑徒和民夫，让他们在这里修建长城和边塞，将战国后期逐渐废弃的燕、赵、秦等国的北部长城连为整体，这就是秦代的万里长城。

翌年（公元前214年），秦始皇又派五十万大军征伐南部的百越地区。此时生活在南方的越人并非统一的国家，多是分散在高山丛林里的部族。南方气候潮湿，对南征的秦军造成了巨大的困难。尽管如此，秦军还是一路南下，征服了南方的广大地区，在此建立了桂林、象郡、南海三郡（今广东、广西等地区）。南北两线同时征战，消耗巨大，朝廷又不得不持续征发无数的刑徒和民夫前往边境卫戍。

焚书坑儒

公元前213年，秦始皇设宴招待群臣，席间有博士官七十人向皇帝敬酒。博士官是皇帝任用的博学多识之人，作为宫廷中的参谋和智囊。博士官既有法家学派的学者，也有来自齐鲁地区的儒生，其中也包括不少的方士。在献颂词时，博士们却围绕分封制和郡县制孰优孰劣发生了争论。秦始皇征询朝廷重臣的意见，丞相李斯坚定拥护郡县制，强调统一法令的重要性。李斯批驳了那些赞同分封的儒者，并提醒皇帝说，现在天下统一，如果任由民间私学盛行，任由读书人以古非今，扰乱民心，那么国家的稳定和皇帝的统治将受到威胁，因而必须严令禁止。秦始皇同意了李斯的建议，下令将《秦记》以外的列国史书、除博士官之外民间私藏的《诗》《书》以及其他诸子百家的著作全部收缴焚毁，胆敢私自谈论《诗》《书》者判死刑，胆敢以古非今者判族灭……不在焚烧之列的古籍只有医药、卜筮、种植等类别的书。

次年，秦始皇信任的方士侯生、卢生逃跑了。他们自知没有长生不老的仙药，天底下也没有神仙，但皇帝对他们有求必应，花费了无数钱财，他们害怕一旦被识破必遭毒手，于是趁早逃跑。秦始皇知道自己被方士所骗，而且听说这些方士和儒生们沆瀣一气，私底下都在毁谤自己，盛怒之下，他下令把这些人全部抓起来严加审问。儒生们经不起严刑拷问，互相揭发以求自保，秦始皇亲自将四百六十多人定罪，并在咸阳将他们悉数坑杀，以此惩戒世人。

公子扶苏是秦始皇的长子，他劝谏父亲不应该坑杀儒生，引发天下的不安。但他的劝谏反而激怒了皇帝，因而被派去北方边境做蒙恬的监军。此时，蒙恬在北境指挥修筑长城，南方的秦军也在平定南越，而都城所在的关中地区在修建秦始皇的骊山陵墓和恢宏的阿房宫，云阳通往九原的直道更是需要凿山填谷，这些工程都需要无数的人力物力。在严苛的秦律之下，越来越多的罪犯和民夫被发配戍边或去为这些巨大的工程服劳役。

始皇帝崩

公元前210年，秦始皇第五次出巡，他的小儿子胡亥请求父亲带上自己，始皇出于疼爱，答应了。这次他往南到了吴越之地，登上会稽山并立石碑歌颂秦德，接着向北又到了琅琊山。当初徐市奉命带着童男童女出海寻仙药，九年过去了仍无音讯，当地的方士们害怕皇帝发怒，推说找不到神山是因为海里的大鱼碍事，于是皇帝下令出海的人带上捕杀大鱼的工具，始皇帝亲自带着连弩沿着海岸寻找大鱼，到了芝罘山，终于看到了大鱼，并射死了一条。

秦始皇出巡到平原津时生病了，虽然他忌讳别人提死的事情，但随着病情日益加重，他预感自己时日无多，于是写了一封信给长子扶苏，要求他从北境赶来，护送自己的灵柩回咸阳安葬。这是秦始皇生前下的最后一道命令，也可能是最重要的命令之一，但他最宠信的臣子们却在他死后完全颠覆了他的意志。陪在他身边的有左丞相李斯、中车府令赵高，以及小儿子胡亥。

七月丙寅日，皇帝的出巡队伍停留在沙丘宫，始皇帝驾崩了。

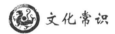 文化常识

驰道、直道、甬道：究竟是什么道？

秦始皇统一天下后，大兴土木，完成了很多工程。在交通道路方面，我们可从《秦始皇本纪》中看到秦始皇筑造诸如"驰道""直道""甬道"等道路，那么这些路究竟有何特点和作用呢？

了解这些道，必须首先从"车同轨"这个概念说起。"车同轨"是秦统一的各种制度之一，文字、度量衡、钱币的统一都易理解，而"车同轨"则要先理解字面的意思。"轨"当然不是我们现在熟悉的铁轨，古代的车主要指马车，"车轨"是车轮压在路上所留下的车辙，所以"车同轨"指的是车留下的辙的宽度相同，即要求车辆的两轮之间的距离相同。

秦始皇为什么要统一车轨距离呢？因为同样宽度的车轨

可以大大提高车辆运行的效率。古代的道路大部分是夯实的泥土路，车轮碾压久了，一定会留下或深或浅的车辙，如果车轮沿着原有车辙滚动，就有点像我们现代的各类轨道交通一样，在提高速度的同时，大大减少了道路与车轮之间的摩擦，从而减少了车轮的损耗。在秦统一之前，各国的车轨并不相同，这一方面造成各国修建的道路宽度不同，驶入他国时，会因为车辆宽窄不同而不便通行；另一方面，即便道路可以通行，但路面上留下的不同宽度的车辙会影响车辆的行驶效率，如果遇上天雨泥泞等情况时，进入车轨不同的国家需要换乘当地的车辆，相当不方便。因而秦统一车轨，使得天下所有车辆的车轮间距相同，无论去何处，道路上的车辙与所有车辆都是贴合的，这也是秦始皇能够在全国筑造驰道的条件之一。

驰道，字面上理解有点像我们现代的"高速道路"，实际上驰道也确实起到了高速路的作用。它是按照秦的统一规格铺设的道路，以咸阳为中心辐射到全国各地。据史书记载，驰道的路面宽五十步（约67.5米），沿路每隔三丈（约7米）种树一棵，并且路面必须夯筑得非常牢固，地方官每年九月必须对辖区内的驰道进行检查和修筑。筑造驰道的初衷似乎是为皇帝服务的，按规定，驰道的路面分三条道，中间一条道专供皇帝使用，其他人如擅自使用即被定罪，平民只能使用旁边的两条道。秦始皇在统一之后，先后五次从咸阳出发，巡视全国，这也说明当时驰道网络已四通八达。

所谓甬道，是为了增加出行时的私密性，有些道路旁边建造了侧墙，阻隔其他人的视线，这类道路就被称为"甬道"，而在都城内建筑的这些甬道，当然是专供皇帝使用的。

直道，即笔直的道路。《秦始皇本纪》中记载，公元前212年，秦始皇下令筑造直道，"道九原抵云阳，堑山堙谷，直通之"，直道的起点是咸阳附近的云阳，通往防御匈奴的北境前线九原郡，南北全长七百多公里。我们都知道两点之间笔直的线段最短，因而这条所谓的直道，是一条可以让军队通过最短的距离快速到达前线的军用道路。直道也是按照秦的统一规制筑造的，也可以理解为是驰道的一种，但因为要求"直通之"，尽量选取最短的路径，所以必须削峰填谷，筑造难度更高。

秦始皇统一了车轨，并建造了稳固且四通八达的道路系统，极大地方便了交通，不仅让皇帝可以从咸阳出发巡游天下，也可以让各地的军队、民夫迅速集结出征。然而，在不久之后推翻秦朝的战争中，刘邦、项羽等反秦军队也是利用这些道路网，快速攻入了关中地区、攻破都城咸阳。

但无论如何，秦始皇所构筑的道路网是中国统一格局的重要因素之一，之后古代各时期的政权虽然分分合合，但像战国时期采用不同规制的时代却一去不复返了。秦始皇能够统一道路、文字、度量衡等规制，从这个意义上来说，他可算符合了"始皇帝"的称号。

 原文选读

《史记·秦始皇本纪》选段

始皇出游。左丞相斯[①]从，右丞相去疾守。少子胡亥爱慕[②]请从，上[③]许之。十一月，行至云梦，望祀[④]虞舜于九疑

山。浮江下，观籍柯，渡海渚。过丹阳，至钱唐。临浙江，水波恶⑤，乃西百二十里从狭中渡。上⑥会稽，祭大禹，望于南海，而立石刻颂秦德。

注解

①左丞相斯：李斯，后文"右丞相去疾"指冯去疾。②爱慕：羡慕。③上：始皇，"上"是对皇帝的尊称。④望祀：遥祭山川地祇之礼。⑤水波恶：指（钱塘江）波浪汹涌。⑥上：登上（会稽山）。

2. 李斯

　　李斯既是秦王兼并列国时的重要辅臣，也是始皇帝初定天下后统一法令制度的实施者，更是秦二世胡亥得以继承皇位的推手之一。他从楚国的一介布衣成为统一王朝的丞相，权倾一时却最终在政治斗争中惨败，落得身死族灭的结局。《秦始皇本纪》《李斯列传》等篇中记述了他跌宕起伏的传奇一生。

谏逐客令

　　李斯在楚国曾出任小官吏，有感于厕鼠与仓鼠的境遇迥异，因而外出游学，立志改变人生。他后来师从著名学者荀子，与韩非是同门，学成之后即告别老师，前往秦国寻求机会（李斯师从荀子的故事，详见《月读〈史记〉——战国篇》中《30.荀子、韩非》）。

　　李斯来到秦国时，正逢秦庄襄王去世，秦王政继位。因为他是大名鼎鼎的荀子的学生，因而顺利成为吕不韦的门客，吕不韦是秦国的相国，更是当时秦国实际的主政者，连年幼的秦王都尊称其为仲父。李斯的才能很快得到了吕不韦的赏识，因而被升任为宫中的郎官，获得了面谏秦王的机会。李斯谏言秦王，应该抓住六国疲弱的大好形势，一举兼并列国，统一天下，成就帝业。秦王于是拜李斯为长史，按照李斯和尉缭等人的策略，派人在各国重金贿赂权贵，离间君臣，以此削弱各国。

然而，当时各国也在对秦国施以计谋，韩国派来的间谍郑国就利用为秦国修造水渠的机会，企图削弱秦国国力。郑国的阴谋败露后，秦王对自己身边的六国之人都产生了怀疑，于是下达了"逐客令"，驱逐所有来自他国的客卿，来自楚国的李斯当然也在被逐之列。李斯上书秦王说，早在秦穆公时，百里奚、蹇叔得到重用；秦孝公时用商鞅实行变法；秦惠文王任张仪为相开展连横；秦昭王则起用范雎进行远交近攻的蚕食策略……这些深受秦国国君信任的臣子全都来自其他诸侯国，客卿何曾辜负过秦国？如果没有这么多来自四方的贤能客卿，秦国也无法获得今天的强盛。接着，李斯又列举来自各国的宝物，向秦王说明"物不产于秦，可宝者多；士不产于秦，而愿忠者众"的事实。

听了李斯有理有据的陈述，秦王随即废除"逐客令"，李斯官复原职。此后，秦王政一直重用李斯，还升任他为廷尉。在李斯等人的辅佐下，秦王政终于攻灭六国，完成了统一。

位极人臣

秦始皇初定天下，李斯成为丞相，皇帝认为统一的国家再无战端，因而国内不需要城墙和兵器，也不立宗室和功臣为诸侯，以免重蹈前朝的覆辙。李斯坚决地贯彻实施这些统一的法令制度，然而并非所有人都认可这些有违古制的新举措。

有一次，秦始皇在宫中举行酒宴，席间仆射周青臣上前来颂扬始皇帝的威德，博士淳于越却发难，说周青臣这是在阿谀。淳于越认为，此时应该提醒皇帝所面临的忧患。他说皇帝没有分封宗室子弟，对政权无法形成保护，一旦出现齐国田常、晋国六卿那样的篡国者，根本无人能够施救。其实，淳于越是对秦始皇施行郡县制而废弃分封制提出了反对意见。于是，秦始皇想听听朝中大臣对这一争论的看法。

丞相李斯作为百官之首，发表了他的意见。李斯认为古来天下散乱，诸侯分立，因而私学盛行，而现在天下统一，政令只从皇帝出。然而，私学仍然以自家观点发表不同意见，学者往往只是为了博取名声而标新立异，甚至聚群诽谤，如果不加以禁止，势必会削弱皇帝的权威，扰乱社会的稳定。因而他建议皇帝把《诗》《书》之类的儒家以及其他百家学说的书籍悉数清除，命令下达三十日后拒不执行的，处以黥刑并罚做苦役，只有医药、卜筮和种植方面的书籍可以保留。李斯肯定法家的学问，鼓励人们积极学习法令，把官吏作为老师。秦始皇完全认同李斯的观点，并按照李斯的谏言焚毁各国史书以及百家学说的书籍，使得这些书籍在民间几乎完全被销毁，只有宫廷内博士等特定官吏才能保留使用。

从焚书这件事可见秦始皇对李斯的信任，之后李斯又统一了文字，辅佐皇帝进一步制定律令、兴建道路宫殿以及讨伐匈奴与南越，为巩固秦始皇的统治立下汗马功劳。李斯也因而获得了崇高的地位，他的长子李由担任三川郡守，儿子们都娶了公主，女儿们都嫁给了皇子。当李由回咸阳省亲时，李斯大摆宴席，皇亲国戚、文武百官都前来祝贺，赴宴的马车数以千计。李斯见此盛况，不由得感叹道："我听老师荀卿曾说过'做事就怕太过头啊'，我原本是上蔡的一名布衣，承蒙皇帝错爱，如今居然位极人臣，尊贵无以复加，然而物极必衰，我真担心何处是自己的归宿啊！"

沙丘之变

秦始皇在第五次巡行途中病死在沙丘，只有随行的丞相李斯、中车府令赵高、公子胡亥以及几个近侍宦者知晓。秦始皇生前没有立太子，李斯恐怕贸然宣布死讯会引发争位之乱，于是他决定秘不发丧，将秦始皇遗体安置在辒（wēn）辌（liáng）车上，让宦官像往常一样送食物奏章等，假装他还活着。其实，秦始皇去世前写了一封信给长子扶苏，命他赶来料理后事，但信被掌管兵符玺书的赵高扣着，因为赵高有自己的打算。

赵高是胡亥的老师，他看准这是把胡亥扶上帝位的良机，今后自己就能通过胡亥掌控大权。但要达成这个目标，必须与胡亥、李斯达成一致。胡亥年幼，经不起诱惑，赵高很轻易说服了他，关键是如何说动丞相李斯呢？李斯是百官之长，阅历丰富，赵高知道无法对他引诱欺诈，所以索性向李斯坦白自己扣下了始皇帝的遗书,定谁为太子人选,现在就他俩说了算。李斯大惊,认为这是大逆不道。赵高于是为李斯分析形势:如果让果断刚毅的长子扶苏继位,必将重用蒙恬替代李斯的丞相之位,赵高说自己在宫内二十年,所见秦国受封的功臣,几乎没有把爵位传至第二代的,他们都被问罪诛杀了。那么,李斯如何才能保留如今的权力而免遭厄运呢?赵高说自己教导胡亥多年,是个仁厚知礼的公子。其实胡亥是不是当真贤于扶苏并非关键,赵高所说的重点是,如果李斯和他们结成同盟,扶立胡亥登上帝位,那么就能因功保留丞相的地位和权势,让子孙继续享受荣华富贵。在现实和利益面前,李斯经不住赵高的一再劝说,终于听从了他的计谋。

赵高、李斯于是联手展开行动,李斯假传秦始皇的诏命,立胡亥为太子,同时他们又矫诏下令驻守边境的长子扶苏自杀、将蒙恬下狱。此时载着始皇帝遗体的车队正在赶回咸阳,天气炎热,李斯和赵高命人往始皇帝的辒辌车上塞了许多咸鱼,以此掩盖尸体腐烂的臭味。回到咸阳后,胡亥为父正式发丧,将始皇帝安葬于骊山陵墓,自己则继位成为秦二世,赵高为郎中令,李斯仍为丞相。至此,李斯、胡亥、赵高终于完成了在沙丘合谋的夺位计划。

身死族灭

秦二世即位后,很快将蒙恬、蒙毅兄弟处死,又将自己的兄弟姐妹悉数杀害。秦二世清除了朝中的威胁后,就贪图享乐，不理国政；而法令却日益苛刻，朝廷上下人心惶惶，徭役赋税又不断加重，天下百姓苦不堪言，终于激起了民众的反抗。

陈胜、吴广率先在大泽乡起义，起义军兵锋一路向西，目标咸阳。当时，李斯长子李由任三川郡守，但他无法阻挡起义军，很快失守。李斯害怕皇帝对他问责治罪，立刻写了洋洋洒洒一大篇谏言，但内容居然是呼吁皇帝通过严加督责更好地驾驭臣子，并讨好说皇帝的本分就是应该纵情享乐。本该劝谏皇帝理政的丞相李斯，居然为了自保而迎合秦二世，写了这么一篇奏请皇帝行督责书，极尽阿谀之能事。秦二世看了文章当然很高兴，他也不再对李由追责，李斯终于舒了一口气。

然而，李斯躲过了皇帝的惩罚，却没能躲过赵高的诡计。秦二世身处宫中，所有政事都交给赵高，而赵高掌握的权力越多，越是权欲熏心，左丞相李斯、右丞相冯去疾、将军冯劫等朝中大臣逐渐成为赵高的眼中钉。于是，赵高怂恿李斯去劝谏年轻的皇帝上朝理政，李斯其实对愈发紧张的局势也很担忧，但他苦于没机会见到秦二世，赵高一口答应安排时间让李斯进谏。然而，赵高却专在皇帝享乐时安排李斯进谏，反复几次后，秦二世烦透了李斯，赵高又趁机添油加醋地进行诋毁。等到李斯意识到中了赵高的圈套时，为时已晚，他最后奋力反击，联合大臣们一起弹劾赵高。而此时秦二世已完全被赵高左右，竟下令将李斯、冯去疾、冯劫等大臣悉数下狱，交由赵高审问。冯去疾、冯劫等不甘受辱，先后自杀，但李斯不想就这样死，他在狱中受尽拷打，却仍期待着被皇帝赦免。李斯后来在狱中写了一篇认罪书，而信中所列的六条罪状，实际上全都是他为大秦立下的功劳。当然，赵高绝不会把这样一封"认罪"书信交给皇帝，他派自己的亲信假扮皇帝的使者，在狱中亲自审问李斯，只要李斯不认罪就会遭来酷刑。久而久之，李斯无论见到谁都只会乖乖认罪。过了一段时间，秦二世想起狱中的李斯，他派了使者下狱审问，李斯自然还是全部认罪了。

于是，李斯被定罪腰斩，夷灭三族。当李斯和儿子（此是次子，长子三川守李由仍统兵在外，后在与项羽、刘邦的部队交战时被杀）被押出大牢前往刑场时，他看着儿子苦笑着说："我想再和你一起牵着黄犬出上蔡的东门去猎兔，还有机会吗？"父子二人，相望而泣。就这样，秦始皇去世两年后，李斯被问斩灭族。

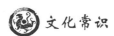 文化常识

小篆——李斯统一的文字

秦始皇吞并六国后，在各方面开展了统一的工作，统一度量衡、货币、车轨、文字等。其中，统一文字的负责人就是丞相李斯。那么李斯统一的文字从哪里来？是什么样的？我们一起来了解一下。

先秦文字的发展和演变是和文字的载体紧密相关的。目前考古发现最古老的有系统的汉文字，是商代的甲骨文，这些刻在龟壳和牛骨上的象形文字，大多是占卜时由神官所刻，记录的是当时占卜的内容或结果，句子很短，文字很少。周

代继承了象形文字系统，但随着当时青铜冶炼技术的进步，周人的文字多留存在青铜礼器上，内容一般记录赐命、征战、围猎、盟约等活动或事件。因为被刻在青铜器上，所以这些文字被称为金文或钟鼎文。当然，商代也有大量刻有文字的青铜器，比如著名的后母戊鼎就以其上铭文"后母戊"三个字而得名。所以金文是铜器上铭文的总称，并非专指周代的文字，之后在春秋战国乃至秦汉时代也仍有金文。另一方面，专家发现在晚商时期，不仅甲骨文、金文共存，竹木简也已出现，文字的演变是一个漫长的过程，每一种书体绝非一朝一夕突然出现或被取代。

周代大量出现的金文不断被规范和美化，逐渐从凌乱的形态变为整齐排列的方块字。随着周天子权威衰弱，各诸侯国群雄并起，各国文字字形也出现了各种不同的变化，因而在春秋战国时期出现了各种形态的书体。大篆就是在这一时期形成的书体，后世出土的秦石鼓文便是大篆书体。大篆后又被称为籀（zhòu）文，这是因为据《说文》等古籍记载，周宣王时的太史籀用大篆书写了十五篇《史籀》的缘故。但近代很多学者都认为《史籀》应是战国时的作品。

李斯受命整理统一的书体被称为小篆，这一字体脱胎于大篆。当时李斯作《仓颉篇》，赵高作《爰历篇》，太史令胡母敬作《博学篇》，这三篇作品的字体都取自《史籀》，但书体都统一进行了简化整理，以此作为统一的书体昭告天下，后世便称这三篇作为规范的小篆作品为"秦三苍"，而小篆也被称为秦篆。秦始皇巡游天下时，曾留有七块刻石（分别为峄山刻石、泰山刻石、琅琊刻石、芝罘刻石、东观刻石、碣石刻石、会稽刻石），这些刻石上的小篆都是由丞相李斯书写的。目前秦七刻石的原石仅留存了泰山刻石和琅琊刻石。

秦朝二世而亡，始皇帝想要存续万世的愿望落空了，同样落空的还有李斯想要统一的小篆。由于秦朝的短命，小篆作为官方统一文字的时间也很短，它迅速被当时另一种更为简便实用的书体取代。因为这种书体形成并流行于抄写文字的胥隶中间，因而被称为隶书。

 **原文选读**

《史记·李斯列传》选段

独①子胡亥、丞相李斯、赵高及幸宦者②五六人知始皇崩，余群臣皆莫知也。李斯以为上在外崩，无真太子③，故秘④之。置始皇居辒辌车中，百官奏事上食如故⑤，宦者辄⑥从辒辌车中可诸奏事。

注解

①独：仅有，唯独。②幸宦者：亲近的宦者侍从。③真太子：正式确立的太子。④秘：以……为秘密，隐藏。⑤如故：与原先一样。⑥辄：则。

3. 赵高、胡亥

秦二世胡亥继承了秦始皇的天下，但这并非始皇帝的选择，将胡亥扶上帝位的始作俑者是赵高，而最后谋杀了秦二世的也是赵高。秦始皇奋六世余烈而建立的统一王朝，在胡亥统治了仅仅三年后，便二世而亡。《史记》没有秦二世的本纪，也没有赵高的传，我们只能从《秦始皇本纪》《李斯列传》及《蒙恬列传》中，寻找并曝光这两个置身于历史暗处的阴影。

沙丘之变的主谋

秦始皇巡游至沙丘病逝。此时，李斯恐慌，作为朝廷的首辅，他害怕引发诸子争位的乱局；胡亥茫然，他凭着兴趣蹭了这次巡游，只想跟着父皇出来长长见识，不料父皇却死了，他这个最小的儿子接下来将何去何从？而胡亥的老师——赵高，却看到了千载难逢的机遇：巨大的权力宝座空缺了，快抢！

其实，秦始皇也早料到了自己死后的关键问题——谁来继承他的皇位？因为他从没正式确立过太子。临死之前，秦始皇像要弥补过失一样，写了一封遗诏，要求长子扶苏"快来护送我的灵柩回咸阳安葬"("与丧会咸阳而葬")。显然，始皇帝是想让长子料理完后事并顺理成章地接下他的江山。扶苏既是长子，又行事果敢，本来就是继承皇位的当然人选，只是因为劝谏父皇不要坑杀儒生而被罚去边境监军。但可惜的是，这封遗诏却没被执行，它落到了最不想执行这封诏书的人手里，这个人就是负责保管皇帝符玺诏书的近侍宦官——中车府令赵高！

赵高出自赵国宗室的疏远旁支，她的母亲在秦国犯法被判刑，因此赵高兄弟几个都出身卑贱。但是赵高能力很强，精通律法，能文能武，进宫之后得到了秦始皇的赏识，担任中车府令并教导胡亥学习书写和法令，因此赵高与胡亥关系亲近。赵高曾犯罪受审，主审大臣是蒙毅，他依法判赵高死刑，虽然最后因为秦始皇的介入，赵高免于一死并官复原职，但从此赵高对蒙毅的记恨可想而知。蒙毅和哥哥蒙恬都是公子扶苏最亲近的人，一旦扶苏成为皇帝，蒙氏兄弟必然得势，这是赵高最不愿看到的。

没有确立太子，那么所有皇子都是皇位的竞争者。秦始皇在位时，所有皇子都是手足兄弟，然而一旦皇帝驾崩，皇子们就极可能手足相残，他们各自的亲信势力也必然成为水火不容的敌人。现在，皇帝在沙丘宫死了，皇位的竞争势力中，唯独幼子胡亥和他的老师赵高在现场，而长子扶苏与蒙恬远在边境对抗匈奴，虽然蒙毅此次也随始皇帝出巡，但此刻他正受命外出，还未返回，所以扶苏要赢得皇位完全依靠那封遗诏，而遗诏恰恰在赵高手里……遗诏是死的，赵高是活的。胡亥还没想到的，赵高都想到了；胡亥不敢得到的，赵高敢帮他抢。果然，在赵高的怂恿下，很快激起了胡亥对皇位的渴望，成败与否就要看丞相李斯的态度了。

李斯并不是胡亥的亲信，但赵高清楚李斯和他拥有共同的对手——蒙氏兄弟。一旦扶苏上位，蒙恬必将夺走李斯的权位，老丞相如果不想惨淡收场，拥立胡亥也就成了他当下的唯一机会。李斯深知既然赵高将他的企图和盘托出，自己就必须做出选择：以死效忠始皇帝或者听从赵高以保住荣华富贵。最终，李斯决定继续像粮仓中的老鼠那样活着，继续享受权势和富贵。于是，赵高、李斯、胡亥三个人结成了同盟，贪婪地扑向本不属于他们的权力之位。

血洗宫廷的共犯

很快，从沙丘的辒辌车中，递出了送往北方边境的诏书，不是已死皇帝的那封遗诏，而是假装还活着的天子下达的诰命，那是赵高、李斯共同完成的伪诏：公子扶苏为子不孝，将军蒙恬为将无能，皇帝赐剑责令二人自杀。赵高用皇帝的印玺封好了诏书，派自己的心腹门客冒充皇帝的使者前去传诏。北境上郡的军中，扶苏接到诰命，痛哭着走入内室准备自杀，蒙恬上前阻止他，觉得事有蹊跷，希望扶苏向皇帝问个清楚，然而使者再三催促，扶苏又是慈孝之人，他悲叹道："父赐子死，还有什么好请求的？"于是，扶苏自杀。蒙恬却因拒不服从诰命，而被关押起来，军队改由王离指挥。当得到使者回报扶苏自杀的消息时，赵高、李斯和胡亥大喜：大事成了！李斯早已准备好册立胡亥为太子的伪诏，巡游的队伍一回咸阳，太子胡亥便发丧、继位、安葬秦始皇，从此掌管天下的就是年仅二十一岁的秦二世。

二世继位后，任命赵高为郎中令，李斯继续任丞相。皇位的竞争者扶苏已死，蒙恬、蒙毅对于二世来说不再有什么威胁，但赵高却一定要将蒙氏兄弟除之而后快。他谎称当年蒙毅反对秦始皇将胡亥立为太子，不断在二世面前诋毁蒙毅，秦二世于是派人杀害蒙毅，又勒令蒙恬自杀。从祖父蒙骜、父亲蒙武一直到蒙恬、蒙毅兄弟，蒙家三代人为大秦创立了无数功勋，最终却落得如此凄惨的结局。

胡亥靠阴谋夺取了皇位，想纵情享乐却又有些心虚，于是也学着秦始皇巡视天下，以此虚张声势。赵高又趁机提醒二世，虽然扶苏、蒙恬都死了，但是现在朝中的王公大臣们始终对二世有疑心，他们多是始皇帝亲自任命的，有些还手握重兵，况且胡亥的兄长们也都是先皇的儿子，他们现在都是二世的心腹大患。秦二世慌忙问赵高该如何应对，赵高建议他使用严刑酷法，将有威胁的人全部铲除，只留下自己可以信任的臣子。于是，一场血腥的清洗在胡亥的授意下开始了。除了扶苏、胡亥之外，秦始皇另有十二名皇子和十名公主，他们连同一批亲近大臣都被赵高判罪杀死，受株连的人更是不计其数。

公子高，是始皇帝生前很疼爱的儿子，本想逃跑避祸，又怕连累家人，走投无路下，只能上书给二世，卑微地请求允许自己为始皇帝殉葬，胡亥高兴地同意了他的请求，并赏赐公子高十万钱。可怜始皇帝的这些龙儿凤女，父亲在世时，哪一个不是金枝玉叶？谁曾料却被自己兄弟残杀殆尽，甚至连求得体面的一死也要感谢皇帝的隆恩浩荡。秦始皇统一天下，没有分封任何儿子为王，儒生们提醒他万一皇帝有难，将无宗亲诸侯施救。而到了胡亥当上皇帝，不仅没有分封诸侯王，连皇族的兄弟姐妹也杀了个干净，真正成了孤家寡人，这也为秦朝的覆灭埋下了伏笔。

二世而亡的祸首

秦二世终于完成了宫廷内的清洗，侥幸没死的大臣们也都人人自危。另一方面，南北边境的战事仍未结束，巨大的阿房宫、遍及全国的驰道都还没有修好，这些都需要人力财力，因而天下百姓徭役赋税日益沉重，苦不堪言。秦二世继位还没满一年，陈胜、吴广举起了反抗的大旗，他们在大泽乡起义后建立"张楚"（伸张楚国之义）政权。很快，在原先山东六国的土地上，各地反抗力量风起云涌。陈胜派将军周文率军一路杀入关中，进逼到咸阳西边的戏水，幸好秦将章邯紧急征发修筑工程的民夫刑徒，终于将周文击退。然而当天下局势依然岌岌可危之时，当初沙丘共谋的赵高、李斯和胡亥三人也慢慢从同盟转变为仇敌。

赵高亲自负责了对王公大臣的清洗，独揽宫中大权越久，越害怕遭到大臣们的清算，因而不断诱导秦二世深居内宫，不理朝政，彻底切断了皇帝和臣子们的联络，秦二世也乐得逍遥，很快将朝中大小事务全都交由赵高决断。李斯则因为儿子李由抵抗不力，害怕遭到皇帝处罚，不但不劝谏皇帝，反而写了"请行督责书"投皇帝所好，换得自己平安。

于是胡亥享乐、赵高专权、李斯讨好，当李斯和一众大臣发现赵高已经完全掌控朝政，并意图铲除他们时，却为时已晚。最终，李斯、冯去疾、冯劫等元老大臣悉数被赵高设计杀害，就连在前线与项羽、刘邦等苦战的章邯、司马欣等秦军将领在赵高的淫威下都朝不保夕。

秦二世在位的第三年，项羽在巨鹿之战中大破秦军，章邯率军退守，却遭到朝廷的责问，于是章邯派副将司马欣前往咸阳求救，而赵高根本不接见司马欣，也不听他们的说辞。司马欣预感到赵高要问罪嫁祸于他们，赶紧逃回军队，劝章邯说，现在赵高独揽大权，无论胜败，他们恐怕都难逃一死了。于是，章邯、司马欣等率领二十万秦军向项羽率领的诸侯联军投降。此时，由刘邦率领的另一支楚军也正逼近咸阳。

当初，赵高一直哄骗二世，声称关东的诸侯军队不足为虑，而如今眼看敌军即将兵临咸阳城下，赵高不由得害怕将被二世问罪诛杀。这时刘邦恰巧也派人私下联络赵高，双方暗通款曲，谋划推翻秦二世之后的布局。现在，秦二世成了赵高计划铲除的下一个目标，为了探得自己将要面临的阻力，赵高还特意设计了一场测试。这天，趁着皇帝和文武百官都在朝，赵高牵了一头鹿要献给二世，并指着鹿对二世说："臣将这匹良马献给陛下。"二世笑着说："您错了吧，怎么把鹿说成马？"于是，赵高问大臣们这究竟是马还是鹿，有人沉默，有人说鹿，有人说马。后来，赵高把那些说鹿的人都一一治罪，大臣们对他更加畏惧。不久，秦二世因为做了一个噩梦，前往都城外的望夷宫举行斋戒，赵高认准时机，暗中安排弟弟郎中令赵成、女婿咸阳令阎乐里应外合，由阎乐率领士兵包围了秦二世，最终逼迫其自杀。秦二世临死前苦苦哀求，甘愿做一名普通百姓而不得，此时他是否后悔三年前在沙丘听信了赵高呢？

秦二世死后，赵高将他像普通百姓一样埋葬。随后为了稳住朝中人心，他又另立秦宗室旁支子弟公子婴为秦王。公子婴看透了赵高只是利用他，便假装在宫中斋戒不去祖庙祭祀，趁赵高亲自来请他时，当场将赵高刺杀，并诛灭其三族。秦王婴在位仅四十六天，刘邦军就攻入武关，驻军咸阳城外的霸上，他派人劝降秦王婴，秦王此时无兵可用，于是将绶带挂在脖子上，手捧天子印玺，乘坐白马素车，带领百官在咸阳城外的路边向刘邦的军队投降，秦国灭亡。刘邦宽赦了秦王君臣，封存了宫殿的财物。

一个多月后，项羽率领诸侯联军抵达咸阳，项羽的军队屠杀了秦王婴及秦国宗室，将王宫内的女子、财宝洗劫一空后放火焚烧，咸阳被付之一炬。项羽分封诸侯时，将关中的秦国故土分割成雍、塞、翟三国，号称三秦，目的是封堵汉中王刘邦，此后历史将掀开楚汉争霸的篇章，而曾经吞并天下、宇内一统的秦王朝，则彻底灭亡了。

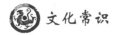 **文化常识**

秦汉时期的宦官

提起指鹿为马的赵高，大家一般都先想到他的宦官身份，也就是我们通常所说的太监、阉人，但其实秦汉时期的宦官并不等同于太监、阉人，这些称呼是有区别的。

"宦"字的本意是帝王、贵族家的奴仆，后来引申为做官等意思。"宦官"一般指古代为帝王及其家族服务的官员，主要负责宫廷事务，而不参与政事。宦官通常都是由身份卑贱的人或者受过宫刑的罪人充当，但在秦汉之际，并非所有宦官都受过宫刑。到了东汉时期，光武帝刘秀下令宫中宦官必须是阉人，从此古代皇宫中的宦官就等同于阉人了。而"太监"一词，本意是指主管某些部门的官名，唐代开始多由宦官充任这些职务，所以担任这些职务的宦官逐渐被称为太监。一直到了清代才规定将宫中所有的宦官都称为太监，于是太监和宦官才画上了等号。

由此可见，《史记》所记述的秦汉之际的宦官，并不一定就是去势的阉人，因此《史记》中记载赵高是"宦人"，那么他究竟是不是后世通常认为的阉人？这个问题也引发了学者们对赵高宦者身份的不同解读。《史记·蒙恬列传》中记载赵高与其兄弟"皆出于隐宫"，有人认为"隐宫"即受宫刑之所，但也有不同观点，认为"隐宫"是刑满之人工作的地方。《史记·秦始皇本纪》中则记述了赵高派女婿阎乐在望夷宫逼死了秦二世，因此有学者发出疑问：如果是阉人，怎么会有女儿和女婿？持不同观点的人则以司马迁为例，司马迁也有女婿杨敞，因而赵高可能在遭到宫刑前就已经有女儿了，亦或者可能是养女。关于这些不同观点的研究和讨论仍在继续，感兴趣的读者可做进一步的阅读。

赵高是以宦者的身份，起于内宫。秦始皇任命赵高担任"中车府令"，这是宫中掌管马车事务的官员，也就是皇帝的御驾长官。虽然这并非高等官职，但贴身侍奉皇帝的人必定是他非常信任的，因而皇帝的印玺、符节乃至秦始皇给扶苏的遗诏等都交由赵高保管，这也是赵高得以发起"沙丘之变"的关键条件。同时，因为是内宫近侍，赵高又精通律令和书法，因而担任了胡亥的老师，由此为他今后帮助胡亥夺位、进而独揽朝政埋下伏笔。

在中国古代，宦官、外戚和朝臣士大夫是围绕皇帝的三大势力，但是，秦代赵高的乱政，与后世东汉十常侍、明代魏忠贤等以宦官集团掌权的形式略有不同。此外，秦汉时期宦官既有乱政者，也有名留青史的，比如东汉时期造纸的蔡伦，被魏文帝曹丕追认为皇帝的曹腾。赵高之所以最终成为乱秦政者，更重要的仍取决于他在贪婪的权欲驱使下，所做出的一个个疯狂而险恶的抉择。

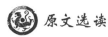 **原文选读**

《史记·秦始皇本纪》选段

八月己亥，赵高欲为乱①，恐群臣不听，乃先设验②，持③鹿献于二世，曰："马也。"二世笑曰："丞相误④邪？谓鹿为马。"问左右，左右或⑤默，或言马以阿顺⑥赵高，或言鹿，高因⑦阴中诸言鹿者以法⑧。后群臣皆畏高。

注解

①乱：作乱。②验：试验，测试。③持：拉，牵。④误：错误。⑤或：有人，有的。⑥阿顺：阿谀迎合。⑦因：根据，依照。⑧法：法办，治罪。

西楚霸王

篇

"西楚霸王"印章：急就章。古代军中急于任命，军官印信往往仓促凿印而成，印文随性自然，后人仿效这一风格，形成刻法。此印设计成"左开右闭"的形式，含有项羽"不肯过江东"的寓意。

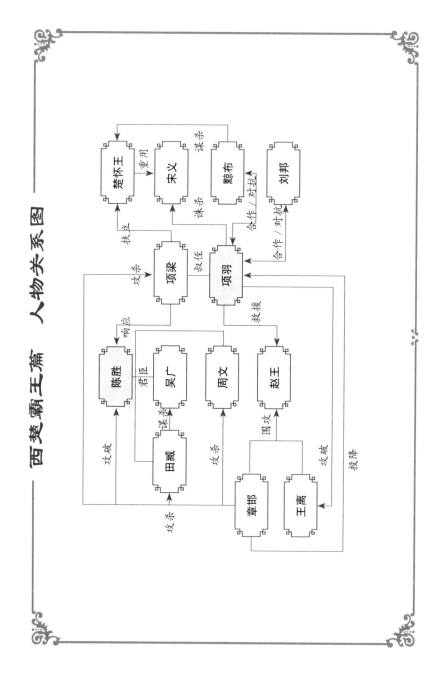

西楚霸王篇　人物关系图

4. 陈胜

　　陈胜只是一名普通百姓，既不是王侯也不是将相，然而在暴虐的秦政下，正是他的振臂一呼，揭竿而起，掀起了风起云涌的反秦斗争。虽然陈胜从起义至身死，只经历了短短六个月时间，然而这也足以令他名垂青史，流芳百世。作为率先起事的"楚隐王"，在《史记》中，太史公将陈胜的传记编入王侯世家之列，即《陈涉世家》。

苟富贵　无相忘

　　陈胜，字涉，阳城县人。陈胜家贫，没有田产，年轻时只能受雇于他人，帮别人种田。有一天，耕种的间歇，大伙儿坐在田埂上休息，陈胜有些惆怅地对身边的同伴们说："以后如果谁富贵发达了，可不要忘了彼此啊（苟富贵，无相忘）。"有人就笑着打趣道："陈胜，你我都是受雇种地的贫民，还谈什么富贵啊？"陈胜听了，回头轻轻叹息了一声，说道："小燕雀哪里知道鸿鹄的大志向啊（燕雀安知鸿鹄之志哉）！"像陈胜这样胸怀大志的人，可能做着和大家一样平凡的事，但在紧要关头，就会做出不平凡的选择。

大楚兴　陈胜王

秦二世在位的第一年，有一支被征发的贫民队伍正赶往北部边境渔阳卫戍，陈胜也编在这支队伍中。他与阳夏人吴广比较亲近，他俩都是管理五十人的屯长。当这支九百人的队伍到了泗水郡蕲县大泽乡时，天降大雨，道路不通，大家估算根本不能准时抵达目的地了。按照秦律，部队迟到就犯了"失期罪"，所有失期者都将被斩。陈胜、吴广两人私下商量说："现在我们肯定已经失期了，到了渔阳也将被问斩，还不如逃走。但是如果被抓则必死无疑，索性一起举事，造反也不过一死。一样是死，你我干脆轰轰烈烈造反举事怎么样？"两人一拍即合，为了号召更多的人加入，他们计划假借扶苏和项燕的名义起事。为什么要用这两个人的名义呢？世人都认为扶苏是始皇帝长子，本应该继承皇位，而现在扶苏不知死活，胡亥以幼子身份做了皇帝，名不正言不顺，应该被推翻；另一位项燕曾是楚国大将，当年大战秦将王翦的六十万大军，最后在大泽乡所在的蕲县地区力战而死，楚国人对项燕和楚国的灭亡一直耿耿于怀，陈胜、吴广又都是楚地之人，深知项燕对于复兴楚国具有极大的号召力。

于是陈胜、吴广决定共同举起反秦大旗，行动之前，他们还听取了占卜者的建议：先在众人中建立威信。他们用丹砂在丝帛上写了"陈胜王"三个字，然后塞进鱼肚子，士兵们买回那条鱼煮了吃，发现了这张奇怪的帛书；夜里，陈胜又派吴广躲进附近的神庙，燃起鬼魅一样的火把，学着野狐声叫着："大楚兴，陈胜王。"军营里的士兵们听到了，感到非常不可思议，第二天他们都在窃窃私语，惶恐地对着陈胜指指点点，陈胜则假装不知道。就这样，周围的人开始隐隐约约觉得陈胜不是一个普通的人。

时机成熟，该行动了。吴广平日为人厚道，深得士兵们的拥护。这天率领队伍的将尉们都喝醉了，吴广故意向他们提失期逃亡的事情，想惹恼将尉来惩罚羞辱自己，以此激起众怒。将尉果然把吴广抓起来毒打，见吴广还不服，将尉一怒之下抽出佩剑，吴广跳起来夺下宝剑将他杀死，陈胜也趁势帮助吴广一起把另外的将尉全都杀了。他们召集士兵们说："各位兄弟，我们失期当死，即便不死，戍边之人十个里面也要死六、七人，男子汉大丈夫死也要死得轰轰烈烈，何不拼死举事，夺取功名？王侯将相难道都是天生的贵族吗（王侯将相宁有种乎）？"士兵们义愤填膺地齐声附和："听你的！跟你一起干！"于是，大伙儿筑坛盟誓，陈胜自封为将军，封吴广为都尉，假借扶苏、项燕的名义，打着"大楚"的旗号，坦露右肩，发动起义。起义军一路攻取大泽乡，打下蕲县，队伍越来越壮大。当攻打陈郡郡治所在地陈县时，他们已经拥有兵车六七百辆、骑兵上千、步兵数万，郡守都望风而逃。陈胜、吴广很快攻下陈县，此时附近的豪杰志士纷纷投奔而来，陈胜听取了众人的意见，就在陈这个楚国曾经的国都建立了政权，自封为王，国号"张楚"，也就是复兴、张大楚国的意思。因为政权建立在陈这个地方，因而陈胜也被称为陈王。

伐无道　诛暴秦

陈胜、吴广揭竿而起后，两三个月内，各郡县的豪杰也都杀掉地方官吏，率领民众纷纷起义：项梁、项羽在江东，刘邦在沛县，黥布在番县……各路人马都以张楚为反秦旗帜，响应陈胜的号召。

此时，张楚政权正迅速展开进一步行动：一方面派出大将前往各地扩大起义、汇聚同盟军队；另一方面派出主力向西，希望迅速攻下都城咸阳，彻底推翻秦的统治。进军咸阳有两支队伍，一路由吴广统帅，陈胜任命他为假王，也就是陈胜的代理王，攻取关中的西大门——函谷关；另一路由宋留统帅，攻取关中的南大门——武关，两路军队的目标都是攻入咸阳所在的关中地区。然而吴广西进至重镇荥阳时，遭遇了三川郡守李由（李斯长子）的顽强抵抗，无法抵达函谷关，而南路军宋留也停滞在南阳，无法逼近武关。眼看陷入僵局，这时张楚军中出现一名英雄人物——周文。

周文（又名周章），原也是楚国陈县人，曾经是楚国春申君的门客，后曾在楚将项燕军中担任参谋工作，是个懂兵法又有丰富作战经验的军人。周文没有加入吴广对荥阳的围攻部队，而是领军绕过重兵把守的荥阳，一路西进直接攻入了函谷关，当周文的数十万大军杀到骊山脚下的戏水边时，秦始皇陵近在眼前，国都咸阳也似乎唾手可得，秦朝上下震恐不已。

此时，秦少府章邯谏言秦二世大赦刑徒，从骊山工地及咸阳地区紧急征召大量刑徒充入军队，接着，章邯亲自率军在戏水边成功阻击了周文。周文败军一路退至函谷关外，章邯的军队紧追不舍，最终周文战败自杀。这时，吴广仍未攻下荥阳，部将田臧等主张率精兵进击章邯，以免被两面夹击，但是吴广不听，部将们于是假借陈胜的命令将吴广杀害。陈胜得知吴广被杀，为了稳住局势，立即任命田臧为前线指挥，然而田臧很快也被章邯攻破而战死了。此时，秦军在章邯的指挥下稳扎稳打，从防御转为进攻，而张楚军则暴露出将帅各自为战、士兵经验缺乏等弱点，在与章邯的交手中屡战屡败。

隐王死　名留史

张楚政权建立了六个月，陈胜也正遭遇政权内部的分崩离析，所派各路将军心怀各异，各自为政，渐渐都不再服从他的命令。当然，陈胜的用人失当也加速了张楚政权的崩溃。陈胜为王之后，有一个从前做佣工的同伴来找他，这个人直闯王宫，被卫兵拦了下来。正巧，陈胜的车队出宫，这人便拦在路中间直呼陈胜的名字。陈胜认出他是从前的同伴，于是载了他同车回宫，此人看到宫中壮观富丽，感慨万千。然而这人在宫中待久了，却越来越随便，逢人便说陈胜以前做佣工时的事情，使得陈王的威信受损。后来，陈胜杀了这个人，那些过去的老朋友们因而都主动离开了他，再没有敢与他亲近的人。另外，陈胜对待部下也没有足够的信任，专门委派官员监督臣下、查人过失，过度依赖严刑峻法，那些被派出去的将军也不敢回来复命，他们与陈胜离心离德，渐渐都开始各自称王。

此时，章邯率领秦军一路反击，冲破张楚军层层防线直杀到陈县，陈胜赶紧命张贺抵抗，并亲自监军，无奈此时章邯兵锋正盛，张贺很快兵败身死。陈胜只能从陈县撤退，逃往汝阴。当他撤退至下城父这个地方时，他的驭手庄贾背叛了他，将他杀害后投降了秦军。不久，陈胜的部将吕臣在新阳组建了苍头军（因头裹青色头巾而名），重新攻下陈县，诛杀叛徒庄贾，为陈胜报仇。陈胜随后被葬在砀县，谥号楚隐王。

陈胜为王，虽然只有短短六个月，然而天下局势已经天翻地覆。秦始皇统一之前的列国纷争局面重又显现，只是换了一批英雄豪杰逐鹿中原，陈胜正是反秦的首事者。陈胜死后，进攻武关的宋留投降，被押解至咸阳车裂示众。至此，原先计划进攻咸阳的张楚军主力吴广、宋留、周文悉数被消灭，陈胜的死也意味着张楚政权的落幕。陈胜死时，被他派往各地的部将大多占地为王，各自为政，成了反秦的主要力量：陈胜派往赵地的将军武臣为赵王，武臣派往燕地的部将韩广自立为燕王，陈胜派往魏地的周市拥立魏咎为魏王，田儋则自立为齐王，而为陈胜报仇的吕臣后来联合黥布（即英布）投奔了项梁的部队。原先的山东六国中除了韩国之外，全都已经复国了。

项梁是陈胜任命的上柱国（官名，原为保卫国都之官，后为最高武官），项梁部队自江东北上后，原先张楚旗下的将领纷纷前来投奔，他们共同拥立楚怀王后代熊心为楚王，楚国重又成为诸侯盟主。虽然陈胜已死，然而当年响应他起事的项梁、项羽、刘邦、黥布这些英豪再次成为楚军的将领，他们将成为推翻秦政、争夺天下的风云人物。世人也没有忘记陈胜的首义之功，到汉王朝建立之后，汉高祖刘邦安置了三十户人家为陈胜守墓，年年祭祀，直到司马迁写《史记》的汉武帝时期仍是如此。

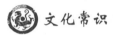 **文化常识**

《史记》中记载的秦始皇陵

秦始皇建驰道、修陵墓等巨大工事几乎耗尽了民力，因陈胜首义，而天下群起反秦。那么，耗费了无数人力物力的秦始皇陵，究竟是怎样的一座陵墓呢？结合考古发现和《史记》中的相关记载，我们一起了解这座著名的陵墓。

按照古制，新皇帝即位时就开始修建自己的陵墓。秦始皇的骊山陵墓是在他十三岁成为秦王时开始修建的，一直到他五十岁去世时才建成，前后共花了三十七年。《史记·秦始皇本纪》中对始皇陵做了较详细的记载："始皇初即位，穿治郦山。及并天下，天下徒送诣七十余万人……令匠作机弩矢，有所穿近者辄射之。以水银为百川江河大海……以人鱼膏为烛，度不灭者久之。"可见，始皇陵中不仅收罗了天下宝物陪葬，还有不少防盗机关。长久以来，后人只能通过古书的记载来了解陵墓中的情况，而随着不断的考古发现，秦始皇陵的神秘面纱正逐渐被揭开。

始皇陵建造时还包括宏大的地面宫殿建筑，而《史记》中描述的只是陵墓地下部分的冰山一角。始皇陵的巨大封土并未被打开，但考古学家们通过遥感等科学方法对皇陵地宫进行了探测，了解了其布局结构。按照"事死如事生"的原则，陵墓的地下部分模仿秦始皇生前的咸阳城，最核心的区域是安葬皇帝棺椁的墓室地宫，相当于咸阳都城内的皇宫，地宫之外由内而外依次被内城、外城和外城之外的区域所包围。目前已发掘的举世闻名的秦兵马俑，远在皇陵以东一千五百米处的陪葬坑，这支军队相当于护卫都城的近卫军，只不过他们护卫的是地下的都城。

1980年，在秦始皇陵封土西侧二十米处发现了一个车马陪葬坑，从中发掘出震惊世界的铜车马，共两乘，大小约为真实车马的二分之一。铜车马工艺精湛，结构复杂。一号铜车马为"立车"，驭手站立，手持缰绳；二号铜车马的辔绳末端写有"安车第一"四字，而"安车"在秦时也被称为"辒辌车"，也就是"沙丘之变"中安放了秦始皇遗体的马车。

古籍中记载辒辌车的特点是四周遮蔽，旁边开有小窗，"闭之则温，开之则凉，故名之曰'辒辌车'"（《史记·李斯列传》孟康注）。通过二号铜车马的外形，我们对辒辌车就会有更加具体的了解：在坐着的驭手背后就是主车厢，后部有门，前部和左右都设有小窗，前窗设有可掀起的窗扇，左右窗可推拉开启，在车厢上部覆有椭圆形的穹隆式篷盖。另外辒辌车的车厢并不高，似乎仅可供人卧乘，的确也符合古书上的描述："辒辌本安车也，可以卧息，后因载丧……故遂为丧车耳"（《汉书·霍光传》颜师古注），可见辒辌车原本是供人卧乘的，但后来因为被用来运送遗体，于是慢慢变成了"丧车"。

《史记》中关于秦始皇的很多记录，在秦始皇陵的考古发现中正不断地得到印证，比如被胡亥杀害的秦始皇的子女们的陪葬坑也已被发现……对秦始皇陵感兴趣的读者，可通过参观秦始皇帝陵博物院或通过相关书籍得到更多信息。

 原文选读

《史记·陈涉世家》选段

陈胜者，阳城人也，字涉。吴广者，阳夏人也，字叔。陈涉少时，尝与人佣耕，辍耕①之垄上②，怅恨③久之，曰："苟④富贵，无相忘。"庸⑤者笑而应曰："若⑥为庸耕，何富贵也？"陈涉太息⑦曰："嗟乎，燕雀安知鸿鹄之志哉！"

注解

①辍耕：停下了耕种。②之垄上：走到田埂上。③怅恨：惆怅，愤恨不平。④苟：如果，假如。⑤庸：同"佣"，被雇佣做工的人。⑥若：你。⑦太息：叹息。

5. 项羽

陈胜死后两个月，项羽跟随叔父项梁出江东北上，立楚怀王，重举楚国大旗。项羽用两年的时间，领导各方诸侯消灭秦军有生力量，彻底推翻秦朝，并分封天下；又经过五年的楚汉相争，最终兵败垓下，自刎乌江，终年三十一岁，结束了其短暂而又非凡的一生。项羽灭秦之后，以西楚霸王之名掌控天下，时间虽不长，却是实质上的统治者，因而司马迁将其与帝王同列，编为《项羽本纪》。

八千子弟出江东

项羽，名籍，字羽，楚国大将项燕之孙。项氏家族原是楚国王族，世代为楚将，因功受封于项地，因而以地名"项"为氏，此后因秦国东侵，迁徙至下相，项羽即出生于此。祖父项燕战死时，项羽还是个小孩子。秦国统一后，项氏也从贵族沦为普通百姓，项羽是跟着叔父项梁长大的。项羽小时候学写字不好，学剑术又没学好，项梁很生气，项羽却说："剑术学好了只是与人单打独斗，我要学与万人斗的技艺。"于是，项梁让他去学兵法，项羽一开始很有兴趣，但学了个大概后又放弃了。

后来，项梁杀了人，带着项羽逃去吴县躲避仇家，不久项梁成了当地很有影响力的人物。吴县原是春秋时期的吴越地区，秦时属会稽郡，又称为江东地区（长江流经今九江至南京段时，呈西南往东北流向，此段东部地区古时称为江东）。秦始皇最后一次巡游天下时，曾到过会稽郡，项梁带着侄子去一睹皇帝的风采。叔侄俩站在人群中，看着巡游队伍簇拥着秦始皇的座驾浩浩荡荡地经过，项羽冷不防说了一句："我可以取代他！"项梁一把捂住项羽的嘴，在他耳边小声呵斥道："闭嘴，说这种话是要被灭族的！"然而自此之后，项梁开始觉得侄儿非比寻常。项羽身高八尺有余，力大无比，能够举鼎，吴中子弟都敬畏他。

陈胜、吴广在大泽乡发动起义后，各地反秦势力群起响应，会稽郡太守殷通也准备起事。殷通找来项梁商议，准备请他和桓楚担任大将，然而项梁心里另有打算，他借口说桓楚逃亡在外，而项羽知道桓楚所在，可以找他来问问。殷通果然中计，召来项羽问话。其实项梁早已吩咐过项羽，说话间使个眼色，项羽便一剑砍掉了殷通的头。项梁提着郡守的头开始发号施令，项羽则提剑砍杀那些不听从命令的人，他们迅速稳住了局势。凭着自己的威望，项梁很快得到当地豪杰与官员的拥护，他收编士兵，整顿部队，共得精兵八千人，项梁担任郡守，项羽为裨（pí）将（副将），不久便控制了会稽全境。

陈胜派出的部将召平来到江东，任命项梁为上柱国。江东已定，项梁率领八千江东子弟兵渡江西进。项梁是楚将之后，声望又高，一路上陈婴、黥布、蒲将军等豪杰纷纷前来归附，加之项梁故乡下相有众多项氏子弟加入，当项梁到达下相附近的下邳时，军队已达六七万人。就在此时，他们却得到一个消息：陈胜死了！

破釜沉舟战巨鹿

陈胜失败后，原先的部将秦嘉另立景驹为楚王，项梁以讨逆之名率军将两人诛杀。此时秦军已经大军压境，项梁也得到了陈王已死的确切消息，于是在薛县与各路将领商议反秦大计。投奔而来的谋士范增献策说："秦灭六国，楚最无罪，楚怀王当年被秦人欺骗，死在秦国，楚国人至今同情他，因而人们说'楚虽三户，亡秦必楚'，陈胜虽然举起张楚大旗，但他却没有立楚国的宗室后人，而是自立为王，所以很快失败了……"项梁听取了范增的谏言，便以楚将之后的身份，立楚国宗室为王，他找到在民间替人放牧的楚怀王后代熊心，立他为楚怀王，以此聚拢民心，项梁自封为武信君。当时，吕臣、刘邦、张良等都投奔在项梁军中，一时间项梁兵多将广，楚军声势浩大。

与此同时，章邯率领的秦军也攻破了魏都临济，并包围了齐军退守的东阿城。项梁率楚军主力赶往救援。东阿城下，秦、楚主力第一次正面交锋，结果秦军败走，项梁乘胜追击。侧翼的项羽、刘邦则受命在雍丘击败了从三川郡赶来的秦军增援部队，并斩杀三川郡守李由。项梁统帅楚军连番大胜，威震天下，确立了楚军在诸侯中的主力和领袖地位。

但同时，楚军也滋生出轻敌之心，项梁包围重镇定陶时，部将宋义劝谏他提高警戒，但项梁却骄傲轻敌。当楚军放松警惕之时，老辣的章邯看到了获胜的机会，他组织秦军内外夹击，一举击破楚军大营，项梁战死。项羽、刘邦、吕臣等将领闻讯，火速撤往彭城，同时楚怀王也迅速赶来会合。项梁之死，令刚刚起势的楚军重陷群龙无首的境地。章邯认为楚军已不构成威胁，于是挥师北上，联合王离率领的北境秦军共同扫荡赵国，将赵王歇、丞相张耳等赵国君臣包围在了巨鹿城中，赵国危急。秦军兵多气盛，赵将陈余统帅的五万人马及赶来救援的各路诸侯军队都停在巨鹿城外，谁也不敢轻举妄动，就在这时，项羽率军赶来。

前来救援的楚军原先是由宋义率领。项梁死后，楚怀王收回指挥权，重用宋义为上将军，项羽只是作为次将配合宋义一起北上救援巨鹿。另外，楚怀王又封刘邦为武安侯砀郡长，让他率军西进，夺取武关，进击关中。楚怀王约定，楚军各路部队谁先平定关中，谁就可以称王。此时，宋义号称卿子冠军，楚军各路人马都听他号令，但宋义并未直奔巨鹿，楚军行至安阳后停留了足足四十六天。赵国危在旦夕，项羽催促宋义赶紧进军，宋义反而笑他不懂策略。宋义的策略就是静观秦赵相斗，等待秦军疲敝时再予以攻击。宋义又恐怕项羽不听指挥，下令谁敢违抗军令，立即斩首；接着，他便大摆宴席，送自己儿子出使齐国。项羽与自己的亲信商量，如果秦军攻破巨鹿，灭了赵国，势头将更猛，何来疲敝之机？而楚军新败，需要用胜利重振士气，然而宋义却拖延观望，贻误战机，于是项羽果断做出了自己的决定。第二天一早，项羽前往宋义军帐报到，但一进军帐，项羽就挥剑砍下了宋义的脑袋，接着他走出帐外宣告说，已奉楚王之命斩杀宋义，他又派人追上宋义的儿子并将他杀死。楚军多是追随项氏起兵的将士，大家都拥护项羽，楚怀王得知宋义被杀，也只能升任项羽为上将军。

项羽率楚军火速进军。此时巨鹿城外，秦军王离部队实施包围已经三个月；秦军章邯部队修筑甬道，负责粮草等外围支援；诸侯援军则都畏惧秦军，安营扎寨作壁上观。项羽分析了战场形势后，命令黥布、蒲将军率先头部队渡过黄河，攻击负责支援的秦军章邯部队，楚军成功切断了甬道以及章邯军对王离军的支援线。此时，项羽亲率楚军主力渡过漳河，进攻围城的秦军王离部队。令全军将士震惊的是，刚渡过漳河，项羽就下令砸破军中所有做饭的瓦釜，将河中的渡船悉数凿沉，将所有营寨烧毁，每个人只携带三天的干粮。楚军士兵从惊讶到恐惧，破釜沉舟意味着没有任何退路了，自己最多只能活三天，要么死，要么杀出一条活路，但前提是必须尽快找到敌人，消灭敌人。看透了这一点，士兵们都不再有侥幸求生的想法，不怕死的士兵是最勇敢的，他们渴望着痛快一战，向前！向前！勇往直前！

秦军遭遇的楚军，是一支骇人的队伍，谁也没见过对战斗如此饥渴的部队，人人奋勇争先，战不旋踵。一天之内，楚军多次遭遇秦军各部，每战必胜，锐不可当。远处的诸侯军队士兵纷纷从营寨内探头观察战场，只见楚军以一敌十，杀声震天，甚至连观战的诸侯军队也都心惊胆战。巨鹿之战，楚军活捉秦将王离，秦将苏角战死、涉间自杀。战后，当诸侯将领进入营寨参见项羽时，人人畏惧，只敢膝行，不能仰视。项羽一战震天下，从此，诸侯军队都以项羽为反秦联军的首领，全都听命于他。

称王称霸归故乡

巨鹿之战后，齐、赵、燕、魏等诸侯军队也都听命于项羽，联军与章邯率领的秦军继续展开苦战。此时秦朝内部也发生了巨变，李斯、冯去疾等重臣都被赵高所害，赵高大权独揽，满朝文武人心惶惶。战局不利，章邯前有强敌，后无支援，终于与司马欣、董翳二人率领二十万秦军将士向项羽投降。项羽将三将安置妥当，率领诸侯联军及投降的秦军浩浩荡荡地向关中进发。队伍到达新安时，秦军却出现骚动。原来，自秦军投降后，联军士兵经常羞辱报复秦人，秦军官兵因而私下埋怨章邯等投降了项羽，心中愤恨不平。项羽得知这一情况后，召集黥布、蒲将军等商量，秦军毕竟有二十万之众，万一回到关中故土发生变乱，后果不堪设想，倒不如只带章邯、司马欣、董翳三将入关中比较妥帖。于是，项羽下令，将二十万秦军全部坑杀。

等到诸侯联军前进至函谷关时，发现刘邦已经先一步从武关进入关中，并接受了秦王子婴的投降，刘邦的守军居然还不让联军进入函谷关。项羽大怒，下令进攻，守军才终于放行。项羽又接到报告说，刘邦尽收秦宫珍宝，准备自立为王，以子婴为相。范增也不失时机地谏言项羽：刘邦是个有野心的人，应该趁早攻灭他。当时，项羽的四十万大军驻扎在戏水西面的鸿门，而刘邦的十万人马就在不远处的霸上，项羽下令翌日发起进攻。当夜，项伯进入刘邦军营，他原本只是想解救张良，不料刘邦拖住他苦苦辩解自己无心称王，这是一场误会。在刘邦的哀求下，项伯同意第二天让刘邦自己去鸿门向项羽谢罪。次日，刘邦仅带百余骑兵，在张良、樊哙等人陪同下，来到鸿门赴宴，虽然席间范增屡屡示意项羽下令杀刘邦，还派了项庄以舞剑之名伺机刺杀，但危急关头项伯、张良、樊哙等挺身而出，刘邦得以化险为夷，逃回霸上。之后，刘邦交出关中的控制权，项羽杀了投降的子婴、掠夺了美女宝物之后，将秦王宫付之一炬。

秦被推翻，咸阳残破，项羽完成了楚国先人的夙愿，创下了不世之功。他思量如果不东归故里，那简直就像是锦衣夜行，但他的这种想法被人讥笑为沐猴而冠、徒有其表，项羽一怒之下将讽刺他的人烹杀了。

经过三年的反秦战争，天下已定，项羽尊楚怀王为义帝，把天下分为十九国，分封给有功的将军们。项羽自封西楚霸王，以彭城为都，在范增建议下，项羽封刘邦为汉中王，领有巴、蜀及汉中之地，同时又将关中之地三分为雍、塞、翟三国，由降将章邯、司马欣、董翳为王，意图将刘邦死死地封堵在汉中。分封停当后，十九路诸侯王各回领地，项羽也率领本部人马回西楚故土去了。

楚汉鏖战争天下

当初，楚怀王对于诸侯来说是一面反秦的大旗，秦既然已经被推翻，义帝就失去了价值，项羽也早对义帝当年重用宋义、刘邦等举动心怀不满。在项羽的授意下，义帝被东迁去偏远的郴县，并在半路上被黥布派人秘密杀害。但是对项羽分封不满的人也很多，各方势力为了领土和权力，很快又起战端：燕王吞并辽东、陈余和代王赵歇打跑了恒山王张耳、没有得到分封的彭越在梁地反叛……而其中影响最大的则是一东一西两股势力：东部，齐地田荣将项羽分封的胶东、齐、济北三国全部吞并，自立为齐王，并联合彭越、陈余等反楚；西部，刘邦任命韩信为大将，从汉中出击，突破章邯、司马欣、董翳的封锁，一举吞并了关中地区。项羽经过权衡，决定亲自率军先北上讨伐田荣，同时另派诸侯封堵东进的刘邦。

齐国田荣无法抵挡项羽的猛烈进攻，在败退的路上被杀。项羽对齐地展开了残忍的报复，楚军所到之处肆意烧杀抢掠，因而田荣的弟弟田横重新组织齐人继续抵抗，项羽陷入了持久战中。就在此时，刘邦已经化解了诸侯对汉军的堵截，反而集结了五路诸侯共五十六万人马杀向楚国，成功占领了楚都彭城。正当汉军人马在彭城大肆庆祝时，项羽率领三万精兵，抄近路飞速南下救援，汉军被杀了个措手不及，十多万士兵被杀，溃不成军。刘邦侥幸逃出，半路途径沛县想接走家人，又被楚军追杀，只救出儿子和女儿，妻子以及父母都被楚军抓为人质。彭城之战，项羽以少胜多，充分展现了他的军事天赋，不愧是天下第一猛将。

之后的两年中，楚汉两军在荥阳、成皋、广武等地反复争夺，数度相持。然而刘邦后有萧何在关中筹措粮草，征发新兵；北有韩信、张耳攻取赵、齐之地，对楚形成包围之势；南有黥布分散楚军的兵力；甚至还派刘贾联合彭越在项羽后方断其粮道，不断骚扰。相比之下，项羽虽战斗勇猛，不过只是个人英雄，缺少战略上的同盟，甚至还中了陈平的反间计，弃用范增。相持日久，形势对项羽越来越不利，项羽想尽办法与刘邦速战速决。在广武对峙时，项羽威胁刘邦投降，否则要把刘邦父亲刘太公煮了，但刘邦不为所动，还调侃说煮好以后分他一杯肉羹。另有一次，项羽向刘邦发出挑战，说天下百姓饱受战乱，不如他们两人一对一搏杀分出胜负，当然这个提议也被刘邦一口拒绝。楚汉两军就这样连年累月地相持着，而打破这一均势的因素也逐渐出现了，那就是韩信。

英雄末路殒乌江

韩信率军一路扫平赵地，攻入齐地，使楚军处于腹背受敌的不利局势。项羽立即派大将龙且前去帮助齐军，然而韩信势不可挡，大破楚军，杀死龙且。此时，韩信控制赵、齐七十余城，他做了一个令人瞩目的决定：要求刘邦立自己为齐王。刘邦答应了这一要求，而项羽则看到了另一种可能性，他派武涉前去劝说韩信：脱离汉王，保持中立，与楚汉三分天下，这一提议被韩信拒绝了，因为他要报汉王的知遇之恩。

不久，彭越又切断楚军粮道，项羽不得不亲自前去讨伐。他离开后，成皋失守，曹咎、司马欣自杀，项羽又回马来救，经过一番厮杀，两军再次在荥阳僵持，而此时项羽已兵疲粮绝。刘邦为了救回父母妻子，派了侯生前去游说项羽，希望项羽放回亲人，两军从此罢兵。于是，项羽与刘邦约定，以荥阳的鸿沟为界，以东属楚，以西归汉，平分天下，项羽归还了刘邦的亲眷，两军战士高呼万岁，庆祝这来之不易的停战。

然而，正当项羽率军东归时，刘邦在张良、陈平等人的劝说下，决定违背约定，联合诸侯彻底灭楚。刘邦许诺了土地和权力，让韩信、彭越两路大军全力攻楚，同时黥布等诸侯各自率军加入了围剿项羽的行列。项羽仓促应战，且战且退，一直到蕲县南部的垓下时终于被团团包围。

夜晚，包围楚军的敌营中传来阵阵楚地的歌声，项羽听着这四面楚歌，不禁叹道："汉军难道将楚国完全占领了吗，为何敌军中有这么多的楚人？"百战百胜的西楚霸王，这次还能绝地反击吗？项羽夜不能寐，在帐中借酒消愁，他最宠爱的美人虞姬侍奉在旁，帐外那匹陪伴他冲锋陷阵的乌骓马安静地立在月下，仿佛也懂得主人的心情。项羽一时百感交集，慷慨歌咏道："力拔山兮气盖世，时不利兮骓不逝，骓不逝兮可奈何，虞兮虞兮奈若何！"他连唱了几遍，虞姬也跟着他一起唱，直唱得项王自己热泪数行，左右部下泣不成声。

霸王终究不愿束手就擒，他披挂上马，乘着夜黑，冒险突围而出，有八百名将士骑马跟随。到了天亮，汉军才知道逃走的是项羽，灌婴立刻率汉军五千骑追击。项羽渡过淮河时，身边将士只有一百骑了，到达阴陵后他们迷失方向，又被一名农夫误导，奔进了一片沼泽地。汉军依然紧追不舍，项王身边的将士不断战死，当他逃到东城时，身边只剩了二十八骑，而追兵仍像潮水般涌来。此时此刻，项羽知道自己无法逃脱，于是索性掉转马头，对将士们喊道："我自起兵以来，八年七十余战，未尝败绩，终于称霸天下。今天被困于此，为了证明是天要亡我，而不是我不能战，我将再胜三次，突敌围、斩敌将、砍敌旗，既然注定将要死在这里，兄弟们，让我们最后再痛快一战吧！"项羽还像以前那样，果断地发出指令："全军分四队，听我号令往四面分头攻击！"将士们也像从前那样，迅速地摆好阵势，只听得项羽一声令下，二十八名将士义无反顾地跟随项王杀入敌阵。风驰电掣，刀光剑影，血肉横飞，突围、斩将、断旗，当项羽重又汇合部队时，居然只损失了两骑，项王果然还是那位所向披靡的英雄，但英雄也已走到了末路。

一路杀至乌江，江面小舟一叶，乌江亭长请项王赶紧渡江，到了江东还可以重整旗鼓，项羽却笑着说："既然天要亡我，我渡江也没用，况且当年八千江东子弟跟随我出征，而现在无一人生还，我又有何面目去见江东父老呢？"沉默片刻，他将乌骓马牵给亭长，"这匹马跟随我出生入死已经五年了，我不忍心杀它，你带着它走吧。"于是，项王号令将士们一起下马步战，最后一次率领大家冲向敌阵……杀敌无数人，身披十余创，项王挥舞着利刃，忽然在乌泱泱的敌人中看到一张熟人的面孔，他冲着那人大喊道："喂，那不是老相识吕马童吗，我的脑袋价值千金，今天就便宜你了！"说完，他调转剑锋，自刎而死。

项羽死后，吕马童等五人抢得了项羽的部分遗体，他们因此得以封侯。楚地全部降汉，不过鲁县拒绝投降，原来当初项羽被封为鲁公，鲁县人因此想以死为项羽守节。刘邦钦佩鲁县人的大义，并没有下令屠戮，而是以鲁公的礼仪将项羽埋葬在了鲁县的谷城，并为这位老战友和老对手哭泣致哀。项羽的篇章落幕了，而刘邦的征程还将继续。

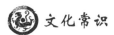 **文化常识**

为什么现在只有江西？江东何在？

《史记·项羽本纪》中记载，乌江亭长劝项羽渡江时说："江东虽小，地方千里，众数十万人，亦足王也"，然而项羽却回答："且籍与江东子弟八千人渡江而西，今无一人还，纵江东父兄怜而王我，我何面目见之？"让项羽深感愧疚的"江东"，指的是当年他与叔父项梁起兵的会稽郡吴中，而八千子弟都是吴中的精兵。那么，吴越地区又为何被称为江东呢？

秦汉时期的江东，指的是长江以东地区。虽然长江整体上是自西向东流入大海，然而当它流经现在的九江市至南京市一段时，流向是从西南往东北方向，因而当时将长江以东的这片地区称为江东，大致包括现今的江苏省南部、浙江省北部、上海市、安徽省以及江西省部分沿江的地区。到了三国时期，孙吴政权控制了江东六郡，孙权建立了吴国，建都建业（今南京市）。到了东晋时，中原士族衣冠南渡，司马睿在建康（今南京市）建立了东晋，开始了偏安于江东地区的百年基业，与中原政权形成南北对峙。

魏晋南北朝时，从中原人士由北向南的角度观察，东边就是左边，因而江东地区又被称为"江左"。又因为中原人地处长江以北，在他们眼里长江以南是在长江的外面了，外即是"表"，因此中原人士又称南方政权所在的江东地区为"江表"。

到了唐代初期，唐太宗李世民将天下划为十个道，长江以南广大地区都被划入了"江南道"，因而江南逐渐成为这一地区的指称。我们熟悉的唐诗中就有很多提到江南的诗，比如"正是江南好风景，落花时节又逢君"（杜甫《江南逢李龟年》），"江南好，风景旧曾谙"（白居易《忆江南》），等等。

有江东，就有江西。在唐之前，江西即指长江以西地区，与江东隔江对应。值得一提的是，从汉到魏晋，豫章郡一直属于江东地区，孙吴的江东六郡中就包含豫章郡，郡治南昌也在长江以东。然而，到了唐玄宗时，他将广阔的江南道细分出黔中道、江南东道和江南西道。原来的豫章郡所在的地区被划入江南西道中，这片地区后来就用江南西道的简称——"江西"为名，也就是现在的江西省。因此，江西省所在的地区，并非因为在长江以西而得名，它在唐代之前的很长一段时间，都属于江东。

无论是江东、江左或者江南，每一个名称背后都蕴含着丰富的历史和文化。但如果提到江东，我们一定能想到唐代杜牧的感叹"江东子弟多才俊，卷土重来未可知"，也一定能吟诵宋代李清照的名句"至今思项羽，不肯过江东"。项羽与江东无法割舍，世人也永远被《史记》记载的这一幕悲壮的英雄末路所感动。

 原文选读

《史记·项羽本纪》选段

夫秦失其政，陈涉首难①，豪杰蜂起，相与并争，不可胜数。然羽非有尺寸②，乘势起陇亩③之中，三年，遂将④五诸侯灭秦，分裂天下，而封王侯，政由羽出⑤，号为"霸王"，位虽不终，近古以来未尝⑥有也。

注解

① 难：发难，这里指起事、起义。② 非有尺寸：此指（项羽）连很小的封地也没有。③ 陇亩：田垄，此指民间。④ 将：率领，指挥。⑤ 政由羽出：政令都由项羽发出。⑥ 未尝：未曾。

汉高祖篇

"汉高祖"印章：圆印，无框，以字形的笔画代替边框。此印仿"铁线篆"，因字形笔画纤细如线，刚劲如铁而得名。

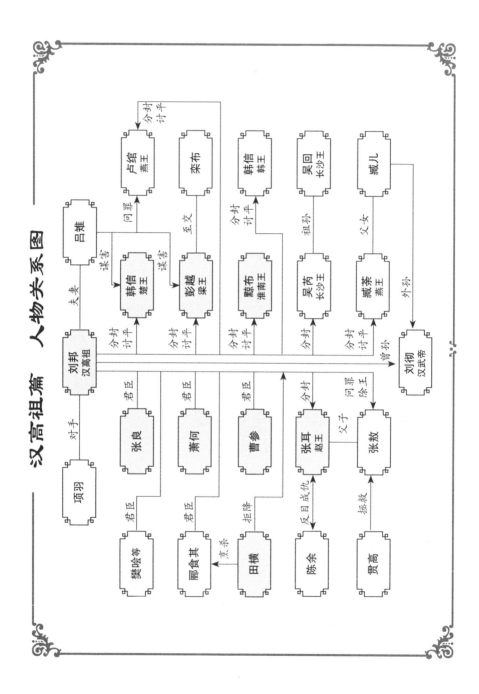

汉高祖篇　人物关系图

6. 刘邦

刘邦是汉朝的第一位皇帝，虽出身布衣，却提三尺剑最终取得天下。司马迁在《秦楚之际月表》中说，秦末从陈胜首义后三年，项羽推翻暴秦，号令天下；又过五年，刘邦灭项羽，建汉称帝；短短八年间，号令三变，天下几度易手，这是从未有过的事情。刘邦作为普通百姓经历了秦朝的统一，又从家乡沛县起兵，亲自参与推翻强秦、争夺天下的整个过程，司马迁在《高祖本纪》中记录了刘邦波澜壮阔的一生。

亭　长

刘邦是泗水郡沛县丰邑中阳里人，父辈务农，乡亲们都称他为刘季。刘季年轻时就不喜欢和普通人一样生产劳作，颇有侠气，抱负远大。到了壮年，刘季做了泗水亭的亭长，成为乡里的小吏，喜欢结交朋友，好酒色，常赊账，但人们都喜欢和他打交道，乡里还有不少关于他的奇怪传言，比如母亲怀他前有蛟龙趴身；刘季酒醉睡在酒肆时，人们看到他上方有龙，等等。可见，刘季虽然是个普通百姓，但体格面相应该都颇为不凡。有一年，刘季在国都咸阳服徭役，在路边目睹秦始皇的壮丽车队经过，不禁暗暗感叹说："唉！生而为大丈夫，就应该像这样啊！"

吕公，他因避仇而举家迁居沛县，是县令的朋友，当地有地位的人都来祝贺，刘季也来了。当时，人们赴宴都要献礼钱，这天负责收礼的是县里的主吏萧何，他规定礼钱一千以下的安排坐在堂下。刘季没钱，但他进门时在帖上写"贺礼一万钱"。吕公收帖后亲自出来迎接他，一看刘季相貌非凡，吕公赶紧将他迎入堂内，刘季也欣然坐在上座，一点都不推辞。萧何对刘季是知根知底的，他对吕公说："这人好说大话，不做实事，您别把他当真啊！"吕公非但不生气，宴席结束后还把刘季留了下来，对他说："我这人平时喜欢相面，但从来没见过你这样尊贵的面相，如果不嫌弃的话，可否让我的女儿嫁给你？"刘季当然愿意，可吕公的妻子不愿意了，她纳闷为什么连县令提亲都拒绝，却要把女儿许配给这么个混不吝的小子呢？吕公却很自信地坚持自己的判断。于是，刘季娶了吕雉为妻，不久他们有了一个女儿和一个儿子。

刘季在故乡的幸福日子很快到头了。这一年，他负责将县里的刑徒押送去咸阳修骊山陵，但中途逃走的刑徒很多，照这样子到达骊山时可能人都没了，刘季干脆释放了所有人，对他们说："大家各自走吧，反正我也没办法回去复命了。"有十几名刑徒愿意跟随刘季，于是他们一起走进芒砀山中，躲避官府的追捕。一行人路过沼泽地时，有一条大白蛇挡住了去路，大家都很害怕，刘季走上前手起刀落将白蛇斩断。后来有传言说，那条白蛇是白帝之子，而斩它的刘季是赤帝之子；又有传言说刘季所在之处，空中会有云气聚集，沛县的子弟听说这些传言后，很多人都去追随这个非凡的刘季。

沛　公

陈胜起义之后，很多郡县的民众杀了官员群起响应，沛县县令也很害怕，想起事响应陈胜。主吏萧何与狱掾曹参建议县令找逃亡在外的刘季回来统帅，于是县令通过樊哙召见刘季。等刘季率领自己百多名兄弟赶到城外时，县令又反悔了，他下令关了城门，并且准备抓捕萧何、曹参，两人慌忙翻越城墙投奔到了刘季的队伍中。刘季写了一封帛书用箭射进城墙，劝告沛县的父老，不要坐以待毙，否则迟早要被反秦的军队屠城，沛县父老就动手杀了县令，迎接刘季等人进城。大家又一致推举刘季带领沛县的队伍，于是刘季成为沛公，征募了沛县子弟两三千人，攻打附近的城邑。

当时，秦军在戏水打败了周文，趁势反扑，陈胜派出的将军们各自为战，一时天下大乱。沛公原本攻下了家乡丰邑为根据地，不料领军外出时，驻守丰邑的雍齿居然投降了魏人周市的军队。雍齿和丰邑人这次的背叛对沛公伤害很大，他四处寻求支援，始终无法攻取丰邑，居然大病一场。后来，沛公攻下了砀郡，收了五六千子弟兵，又听闻项梁北上，于是投奔项氏军队，得到了五千援军，终于得以重夺丰邑。后来，沛公跟随项梁在薛城盟会，拥立楚怀王，从此沛公作为楚军的一支有生力量，被项梁委以重任。这段时间，沛公和项羽并肩作战，大破秦军，屠城阳、攻雍丘、斩李由，配合楚军主力屡战屡胜。

项梁因轻敌而被章邯击破，他死后，楚怀王在彭城集结楚军，拜宋义为上将军，项羽为次将，范增为末将，共同救赵，令沛公西进，并与全军将领约定，不管哪路军，谁先打入关中谁为王。当时秦军兵锋正盛，反秦军队避之唯恐不及，唯独项羽因为报仇心切，强烈要求和沛公一起西进攻取关中。周围的老将们劝楚怀王说，秦地百姓怨恨其主，应该请一位仁厚的长者去劝降他们，项羽太过凶残，但沛公正是一位长者。于是，沛公西进关中，项羽北上救赵。

通往关中之路障碍重重，刘邦西进并不顺利，好在一路上得到了几位智囊相助，为他制定关键策略。郦食其是一名乡里的看门人，沛公军队路过时，他前去投奔沛公，沛公当时正叉开腿让侍女洗脚，郦食其也不下拜，站着行礼说："沛公若想推翻暴秦，就不应该这么无礼地接见长者。"沛公听了立刻站起来，整理好衣服向郦食其道歉，并请他上坐。于是，郦食其向他献策攻取了陈留，获得秦囤积在那里的宝贵粮食。沛公在西进途中与韩王军队会师，而张良那时候正辅佐韩王。张良见沛公为了先入关中，率军绕开宛城，向西急行，于是劝谏：宛城是高阳郡治所在地，兵多粮足，确难攻下，但不能因此放弃而去攻关中，这样极有可能腹背受敌。沛公于是围攻宛城，鉴于楚军经常屠城的残忍作风，宛城军民拼死抵抗，幸亏在郡守的舍人陈恢斡旋下，沛公劝降宛城，并奖赏了郡守和陈恢，对百姓也毫无侵犯，反而收取很多降兵补充了军队。宛城受降，成就了沛公宽厚长者的名声，因而之后在西进途中的很多地方都不战而胜，就连武关守将也被劝降，沛公得以率先进入关中。

　　沛公入关，驻军霸上，秦王子婴素车白马在轵（zhǐ）道旁投降，沛公宽待了秦王君臣。沛公入秦宫，很想留下来歇息享受一下，但在樊哙、张良的劝谏下，终于封存宫殿，回到军中。不久，他宣布说："咸阳的百姓苦于秦政，按照怀王的约定，我先入关中，应该为王，我现在与百姓也只约法三章：杀人的死罪，伤人和劫掠的判刑。"之后，沛公的军队维持治安，对百姓秋毫无犯，百姓纷纷前来犒劳，生怕沛公不能做王。沛公又听人说项羽已经封降将章邯为雍王，生怕项羽违约，于是派军把守函谷关，想把项羽和诸侯军队拒之关外。不料项羽的四十万大军很快抵达咸阳，当时沛公的军队只有十万。项羽本打算消灭沛公，但沛公和张良事先得到了项伯的消息，沛公亲自前往鸿门请罪，消除了项羽的顾忌，并且惊险地逃回了军中。项羽接管咸阳后，诛杀秦族，焚烧宫殿，劫掠全城，秦从此彻底破灭。接着，项羽尊怀王为义帝，自封西楚霸王，另分封十八国。沛公并没有按约定获得关中，而只是被封为汉中王，关中土地则分给了雍王章邯、塞王司马欣、翟王董翳三位降将，他们紧紧掐住了沛公出汉中的路口。尽管如此，刘季已从沛公变成了掌控汉中、巴蜀之地的诸侯，号称汉王。

汉　王

　　汉王元年（公元前206年，刘邦成为汉中王的第一年），接受分封的诸侯军队在戏水就地解散，各赴领地。撤入汉中时，汉王下令将沿途的栈道悉数烧毁，既为了防止诸侯袭击，又为了表明不出汉中的决心，打消项羽的顾虑。然而，汉王的将士们多来自泗水郡、砀郡等关东之地，他们九死一生，封官晋爵却不能衣锦还乡，反而要去偏远的关中、巴蜀，对他们来说简直就是流放。于是，很多军官和士兵都偷偷逃跑了，留下来的也都口出怨言。这时候，汉王任命了韩信为将军，由韩信制定出汉中、争天下的策略。韩信一边命人修筑被烧毁的栈道，假装要从此道进军，同时又指挥汉军主力从陈仓道突袭关中，击败雍王章邯，很快取得了关中地区的控制权，出函谷关向东用兵，争夺天下。

汉王二年，当军队抵达洛阳时，汉王获知义帝已被秘密杀害，于是为他举行丧礼，并号召天下诸侯共同伐楚。而此时，项羽正忙于平定齐地田荣之乱，汉王趁机联合五国诸侯军队攻入彭城，占领了项羽的都城。不料，项羽仅率三万骑兵，火速救援彭城，将汉军杀了个措手不及。汉王溃逃之时，途径丰邑想接走家人，混乱之中仅半路遇到了一双儿女。然而楚军紧追不舍，汉王的车上人多，跑不快，情急之下，汉王两三次都把儿女推下车，驾驭马车的夏侯婴每次把小孩子重又抱上车来，对汉王说："虽然情势危急，但您怎么忍心这么做呢？"最后，汉王还是侥幸逃脱了。大败之后，汉王策反了九江王黥布，为自己重整旗鼓争取了时间。

汉王三年，韩信、张耳夺取了魏、赵之地，而汉王与项羽在荥阳对峙。项羽不断侵袭汉军粮道，汉王乞和遭拒，汉军粮尽，于是纪信假扮汉王出城诈降，汉王趁机逃脱，纪信不幸被杀。此后，项羽在黥布、彭越的不断骚扰下，首尾难顾，刘邦又利用韩信、张耳的军队补充了实力。张耳被封为赵王，韩信则继续向东进军齐地，并大破齐楚联军。

汉王四年，楚汉两军在鸿沟相持不下，隔着一条广武涧（即鸿沟），项羽喊话汉王，要求两个人单打独斗，汉王当然不答应，反而当众数落了项羽杀宋义、坑降卒等十条罪状。项羽一怒之下，突施弩箭，汉王被射中胸口，却俯身捂着脚叫道："该死的，射中我脚了。"汉王的伤势不轻，但卧床期间还硬挺着巡视军营，以安军心，并混淆楚军视听。伤愈后，汉王入关中，获得了兵员补充后，又赶往前线。此时，彭越在后方断楚军粮道，项羽于是和汉王约定以鸿沟为界，中分天下，双方罢兵。汉王用张良、陈平计，联合韩信、彭越及黥布等军队，追击东归的楚军。

汉王五年，垓下决战，项羽大败，退至乌江自刎。楚汉两国经过五年的缠斗，最终以汉王的胜利告终。汉王将项羽埋葬在鲁县后，返回定陶，立刻驱车到了齐王的营地，夺了韩信的兵权。

高　祖

天下初定，诸侯和将相们请尊汉王为皇帝（即高皇帝，《史记》中称为汉高祖），汉王礼节性地退让再三后，终于在汜水之阳（北岸）登上皇帝位。之后，除了已经分封的七位诸侯外，高祖又论功行赏，汉军的士兵都得到了免除徭役、供给食粮等奖赏。高祖本打算今后以雒（luò）阳为都城，但在刘敬和张良的劝谏下，最后决定回关中定都，由萧何负责修建长安城。

对于汉高祖来说，项羽虽然死了，他却并不能高枕无忧，他面临着两大威胁，其中之一是来自朝廷外部的匈奴。高祖登基第三年，韩王信遭到匈奴的攻击后，勾结匈奴反叛，高祖亲自率领大军讨伐，结果却在平城附近的白登山被匈奴包围，高祖依靠陈平的计策才侥幸逃脱，之后他便以和亲之策与匈奴换得暂时的和平。高祖明白，天下久经战乱，民生凋敝，汉朝还没有实力对抗匈奴，而更重要的是，他还要面对另一个更大的来自朝廷内部的威胁——异姓诸侯们。

此时，皇帝臣属中共有七位诸侯王：韩信由齐王改封为楚王，淮南王黥布，梁王彭越，韩王信（韩国王族后裔，与楚王韩信同名），赵王张敖（张耳之子），燕王臧荼，长沙王吴芮。这些诸侯王曾是帮助汉王平定天下的同盟，但现在却是天子的巨大威胁。

高祖即位当年，就发生了燕王臧荼的叛乱，高祖亲自平叛后，封太尉卢绾为燕王。卢绾是高祖的发小，亲如兄弟。次年，楚王韩信被告发谋叛，高祖用陈平之计，假装巡游到云梦，韩信赶来迎驾时被当场抓捕。韩信被剥夺了楚王的爵位，改封淮阴侯，从此被软禁在长安城内。楚地被一分为二，封给了两位刘姓宗室为王：楚王刘交、荆王刘贾，高祖同时封庶子刘肥为齐王。之后几年又陆续发生韩王信、代国国相陈豨（xī）、赵国国相贯高等反叛事件，到了高祖即位的第七年，淮阴侯韩信、梁王彭越被先后族灭，淮南王黥布见势不妙，起兵反汉，高祖拖着年老病体亲自领兵平叛，将黥布消灭。至此，高祖登帝位时的七位异姓诸侯王中，除了偏远的长沙王之外，悉数被灭，取而代之的是一批以皇子为主的刘氏宗族的同姓王（燕王卢绾也在高祖去世前叛逃）。

高祖平定了淮南王黥布的叛乱之后，途径家乡沛县，大摆酒宴庆祝，邀请父老乡亲都来参加。虽然高祖在平叛时身中流矢还没痊愈，但解除了异姓诸侯的威胁，心情舒畅。多年征伐四方，如今荣归故里，高祖不禁借着酒兴，一边击筑，一边教一百二十名沛县的娃娃一起高歌："大风起兮云飞扬，威加海内兮归故乡，安得猛士兮守四方！"听着孩子们无邪的童音，高祖仿佛看到生于斯长于斯的自己，那个从前的沛县少年。高祖随着歌声愉快地跳起舞来，乡音未改，换了人间，英雄迟暮，不能重来，高祖跳着笑着，不禁泪流满面，百感交集。他对乡亲们说："游子思故乡，我虽定都关中，但死后魂魄仍愿回到故乡……"高祖在沛县停留了十日，每天饮酒欢歌，他免除了故乡沛县和丰邑百姓世世代代的赋役，在乡亲们的盛情挽留下，又多逗留了三天。这也是他最后一次回到故乡，第二年四月，也就是他登上帝位的第八年，成为汉王的第十二年，汉高祖刘邦在都城长安的长乐宫中驾崩，谥号高皇帝，庙号太祖。

高祖临终前，吕后请了良医来诊治，高祖询问自己的病情，良医说能治好，高祖破口大骂道："我一介布衣，提三尺剑取得了天下，这是天命啊！命是上天决定的，如今我病成这样，就算扁鹊这样的神医又有什么用？"于是高祖赏了良医五十金，把他送了出去。高祖对待死亡的冷静态度，与孜孜以求长生不老的秦始皇截然不同。而高祖对自己成功的原因也有清晰的认识。初定天下后，高祖曾问满朝文武，为什么自己得了天下，而项羽失了天下？有人回答说项羽虽表面仁厚待人，但舍不得分享利益，而陛下虽待人不重礼数，但懂得与人分享成果。高祖却说，最重要的原因是因为自己善于用人，像张良、萧何、韩信都有比自己强的才能，自己能让他们发挥才能，而项羽连一个范增都用不了，这才是二人各有成败的主因。

刘邦野心勃勃却冷静务实，不讲礼数却从谏如流，屡战屡败却百折不挠，是一个充满传奇色彩的人。

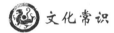 **文化常识**

泗水亭、兰亭、牡丹亭——历史上不一样的亭

刘邦在故乡沛县担任过泗水亭长，是秦时地方上的小官吏。亭究竟是什么样的地方，又有什么作用呢？让我们来了解一些与"亭"相关的知识。

亭，从字义上解释，是指有屋顶而没有墙体的简易建筑。战国时期的亭，一般都设置在国与国之间的边境地带，相当于前线的军事据点和堡垒。各国在亭的附近驻扎军队，随时侦察敌情，防御敌军。随着秦统一天下，六国覆灭，原先诸侯国之间的亭失去了军事作用。与此同时，秦始皇为了方便管理各郡县，修建了四通八达的驰道，于是亭变成了供使者、驿马休息的地方，并逐渐成为往来商旅行人歇脚的驿站。来来往往的人难免鱼龙混杂，因而朝廷任命了管理亭的亭长，负责当地的治安。

秦汉时施行郡县制，一郡下辖数县，县下设有乡，乡

中则有里。《汉书》等古籍中说"十里一亭"，也就是每十里的距离会设置一亭（这一解读还存有分歧）。一般认为，亭是乡里间负责治安的行政单位，亭长常由军中退伍的老兵担任。而《高祖本纪》中说"（刘季）及壮，试为吏，为泗水亭长"可见，他是经过选拔上任的。亭长虽小，但并非"光杆司令"，亭长的手下还有亭卒。《高祖本纪》记有"高祖为亭长，乃以竹皮为冠，令求盗之薛治之……"说的是亭长大人平时常戴一种竹皮冠，他派遣担任"求盗"职务的下属，去薛地让人制作，"求盗"就是负责缉拿盗贼的亭卒。亭长除了负责治安之外，有时也要奉命为县里押送犯人刑徒前往指定的地方。"高祖以亭长为县送徒骊山，徒多道亡……"亭长刘季就是因为押送的刑徒逃走了太多，于是索性放弃押送，自己带着大家逃亡芒砀山中。

汉代的亭，也继承了秦时的功能，始终作为地方上缉拿盗贼的治安单位。飞将军李广谪居时，一次打猎夜归，被负责治安的霸陵亭尉刁难（"……还至霸陵亭，霸陵尉醉，呵止广。"《李将军列传》）。李广重新被朝廷起用后，就将这个霸陵尉召来军中诛杀了。

秦汉时代边境地区的亭，仍然具备着军事功能。比如《秦始皇本纪》中记载"又使蒙恬渡河取高阙、阳山、北假中，筑亭障以逐戎人。"这里的"亭障"是为了在边地防御游牧民族而建造的军事堡垒。在后世相当长一段时间中，亭的功能或是地方上的治安单位，或是边境的军事据点。比如我们熟悉的《三国演义》中的街亭，仍然还是军事意义上的亭，诸葛亮挥泪斩马谡，就是因为他丢失了这一重要的军事据点。有一些亭因为被建在风景优美的地方，因而吸引了文人名士们前往集会，比如晋代的兰亭。王羲之的书法名作《兰亭集序》，让兰亭为世人熟知。兰亭也被赋予了许多文艺色彩，但它仍是建在会稽山中具有实用功能的亭。

　　原本亭所具有的军事、治安、驿站等功能，在后世逐渐被弱化，而供人游玩、欣赏等功能却不断被强化。到了唐宋时，在园林中修建亭逐渐成为主流，亭变成园林中供人小憩、游玩和欣赏的建筑，也就是我们现代意义上理解的"亭"。像《牡丹亭》等文学作品中的亭，指的都是建在园林中的亭。但是，《三国演义》中貂蝉和吕布相会的凤仪亭，也被作者写成是在董卓家的后花园里，事实上东汉末的亭子还没有发展成这一形式，因而凤仪亭大大超越了时代，并不符合史实。这可能是因为作者罗贯中生活在元末明初的缘故，因为在他生活的时代，园林中一定已经有牡丹亭这样别致优美的建筑了。

 **原文选读**

《史记·高祖本纪》选段

　　未央宫成①。高祖大朝②诸侯群臣，置酒未央前殿。高祖奉玉卮③，起为太上皇寿④，曰："始大人⑤常以臣无赖⑥，不能治产业，不如仲力⑦。今某之业所就孰与仲多⑧？"殿上群臣皆呼万岁，大笑为乐。

注解

①成：建成，落成。②大朝：此指隆重地朝会。③玉卮（zhī）：玉制的酒杯。④寿：敬酒祝福长寿。⑤始大人：对父母的尊称。⑥无赖：没出息。⑦不如仲力：不如二哥努力能干。⑧某之业所就孰与仲多：我的事业成就与二哥比谁更多？

7. 张良

张良被汉高祖誉为"运筹策帷帐之中，决胜于千里之外"，常在关键时刻出谋划策，帮助刘邦夺得天下。等到论功行赏时，张良则低调谦逊，后被汉高祖封为留侯。《史记》中有张良的传记《留侯世家》，但他的身影在《高祖本纪》《项羽本纪》等篇中都时常出现，从中可以看到在楚汉时期的众多历史节点上，张良都起到了不可取代的作用。

桥上的约定

张良是韩国人，父祖都是韩相。秦灭韩时，张良年少，家中尚有三百奴仆，他的弟弟去世后，张良没有厚葬他，他要用自己的全部家产筹划一件大事——刺杀秦始皇。张良在淮阳寻找到一名大力士，为他打造了一百二十斤重的大铁锤。他们埋伏在博浪沙的路边，当秦始皇巡游的车队经过时，大力士奋力将铁锤掷出……然而，大铁锤只误中了皇帝的副车。虽然张良和大力士没有被抓住，但朝廷严令各地搜捕，张良回不了家，后来逃到东海郡的下邳隐姓埋名。

有一天，张良散步到沂水上的一座桥时，见到一位穿着布衣的老者，老者将自己的鞋子扔到桥下，对张良说："孺子（年轻人），帮我把鞋捡上来。"张良被这人莫名其妙地使唤，差点上前动手教训他，但看老人年纪挺大了，于是忍着怒气下桥捡回了鞋子。老人又说："帮我把鞋子穿好。"张良想既然取了鞋子，干脆就好人做到底吧。老人伸着脚等张良穿上鞋后，笑着走了，不过他走了一段路又折了回来，对张良说："我看你这年轻人值得好好教导啊（孺子可教矣），五天之后天亮时分，与我在此见面。"张良觉得很不可思议，连忙跪下来答应。

五天之后，张良天亮时分赶来，却见老人已等在桥上。老人看见张良，生气地说："与老人家约定时间，却来晚了，这是何道理？你五天之后再来吧。"又过了五天，张良不等天亮便赴约，却还是比老人晚到，于是又被要求五天后再来。这回，张良半夜就到桥上等着。一会儿，老人来了，"这样就对了。"老人取出一卷书递给张良，"读了这书，可以做帝王的老师，你十年后一定有所成就，十三年后你会在济北见到我，谷城山下的黄石就是我。"说完，老人就离开了。张良从此没再见过这位"圯上老人"（圯，读yí，圯即桥），他留给张良的书是《太公兵法》。张良十分喜欢，经常阅读。在下邳时，张良行侠仗义，还曾经救过项羽的伯父项伯的命。

鸿门的酒宴

十年后，陈胜起义，天下豪杰纷纷起兵响应，张良也拉起了一支百多人的队伍。后来在留县遇到了沛公刘邦，他发现自己对沛公讲《太公兵法》里的计策，沛公往往一听就明白，而且很乐于采纳，而其他的将领则完全听不明白。张良因而觉得沛公是被授予了天命之人，从此跟从了他。

不久，沛公和张良都投奔了项梁，成为楚怀王麾下的将领。作为韩相之后，张良趁机劝说项梁立韩成为韩王，并辅佐韩王去韩地征战。不久，沛公受命西进关中，张良赶来会合，随军为沛公出谋划策。在张良的辅佐下，沛公取宛城、破武关，率先进入关中，并接受了秦王子婴的投降。

沛公进入咸阳，颇觉大功告成，不知不觉中犯下了两个错误。第一个错误，沛公流连于秦宫的富丽堂皇、宝物美女，樊哙等无法劝他离开，最后还是张良说服他回到了霸上的军营。然而，沛公此时又犯了更严重的第二个错误，他派人把守函谷关，居然将项羽率领的诸侯联军拒之关外。苦果很快就来到，项羽率数十万大军驻军鸿门，准备次日攻灭沛公。

当夜，项伯悄悄来到霸上军营，通知张良赶紧逃走，不要陪沛公等死，张良则立刻告诉了沛公。沛公一听，急得直跺脚："我这是听了别人的馊主意，才关闭了函谷关，现在可怎么办？"张良对沛公说："你得告诉项伯，自己绝不会背叛项王。"沛公赶紧问："你跟项伯什么交情？""我救过他命。"沛公又问："你们谁年纪大？""他比我大。"沛公听了，点头道："你快请他进来，我把他当兄长对待。"项伯一进帐，沛公又是赔礼道歉，又是拉家常套近乎，没几句话就约定为儿女亲家，项伯于是答应帮沛公说情，让他次日一早就来鸿门亲自跟项羽谢罪，沛公当然像抓住救命稻草一样，连连点头。

第二天，沛公只带了一百来号人，骑马来到鸿门，见了项羽就谢罪喊冤道："将军啊，我和你齐心杀敌，我走运先入关，终于命大又见着将军了，是哪个无耻小人造谣，让将军误会我了？"项羽脱口而出："是你的左司马曹无伤说的，否则我至于这样吗？"于是项羽在军中摆酒宴请沛公。项羽和项伯坐了向东的尊位，范增年长且项羽尊他为亚父，坐了向南的次尊位，沛公坐向北的主客位，张良坐了向西的陪客位。酒宴中，范增几次举起佩戴的玉玦，暗示项王快下手杀沛公。见项羽无动于衷，范增又起身召来项庄，让他为客人舞剑助兴，暗中却嘱咐他伺机击杀沛公。项庄敬酒、舞剑，离沛公越来越近，项伯看出端倪，也起身舞剑，但每每保护着沛公。

然而剑不长眼睛，眼看沛公危在旦夕，张良再也忍不住了，他起身赶到军门外，招来樊哙说："大事不好了，项庄正在舞剑，意图加害沛公。"樊哙一听，急了："管不了那么多了，让我进去拼命。"他操起剑盾，就往军门里走，顺势撞倒上前阻拦的守卫，冲入军帐，怒发冲冠，瞪着双眼扫视在场的人。项羽被吓了一跳，立刻警觉地按着佩剑直起身子问道："这位是谁？"张良忙应答："是沛公的随车参乘——樊哙。"项羽见樊哙气势不凡，颇有豪气，于是吩咐左右道："赐酒给壮士。"侍从递上来一斗酒，樊哙拜谢，起身一饮而尽。项羽欣赏他这爽快劲，又命令道："给壮士赐一彘肩（猪前腿）。"侍从呈上来一扇生彘肩，樊哙也不多话，将盾牌倒扣在地，彘肩摆在其上，拔出利剑切肉，大嚼大咽起来。项羽愈发高兴，又问道："壮士还能再喝酒吗？""我死都不怕，还怕喝酒吗？"樊哙大声应道，"当初怀王有约，诛除暴秦，先入关的人为王，我家沛公入关后，将宫室封存好，自己在霸上驻军，就等大王来，为了防止盗贼袭击，他又命人守住关隘，怎料因此遭小人诬陷，沛公如此劳苦功高却不见封赏，而大王若因为这些闲言碎语，便诛杀有功之臣，我觉得有辱您的英名啊！"项羽只当樊哙是个粗人，不料随口说话却句句在理，自己也不知如何应答，只好笑着说：“赐座。”于是，樊哙就在张良旁边坐了下来，有他在，张良和沛公都暗暗松了一口气。

过了一会儿，沛公上厕所，顺便把樊哙叫了出来。这时，项王派都尉陈平来找沛公回去，沛公心里不想回宴席，但又怕不辞行缺了礼数，樊哙说："现在人为刀俎，我为鱼肉，还辞什么辞呀！"于是，沛公骑马抄近道逃往霸上，樊哙、夏侯婴等四人拿着剑盾跟随，张良则留下来善后。他估摸着沛公已经回营，便向项羽道歉说："沛公不胜酒力，不能辞行，先回去了，他留下玉璧一双献给大王，玉斗一双献给大将军（范增）。"项羽收下玉璧，继续喝酒，范增则将玉斗扔在地上，用剑刺破后长叹道："一群不足与谋的蠢货，项王的天下必被沛公夺走，我们都要变成他的阶下囚了！"沛公赶回军营后，立刻把左司马曹无伤杀了。

筷子的筹划

鸿门宴后不久，项羽准备分封天下，范增建议他将巴、蜀之地封给沛公。张良听说后，将沛公赏给他的黄金珠宝都送给了项伯，请他帮忙为沛公又争取到了汉中之地。沛公和手下的将领虽然心中愤恨，却也只能率军进入汉中。张良建议沛公入汉中时，将经过的栈道悉数烧毁，以此向天下表明自己没有再出汉中的野心。

随后，张良辞别沛公，准备跟随韩王成回国，但是韩王成没能回到领地就被项羽杀害了。张良逃出后重又投奔汉王，此时汉王在韩信的谋划下，已经平定了三秦，他封张良为成信侯，跟随自己东向用兵，与项羽争夺天下。然而，汉军很快遭遇了彭城大败，汉王侥幸逃回军中后，无奈地说："光靠我没办法打败项羽，我要把函谷关以东的土地拿出来，分给能帮我夺取天下的人。"张良说："九江王黥布（即英布）是楚军中的猛将，但他与项羽有矛盾，彭越则联合齐军在梁地叛乱，这两人可以倚仗，而大王军中唯有韩信独当一面。大王若想成大事，可分地给这三人，定能帮助大王打败项羽。"汉王采纳了这个建议，依靠这三个人的协同作战，逐渐取得了战略上的优势。而张良自己则因为体弱多病，所以不能领兵打仗，留在汉王身边出谋划策。

过了段时间，汉王被围困在荥阳，他找来谋士郦食其，商量如何削弱楚军。郦食其为他出了个主意，当年商汤灭桀分封夏人在杞、武王灭纣分封商人在宋，汉王也可以效仿他们，分封六国后人，授印信给他们，那么六国就会视汉王为盟主，共同对付楚军。汉王觉得有道理，命人速速准备好印信，让郦食其负责游说联络。恰逢张良回来拜见汉王，汉王顾不上吃饭，就告诉他联合六国共同灭楚的计划。张良听了，正色道："这是谁给大王出的主意？照这个法子做，大王的事业就全毁了。"刘邦吃了一惊，不知所以，张良说："请让我拿这筷子做筹，跟大王摆摆道理。"张良拿起一根筷子，问汉王："商汤当年封夏的后裔，是因为知道自己能将夏桀置于死地，大王确定自己现在能将项羽置于死地吗？""不能！"汉王摇着头回答，张良接着又拿起第二根筷子："武王封商族后裔在宋，是因为他能砍下纣王的首级，大王您有把握砍下项羽的人头吗？""没有！"……就这样，张良陆续摆了八根筷子，将古今不同的形势条件一一列举出来，最后他总结说："现在楚国最强，大王如果分封六国，那么六国反而会屈从于楚王，大王准备凭借什么让他们听您号令呢？所以说，按这个法子做，大王的事业将毁于一旦。"汉王听完，吐了嘴里的饭大骂道："那个该死的书呆子，差点坏了我的事。"赶紧吩咐手下把印信全部销毁。

楚汉相争期间，张良始终保持着清醒的头脑，为汉王提供切实有效的策略。在张良的谋划下，汉王不惜以土地、王位为筹码，紧紧笼络住韩信、彭越、黥布，最终完成了对项羽的围剿，获得了彻底的胜利。

沙中的密谋

汉王登帝位，封赏功臣，张良虽然没有军功，但高祖认为他运筹帷幄，功劳很高，让张良自选齐地三万户（被公认军功第一的曹参后来受封一万六千户）。张良推辞说："我从下邳起兵，有幸在留县遇到陛下，陛下能用我计策，而我又侥幸料中了几次，我恳请陛下将留县封给我，为臣就满足了，万万不敢接受三万户的封邑。"于是，刘邦就封张良为留侯，食邑一万户。

跟随汉高祖定天下的文臣武将众多，并不是所有人都像张良那样从容，汉高祖封赏了二十名大功臣后，很多人开始比功劳、排座次，因而高祖有些为难，迟迟没能封赏其他人。有一天，高祖出宫时，远远看见很多将领坐在宫前的沙地中，聚在一起窃窃私语。高祖好奇地问："这些人在谈什么呢？"张良答道："陛下不知道吗？他们这是在密谋造反呢！"高祖吃了一惊："天下刚定，他们为什么又要造反？"张良说："陛下以布衣取天下，如今贵为天子，您封赏的都是萧何、曹参等平日里与自己亲近的人，而一些得罪过陛下的人又被您杀了。所以剩下的人都在盘算，自己得不到分封，却可能因为冒犯过陛下而被诛杀，所以他们想要造反了。"高祖忙问："那该如何应对？"张良回答："陛下有没有特别痛恨的人？一定要众所周知的，最恨的那个人。"高祖不假思索地答道："当然是雍齿，这家伙当年在丰邑背叛我，后又屡次冒犯我，我恨不得杀了他，但念在他立过不少战功，下不了手啊。"张良笑道："那就好办了，陛下先抓紧封赏雍齿，做个表率，其余的人就稳住了。"于是，高祖摆酒设宴，封雍齿为什方侯，食邑二千五百户，又催促丞相、御史等人加紧操办分封事宜，酒宴结束后，还没得到封赏的功臣们相互安慰说："连雍齿都能得到这样的封赏，看来我们不用着急了。"

张良凭借自己的见识智慧，成为高祖最信赖的臣子，汉初定天下后，在定都长安、确立太子等大事上，张良都极大地影响了高祖的最后决定。然而张良身体不好，又信奉黄老之道，经常不食五谷。汉高祖去世八年后，留侯张良也在长安逝世。

据说张良曾跟随刘邦经过济北，在谷城山下看到一块黄石，他想起从前遇到的圯上老人，曾说过十三年后将重逢。于是，张良将这块黄石取回家，像珍宝一样供奉它，死后也与黄石同葬。留侯曾说："我家世代相韩，韩灭，我倾家荡产行刺报仇，震动天下；后来凭借三寸之舌，封万户侯，我一介布衣能如此，已经很满足了。"张良为人进退自如，行事豁达从容，难道真是黄石老人的秘籍成就了他吗？也可能是因为他的善始善终，才引出了这些传奇故事吧。

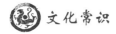 **文化常识**

箸——筷子的历史

在张良的故事中，张良为了给刘邦分析复立六国的利弊，就顺手拿起桌上的筷子筹划起来，也就是《史记·留侯世家》中记载的"臣请藉前箸为大王筹之"。句中的箸，就是我们现在所说的筷子，秦汉时期称为箸，我们来了解一下筷子的历史。

筷子在我国拥有悠久的历史，《礼记》记载"羹之有菜者用梜（jiā）"，梜就是先秦时代的筷子，它的主要功能是夹汤羹里的菜，当时古人还使用类似刀叉和勺子的餐具。我国的考古发现，曾经发掘出先秦时代的青铜筷、骨筷以及汉代的竹筷等，证明至少从先秦时代起，中国人已经在使用筷子了。

到了秦汉时期，筷子被称为"箸"，《韩非子·喻老》中说："昔者纣为象箸，而箕子怖。"这句话是说商纣王吃饭时用象牙做的箸，他的大臣箕子看到后非常担心，认为国家要开始衰亡了。为什么有这种判断呢？箕子说，商纣王有了象牙箸，就会想用更奢侈的玉杯，有了玉杯就会想马车、宫殿等更好的物事，最终穷奢极欲必将导致败亡。这个故事在《史记·宋微子世家》中也有记载，箕子见微知著，后来果断离开了纣王。另外在《三国志·蜀书·先主传》中记载"先主方食，失匕箸"，讲的是曹操"煮酒论英雄"时，说天下英雄只有自己和刘备，刘备听闻大惊失色，连手里的餐具都掉了。句中的"匕箸"，匕是羹匙，箸是筷子，都是指餐具。

箸的名称一直沿用到明代，据说最先将箸改称为筷子的，是吴中（今江苏苏州）地方的人。明人陆容所著《菽园杂记》一书记载："民间俗讳，各处有之，而吴中为甚。如舟行讳'住'……今士大夫亦有犯俗称'快儿'者。"根据这一记载，因为"箸"和"住"同音，江南行船多，船家最怕船只抛锚停住，因此改称"箸"为"快儿""快子"，意为船能够顺风顺水，快快向前。久而久之，"快子"的称呼被广泛使用，后来人们在"快"上加了竹字头，成为一个新字"筷"，于是"快子"变成了"筷子"。到了清代，"筷子"的名称已经非常普遍，小说《红楼梦》中就有多处使用了"筷子"的称呼。然而，"筷子"并没有完全取代"箸"这个名称，现今我国一些地区的方言如潮州话等，仍保留着称"箸"的习惯。明代筷子的另一个重要改变，是改进为方头圆足。明代之前的筷子多为圆头圆足，上下部为一个圆柱体。方头的筷子不仅可以防止放置时滚落，而且想要夹起光滑的东西时，能让手指使上力，此外方头筷子的平面上更容易雕刻图案，使筷子更加美观。

除了中国，很多深受汉文化影响的亚洲国家如韩国、日本、泰国等也都使用筷子，据统计，全世界约有18亿人日常习惯用筷子。但筷子终究是中华民族饮食文化的重要部分，小小的筷子被赋予了丰富的文化内涵，形成了特定的风俗和使用礼仪，渗透在我们日常生活的方方面面。而《史记》记载的张良用筷子为刘邦筹划的故事，也化为"借箸代筹"的成语典故，成了我们传统文化中关于筷子的一个共同记忆。

 原文选读

《史记·留侯世家》选段

良尝①闲从容步游下邳圯②上，有一老父，衣褐③，至良所，直堕其履圯下，顾④谓良曰："孺子⑤，下取履！"良鄂⑥然，欲殴之。为其老，强忍，下取履。父曰："履我！"良业为取履，因⑦长跪履之。父以足受，笑而去。良殊大惊，随目⑧之。父去里所，复还，曰："孺子可教矣。后五日平明⑨，与我会此。"良因怪之，跪曰："诺。"

注解

①尝：曾经。②圯：此指沂水上的桥。③褐：粗布衣。④顾：回头。⑤孺子：小子。⑥鄂：通"愕"，惊讶。⑦因：就势，顺势。⑧目：看着。⑨平明：天刚亮的时候。

8. 韩信

　　韩信，高祖赞其"连百万之军，攻必胜，战必取"，萧何称其"国士无双"，韩信是刘邦战胜项羽的关键，是汉夺天下的利刃。后世将张良、萧何、韩信誉为"汉初三杰"，彰显三人的居功至伟。然而，三人之中韩信的结局却最为凄惨，司马迁编写《史记》时，张良、萧何皆为"世家"，而韩信则因为两度被朝廷定罪，而只能被写入"列传"。

"不能死，出我袴下"

　　韩信是东海郡淮阴人，秦统一前，这里也是楚地。韩信家贫，既没有被推举为官，也不会做营生，常寄居别人家吃闲饭。他曾一连数月在乡里的亭长家蹭饭，亭长妻子嫌弃他，故意一大早就把饭做好吃完，韩信到了饭点来，却已没有饭食。韩信知道这是女主人不待见他，于是一气之下，再也没去过亭长家。

　　韩信吃不上饭了，时常在城墙下的河边钓鱼。有一群老妇人也常在河边洗衣，其中一位好心的漂母见韩信一副饥肠辘辘的样子，很同情他，于是常带饭食给韩信吃，一连数十天，天天如此。韩信很感激，对漂母说："以后我一定会重重报答您的。"漂母摆摆手道："我只是看你这个年轻人可怜，大丈夫连自己都养不活，我还指望你的报答吗？"

周围的人看不起韩信穷困破落的样子。有一天，市井中的一个小子把韩信拦在路中，故意羞辱他说："韩信，别看你身高马大，还时常佩剑装样子，其实你就是个胆小鬼！"看热闹的人一下子聚拢过来，那小子更来劲了，"韩信，你如果不怕死，就用剑刺我，如果你怕死，就从我胯下钻过去（信能死，刺我，不能死，出我袴下）！"说完，他叉开双脚，挑衅地看着韩信。韩信打量了他良久，慢慢弯身跪下，竟然真的从那人胯下爬了过去，引来人群中一片嘲笑声。从此，人们都知道韩信果然是个窝囊废。

"至如信者，国士无双"

陈胜起义，天下豪杰云集响应，韩信也仗剑而行，投奔了项梁部队，可惜他并没能获得出人头地的机会。项梁战败，韩信又继续侍奉项羽，但项羽也从未采纳过他的建议。秦朝被灭，项羽分封诸侯，心灰意冷的韩信离开了项羽，投奔了汉王刘邦的军队。但是，韩信随军进入汉中后，还是没能得到赏识，只在军中担任管理仓库的小官。更糟的是，他不久还犯了军法被判处斩刑，十三名同伙被依次砍头，接下来就要轮到他了，他抬起头，注视着不远处监斩的夏侯婴，大声喊道："汉王不准备争夺天下了吗，为什么大功未成，就先斩军中壮士？"夏侯婴见韩信语出惊人、相貌不凡，于是下令松绑，他与韩信交谈之后，觉得这是个人才，马上把他推荐给了汉王。汉王提升韩信为负责粮草的高级官员，但仍然没有觉得他有什么过人之处。

韩信升了官，与丞相萧何接触了几次，萧何也十分钦佩他的才能。当时军队驻扎在汉中都城南郑，军中的将士多为关东之人，时间一长，思家心切，逃跑的很多。韩信知道自己不为汉王赏识，也怏怏地独自逃走了。萧何听说韩信离开，赶紧骑马追了出去，丞相的助手们不明就里，向汉王汇报丞相逃走了，汉王大惊失色。过了一两天，萧何回来拜见汉王，汉王又惊又喜，笑骂道："你这家伙，为什么逃走？"萧何答道："我怎么敢逃走，我是去追一个离开的人。""谁？"汉王好奇了，萧何答："韩信。"汉王张口就骂："你骗谁啊，逃走的将军有十几个，也没见你追，你独追这个韩信，谁信？"萧何拜汉王道："别的将军容易得到，但韩信这人，国士无双，你找不到第二个，大王如果想一直在汉中做王，有没有他无关紧要；但如果您想要争夺天下，那么除了他，再无人可与您共商大计了。当然，用不用他，全听大王决断。"汉王在萧何的力荐下，决定择吉日，斋戒，筑坛，郑重地拜韩信为大将军。跟随汉王多年的将军们，听说大王要正式拜大将军，个个心中暗喜，以为这个大将军之位非自己莫属。到了拜将这一天，大将军居然是名不见经传的韩信，全军上下都目瞪口呆。

"陷之死地而后生"

韩信被拜为大将军，汉王向他请教争夺天下的策略。韩信先为汉王分析了项羽的特点：表面上勇猛无敌，而实际上只会自己冲锋陷阵，却不善于用人，这是匹夫之勇；表面上体恤将士，而实际上只施舍小恩小惠，却舍不得给别人加官晋爵，这是妇人之仁；表面上称霸天下、诸侯臣服，而实际上放逐义帝，不讲仁义，引发诸侯不满，又嗜好杀戮，早已失去民心。因此项羽的强大只是徒有其表。韩信主张汉王只要反其道而行，用人才、封功臣、起义兵，就能战胜项羽。

韩信又分析汉军面对的第一个对手——"三秦"，他认为章邯、司马欣、董翳三人虽封得关中之地，却未得到关中民心。当初，此三人欺骗秦军将士投降项羽，导致二十万秦军被坑杀，仅他们三人幸免，项羽分封关中给他们，而关中百姓却早就将他们恨之入骨。相反，汉王入关后与民秋毫无犯，约法三章，深得民心，所以只要汉王出一张檄文，一定能平定关中，进而东征天下。汉王听了韩信一席话，相见恨晚，立刻依照韩信的策略部署进军。

韩信指挥汉军起兵，很快用一系列的胜利，证明自己是不可多得的帅才。出汉中，韩信明修栈道，暗度陈仓，打得三秦措手不及，迅速平定关中；出函谷关后，汉王遭遇彭城大败，在此逆境中，韩信奉命进攻魏国，声东击西，生擒魏王，之后他又与张耳一起大破代地，活捉代相夏说。不过，此后汉王收走了韩信的精兵，用于支援荥阳前线。于是，韩信和张耳只能再征发兵卒，并率领这些新兵挺进赵国。

此时，在井陉口阻击他们的是赵王歇和陈余的二十万赵军。通往井陉口的道路狭长，汉军的行军队伍也被拖得很长。赵将李左车建议率领轻骑袭击韩信的辎重部队，这样，只要赵军主力坚壁不出，汉军必然因为粮草不济而退败。然而主帅陈余却不同意，他认为汉军人少，赵军如果不敢堂堂正正地发动攻击，会被天下人笑话。另一边，韩信探得赵军的虚实后，很快制定策略：夜半派骑兵两千，埋伏在侧近山中，每人携带一面汉军的赤色旗帜，观察赵军动向伺机而动；另派先遣队一万人出井陉口后，背靠河水（绵蔓水）建营列阵。赵军探得消息后，都大笑韩信不懂兵法，居然在河流前的"死地"列阵，因而愈发轻敌。

天亮时分，韩信亲率汉军本部出井陉口向赵军营寨发起攻击，陈余立刻倾巢出动，全力迎战。两军一番搏杀后，汉军败退，赵军紧追不舍，汉军一路撤退至河边先遣队的阵地，两部汉军会合，此时前有赵军掩杀而来，后有汹涌河水无路可退，汉军面临腹背受敌、全军覆没的危险。绝望之中，士兵的求生欲望被完全激发，本来畏惧颤抖的躯体忽然爆发出可怕的求生力量，汉军没有后退一步，阵地在赵军的冲击下坚若磐石。赵军本以为可轻而易举地全歼敌人，久攻不下，反而胆怯后退了。陈余率领赵军准备退回营寨，不曾想，远远望见营地里到处飘扬着汉军的赤色旗帜，原来韩信布置的两千伏兵已趁赵军出击时，杀入营地插上汉旗。赵军以为大营已经完全沦陷，无处可退，于是很快崩溃，四处乱窜。汉军趁势发动反攻，全歼赵军，斩杀陈余，活捉赵王歇、李左车。井陉之战，韩信掌握了两军特点，充分利用了陈余的失误、赵军的轻敌，同时他意识到汉军都是新征士兵，一旦有路可逃即会溃散，于是韩信大胆地将这群乌合之众赶进了无路可逃的"死地"，正如兵书所言"陷之死地而后生，置之亡地而后存"，逼迫出他们的求生欲望，搏杀出一条生路。背水一战只是井陉战场的一部分，韩信战前的精密部署，对敌我双方心理的准确把握，以及战时的灵活指挥都是汉军大胜的关键因素，这一仗充分体现了韩信出神入化的用兵之术。

"天予弗取，反受其咎"

韩信、张耳平定赵地后，楚军时常派兵侵扰他们，于是韩信请汉王立张耳成为赵王，以巩固赵地，自己则按兵不动，休养生息。但此时，汉王却很窘迫，被楚军围困在成皋。这天，汉王由夏侯婴驾车从成皋逃出，一路逃到韩信、张耳驻兵的修武，但他没有声张，悄悄入住当地传舍。第二天一早，汉王的马车径直驰入兵营，汉王自称使者，此时韩信、张耳都还在营帐中睡觉，汉王却直入营帐内取得兵符，并立刻召集将领，发号施令。韩信、张耳听说汉王突然来了，大惊失色，赶紧前来拜见，却发现兵权已被夺走，军队士兵被重新部署往成皋前线。汉王就这样又一次夺了韩信的军队，他紧接着命令韩信赶紧征兵伐齐，完成对项羽的战略包抄，而让张耳继续经略赵地。

不久，韩信率军到达齐国，汉王之前已派遣郦食其成功游说齐王，齐王田广同意投降，韩信于是停止进攻，准备撤军。此时，有一位辩士蒯（kuǎi）通（即蒯彻，《史记》中因汉武帝名彻而避讳）谏言韩信说："没有接到撤军命令，将军为何不进军呢？郦食其只是一个书生，乘坐一辆马车就说下了齐国七十余座城，将军率领数万军队征伐一年多才攻下赵地五十多城，难道将军还不如一个书生吗？"韩信于是继续进军，一路攻至齐都临淄，齐王本已不设防，见汉军依旧杀来，认定郦食其使诈，于是将他烹杀了。虽然项羽很快派大将龙且率楚军救齐，但龙且也不是韩信的对手，韩信很快击破齐楚联军，平定了齐地。

不久，韩信请求以代理齐王的身份管理齐地，汉王见到韩信的使者时，正在荥阳困守，他听说韩信想称王，立刻破口大骂道："我被困在这里，天天盼望着你们来救我，这家伙却想自立为王？"一旁的张良、陈平赶紧踩踩汉王的脚，在他耳边轻声说："这种时候，大王无法阻止韩信，不如就封他为王，让他管好齐地，如果拒绝，搞不好会逼反韩信啊。"汉王一听，心中有数，但在使者面前却继续气呼呼地骂着："大丈夫平定了诸侯，就应该堂堂正正做真王，还做什么代理王？"接着，汉王派张良为使者，前去任命韩信为齐王，共击楚军。

齐王韩信，此时成为楚汉相争的胜负手，是天下局势的决定性人物。渐处下风的项羽派武涉前去游说韩信，武涉一一列举汉王贪得无厌、忘恩负义的行径，劝韩信应该坐拥齐地，而与楚、汉三足鼎立。但韩信认为，自己在项羽手里只是个小官，而汉王对自己有知遇之恩，因此拒绝了武涉的提议。不久，蒯通也进谏韩信，劝他应占据齐国，与楚汉形成鼎足之势，再广施恩德成为诸侯盟主。韩信仍然以报知遇之恩予以回绝，蒯通提醒他恩情会随着形势而变化，近在眼前有张耳与陈余的恩断义绝，远在古时有勾践与范蠡、文种的兔死狗烹，而韩信尽掠魏、代、赵、燕、齐之地，这是连君王都无法封赏的不世之功，无论谁平定天下，韩信对他都是巨大威胁。尽管蒯通以"天予弗取，反受其咎，时至不行，反受其殃"警告韩信应当机立断，称霸一方，但韩信考虑再三后，还是选择效忠汉王，助汉灭楚。蒯通见韩信不听，恐怕今后受牵连，便从此离开韩信，装疯卖傻走江湖去了。

楚汉鸿沟罢兵不久，汉王即联合韩信、彭越、黥布等对楚军展开围剿，最终在韩信的指挥下，项羽兵败垓下，自刎乌江。从此，天下便是汉家天下。项羽丧礼之后，汉王又一次火速夺取了齐王韩信的兵权，因为韩信出身楚地，熟悉楚俗的缘故，将他改封为楚王。

"天下已定，我固当烹"

韩信回到楚地为王，故乡淮阴也在他的领地内。他找到当初帮助自己的漂母，赏赐千金；对于亭长则只赏百钱，怪他为善不能始终；而那个侮辱自己的小子，韩信也没有惩罚他，反而任命他为中尉官，他对左右说："他也算是壮士，当初如果没忍住杀了他，我就不会有今天的成就了。"

项羽的大将钟离眜与韩信私交很好，项羽兵败后，钟离眜投奔了韩信。高祖称帝的第二年，有人告发韩信准备谋反，高祖采用陈平的计策，并没有打草惊蛇，他诈称巡游楚地的云梦，暗中准备抓捕韩信。高祖到达楚地后，韩信不知皇帝到底有何意图，不愿反叛，也不敢去觐见皇帝。有人建议他献上钟离眜的首级以示效忠，韩信同意了，钟离眜被逼自杀前骂韩信说："我死后，你也快了，你真不是个仁义之人啊。"于是，韩信赶去陈邑拜见皇帝，不料，一见面就被绑了起来。韩信被押上车时感叹道："果然像别人说的，'狡兔死，走狗烹，高鸟尽，良弓藏'，天下已定，我是该被烹杀了。"韩信被带至雒阳（当时还未迁都长安），高祖虽然宽赦了他的罪，却剥夺他的楚王之位，改封为淮阴侯。

韩信知道皇帝忌惮自己的才能，所以每每称病不上朝，平时也窝在家郁郁寡欢，羞于和周勃、灌婴（曾为韩信部将）等人同列。韩信曾拜访樊哙，樊哙对韩信十分恭敬，自称为臣，韩信离开樊哙家后，苦笑着说："没想到这辈子居然沦落到和樊哙这样的人为伍了。"高祖偶尔也找韩信聊天，讨论将军们的长短，他饶有兴趣地问韩信："你看凭我的才能，可以统帅多少兵马上阵？"韩信回答："陛下最多可率领十万兵马。"皇帝接着问："那么你呢？"韩信答道："臣可统帅的兵马，多多益善。"皇帝大笑起来："多多益善？那你怎么反被我抓了？"韩信恭敬地答道："陛下并不善于用兵，但善于用将，这就是我被您抓的原因，况且陛下的成功是上天授予的，并非我等凡夫俗子所能及。"

韩信向来与陈豨关系很好，陈豨去代国担任相国前，韩信曾与其密语谋反之事。过了几年，陈豨果然叛汉，韩信也伺机准备有所行动，不料自己的门客中有人将他告发。此时，高祖正亲自领兵在外平叛，于是吕后紧急找到相国萧何，两人定下计策，诈称陈豨已被讨灭，众臣都要入朝恭贺。韩信接到诏令，想托病不去，这时候萧何亲自前来邀请他说："就算身体不好，勉为其难也到一下吧。"萧何是韩信的贵人，韩信于是硬着头皮去了，刚一入宫，即被吕后下令拿下，随即被绑至长乐宫的钟室中杀害，并以谋反的罪名被灭族。

高祖讨逆回来后，得知韩信被杀，喜忧参半。有人报告，韩信死前曾说"悔不听蒯通之言，到头来被女子欺骗，这是天意啊。"高祖立刻下令将蒯通抓起来，准备以煽动谋反之罪将蒯通烹杀，但蒯通成功为自己辩护，得到了高祖的宽赦。

蒯通可以得到宽赦，但韩信不行，汉初三杰中，张良、萧何皆得善终，唯独韩信身死族灭，其中一部分是性格使然，但更是三人所担负的不同角色所决定的。在刘邦逐鹿天下时，张良运筹帷幄，稳如磐石；萧何征兵运粮，劳如牛马；而韩信战无不胜，是杀敌利器。韩信是一把双刃剑，争天下时，敌人害怕，定天下后，却是主人害怕。所以，即便高祖只是将他软禁，没有亲自下令杀死韩信，但吕后则会为高祖死后的权位考虑，为自己以及今后继位的儿子考虑，所以她必须消灭韩信这个巨大的威胁。

成王败寇，写入汉史的韩信，终究只能是谋反未遂的淮阴侯。司马迁游历韩信故里，将采集到的故事都记录在了《淮阴侯列传》中：那个饥肠辘辘的佩剑少年，那段忍受胯下之辱的传奇经历，那片他埋葬早逝母亲的开阔地。韩信没有"世家"，只有"列传"，但《淮阴侯列传》无论从篇幅还是内容，都是一篇精彩纷呈的文字，一段动人心弦的人生。

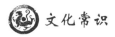 文化常识

袴——古代的裤子

提起韩信，大家都知道他忍受胯下之辱的故事。《史

记·淮阴侯列传》中记载，市井少年挑衅韩信："信能死，刺我；不能死，出我袴下。"于是韩信真的"俯出袴下"。我们通常说"胯下之辱"，而实际上，袴与裤同音，并且意义相近。通过"袴"这个汉字，可以了解一些关于裤子的常识。

先秦时期，古人就有了袴，袴也写作绔，是古人穿的一种下装。现代的长裤一般都有裤腰、裤裆和裤腿，但最早的袴没有裤裆，有的甚至连裤腰也没有。有一种被称为胫衣的下装，只是两片裤管套在腿上，用带子系在腰间，很像我们现在的护腿。

一直到了汉代，当时的人们开始穿一种被称为裈（kūn）的下装，它是比袴更短的贴身穿着的合裆裤，类似我们现在的内裤。《史记·司马相如列传》中记载司马相如身穿犊鼻裈在市井中劳作的场面，《晋书·阮咸传》则记载了"阮咸曝裈"的故事……而《世说新语》中还有一则关于裈的有趣故事：竹林七贤之一的刘伶喝醉酒赤身裸体躺在家里，正巧有客人进来，看见这种场面便嘲笑他，刘伶说："天地是我的房子，房屋是我的裤子，你闯进我裤子里来做什么（我以天地为栋宇，屋室为裈衣，诸君何为入我裈中）？"由此"入我裈中"也成了魏晋风流名士的名言。后世往往也将裈统称为袴，但是无论长短，也无论是否开裆、合裆，袴相比于裳、袍、裙、深衣等古代传统服装来讲，实在不是非常重要的服饰，并不像现在的裤子那样是必需品。

正因为古代的穷人往往不穿袴，所以才把那些不但穿袴，还穿精美的袴的人，称为纨绔子弟。"纨绔"就是用上好的丝质材料做成的袴，是要花功夫和大价钱的非必需品，这应该就是古代的奢侈品吧。

　　服装的发明和改进都是与其实用性紧密相关的。很多学者认为，裤子最先是游牧民族为骑马而设计的。对于骑马者来说，裤子既灵活又能在跨坐时保护裆部。目前的考古发现，世界上最早的合裆裤出土于我国新疆的洋海古墓，距今已经3 300年了。专家们根据墓中的陪葬品分析，墓主应该是古代骑马的牧民或武士。战国时期，赵武灵王也曾推行胡服骑射的改革，虽然在军事上获得了长足的进步，但在日常生活中，百姓们因为习惯不同，并没有真正立即接受这样的服装。所以，无论古今，服装最重要的还是舒适和实用吧。

 原文选读

《史记·淮阴侯列传》选段

　　汉王之入蜀，信亡^①楚归汉，未得知名，为连敖^②。坐法^③当斩，其辈十三人皆已斩，次至信，信乃仰视，适^④见滕公，曰："上^⑤不欲就^⑥天下乎？何为^⑦斩壮士！"滕公奇^⑧其言，壮^⑨其貌，释而不斩。与语，大说^⑩之。言于上，上拜以为治粟都尉，上未之奇也。

注解

　　①亡：逃离，离开。②连敖：管理粮仓的小官。③坐法：犯罪，此指触犯军法。④适：恰巧，正好。⑤上：此指汉王。⑥就：成功。⑦何为：为何，为什么。⑧奇：以……为奇。⑨壮：以……为壮。⑩说：同"悦"，以……为悦，此指欣赏。

9. 彭越、黥布

刘邦登帝位之初，共有七位异姓诸侯王：楚王韩信、梁王彭越、淮南王黥布（即英布）、燕王臧荼、赵王张敖、韩王信、长沙王吴芮。其中，韩信、彭越、黥布三人同功一体，都以卓越军功受封为王，而他们的结局又极为相似——因叛乱而身死族灭。等到高祖驾崩之时，异姓王只剩偏居一隅、无足轻重的长沙王吴臣（吴芮之子），短短八年间，汉高祖就将异姓王清除殆尽。一起通过《魏豹彭越列传》《黥布列传》《韩信卢绾列传》等篇，了解这些异姓诸侯王与汉高祖的恩恩怨怨。

彭越未反　其形已具

彭越，砀县昌邑人，在巨野泽中捕鱼为生，后来和别人聚在一起成了强盗。陈胜起义后，同伙们都撺掇彭越也带大家反秦，彭越起初想看看形势，后来跟随他的年轻人越来越多，于是彭越勉强答应了，但他跟大家约定，第二天日出时集合，迟到者斩首。第二天，果然有十几个人迟到，最晚的那人甚至到了正午才来。彭越集合众人说："你们让我做首领，就要听我的命令，今天有十几人迟到，我不想一下子全杀了他们，就把最后那个斩了吧！"众人都以为彭越吓唬大家，嬉笑着说："何必认真啊，我们下不为例就是了。"彭越却仍将最后那人杀了，众人吓坏了，没人敢抬头看他，于是彭越设立祭坛，举行庄重仪式后正式起兵反秦。

彭越的队伍很快从一百多人扩大到上千人，正巧遇上沛公进攻昌邑，彭越率部援助了沛公。沛公西进时，彭越仍留在巨野泽，但队伍很快扩大至上万人。此后，诸侯的联军攻入关中，秦灭，项羽分封天下，彭越因为不曾帮助项羽，因而没有得到任何封赏。同样对项羽不满的齐王田荣找到彭越一起联合反楚，等到汉王攻入中原时，彭越率领自己的三万人马归附了他，汉王任命彭越做魏王的相国，一起平定魏地。

楚汉相争，在荥阳、成皋一带相持，彭越身处楚军身后，经常偷袭其粮道，项羽不胜其扰，却又无法剿灭彭越。彭越在敌后的游击，极大地消耗了楚军，成为汉军逐渐取得优势的重要因素。后来汉王召集彭越、韩信共同追击楚军，两人都没动静，汉王听从张良的建议，允诺给两人分地封王，两人于是立刻率领各自军队围剿项羽，帮助汉王最终夺得了天下，彭越也如愿被封为梁王，建都于定陶。此后，梁王每年前往都城朝见皇帝。

六年后，汉高祖亲自去平定陈豨的叛乱。途径邯郸时，高祖向梁王征调兵马，梁王称病，委托部将率军前往，高祖因而大怒。梁王想要亲自前去谢罪，但下属劝阻说，与其像韩信那样送上门被捉，不如发兵反叛。梁王没有听从，但也不敢贸然前往，于是继续称病。不料，这个谋反的提议被人上报给了皇帝，高祖下令将梁王逮捕审讯。审讯的结果说，梁王已经具备了反叛的迹象了，请以反叛罪处刑（"反形已具，请论如法"）。不过皇帝还是宽赦了他，将其贬为庶人，流放蜀地。彭越在流放的路上，遇到了正从长安前往雒阳的吕后，于是向她哭诉，希望吕后为他说情，让他回家乡昌邑。吕后同意了彭越的请求，并带着他一起来到雒阳。吕后见到高祖后劝他说："彭越是位壮士，将他流放，恐有后患，不如诛杀他，我已经把他带来了。"就这样，彭越没能等来回家的消息，他等来的是身死、族灭、国除。

栾布哭祭　舍生取义

彭越被杀后，首级悬挂在雒阳城下示众，诏告说，敢对彭越表示同情的，立刻逮捕。

彭越有一位布衣时就结交的好友，名为栾（luán）布。栾布也是梁地人，家里也很穷，靠帮人做佣工过活，后来彭越在巨野泽做了强盗，而栾布被人劫持到燕国卖为奴仆。栾布因为替主人报仇而得到臧荼的赏识，任命为军中都尉，臧荼成为燕王后，栾布升任将军。然而好景不长，臧荼因为作乱被讨平，栾布也被抓了起来，梁王彭越听说后，花钱将他赎回梁国，并让他做了大夫。

梁王被杀死时，栾布正巧被派去齐国，他出使回来后，立刻赶到雒阳，站在彭越的首级下，恭敬地汇报出使的情况，仿佛梁王还活着一样。汇报完成，栾布才一边痛哭一边为彭越祭祀，但他马上被闻讯赶来的卫兵抓了起来。高祖亲自召见栾布，叱骂他违抗旨意，和彭越一样心怀叛乱之心，下令将他烹杀。栾布毫无惧色地历数彭越为汉室立下的汗马功劳，向高祖直谏：彭越这样一位功臣，在没有任何谋反的迹象前，就被苛刻地定罪诛杀，足令其余的有功之臣寒心。最后，栾布表示梁王已死，自己也愿随梁王而去。高祖被栾布的大义所打动，宽赦了他，并任用他为都尉。

黥布逼反　其欲为帝

淮南王黥布得知彭越被处死时，刚好打猎回来，大惊。要知道这一年早些时候，淮阴侯韩信已被族灭，而现在梁王彭越又得此下场，黥布兔死狐悲的同时，也立刻意识到下一个就该轮到自己了。

黥布，本姓英，是九江郡六县的普通百姓，这里也原属楚地。年轻时有人给英布相面，说他受过刑后将会称王。之后英布果真犯罪遭受黥刑，脸上被刺了字，英布却高兴地对人说，现在我遭受了刑罚，看来快要称王了，旁人都嘲笑他。但从此以后，英布很乐意人们称他为黥布。黥布在骊山做苦役时，结交了不少豪杰，后来一起回长江上做了盗贼。

陈胜起义后，黥布得到了番阳县令吴芮的支持，聚集了几千人举起反秦大旗。之后，黥布投靠了项梁，项梁死后，他又随项羽北上救赵，在巨鹿之战中，黥布与项羽协同作战，立下了赫赫战功。在前往咸阳途径新安时，黥布奉命坑杀了二十万秦军降卒。黥布劳苦功高，被项羽封为九江王，随后又在项羽的指示下，秘密将楚义帝杀死在迁都的途中。

　　楚汉相争时，黥布成为双方争取的对象。汉王派随何前往九江游说，随何抓住黥布想要壮大自己的心思，分析形势并允以重利，终于说动了他。但黥布虽然嘴上答应，却并没有公开叛楚归汉。当时，楚国的使者也正在九江游说黥布，随何找到楚使入驻的客舍，对楚使说："九江王已经降汉，你们还在此做什么！"黥布被随何揭穿，立刻杀掉楚使，发兵攻楚。不料，楚将项声、龙且大败黥布叛军，黥布只能跟着随何逃回了汉营。汉王接见黥布时，正坐着让人为他洗脚，黥布感觉受到了羞辱，差点自杀。但当他来到汉王为他安排的馆舍时，发现无论是家具陈设还是侍从饮食，都与汉王同一规格，又不禁感到欣慰。楚军攻陷九江后，屠杀了黥布家小，不久黥布组织力量卷土重来，有力地牵制了楚军，配合汉王最终打败项羽，夺得天下，黥布也因此被封为了淮南王，与楚王韩信、梁王彭越等同列。

　　而此时，韩信、彭越都已遭族灭，不由得令黥布提心吊胆，他召集军队，密切关注着朝廷和周遭郡国，以防不测。他的这一系列举措很快就被人上告皇帝，黥布一不做二不休，抢先起兵造反。在黥布看来，刘邦常年征战，又病又伤，现在老了，绝不会再亲自征伐，而汉朝的将军，除了已死的韩信和彭越两人，黥布谁也不怕。出乎意料的是，汉高祖居然亲率大军，要将这最后一个威胁彻底清除。

　　两军对阵，黥布的排兵布阵与当年项羽如出一辙，看着这支精锐之师，不禁唤醒了高祖当年被项羽屡次击败的痛苦记忆。两军主帅遥遥相望，高祖大声对黥布说："你小子何苦也要反叛我呢？"黥布大声回答："我也想当皇帝呗！"高祖气得大骂起来。两军随即大战，黥布被打败，并被一路追击，最后他辗转逃到长江以南，身边只有百来个亲信跟从。不久之后，长沙王吴回（吴芮的孙子）派人来谎称保护黥布，却将他诱骗至一处民宅内杀死了，一代枭雄黥布就这样落魄而亡。

叛而复归　卢韩后裔

汉王称帝时的七位异姓王中，第一个发动叛乱的是燕王臧荼，不过很快被平定。高祖随后封卢绾为燕王。卢绾是与高祖一同成长的伙伴，两人同年同月同日生，情同手足。卢绾后又随高祖东征西战，是高祖最为信任的兄弟。卢绾被封为燕王，是高祖故乡沛县众多军功元老中唯一的诸侯王，足见高祖对卢绾的偏爱。然而，高祖去世前，也对卢绾的忠诚产生了怀疑，派人召他来长安觐见。卢绾想到不久前韩信、彭越的前车之鉴，又害怕吕后阴谋除掉所有异姓王，不敢前往。于是，高祖认定卢绾将要造反，派樊哙率军征讨，卢绾带领宗族家小及数千骑兵驻守在长城边，想等高祖身体好转后亲自进宫谢罪，然而他等来了高祖驾崩的消息。卢绾深知吕后不会饶恕自己，只能转而投降匈奴。匈奴封卢绾为东胡王，但他时常思念故土，过了一年多就去世了，后来他的孙子卢他之以东胡王的身份归附了汉朝，当时的皇帝汉景帝（汉高祖之孙）封他为亚谷侯。

异姓王中第二位叛乱的是韩王信（因与楚王韩信同名，为了加以区别，称韩王信），韩王信本是韩国的王族，长得身高马大，后跟随汉王屡建功勋，被封为韩王。高祖欣赏韩王信英勇善战，后将他的领地改迁到北部邻近匈奴的边境地区。为了更好地防御匈奴，韩王主动提出将自己的都城迁到了边境上的马邑。然而，汉王称帝的第二年，匈奴来犯，单于率军将韩王包围，韩王屡次派使者游说求和。高祖本已派出军队救援韩王，却误以为韩王派使者向匈奴投降。韩王害怕被处死，于是真的投降了匈奴，献出马邑，并与匈奴联合进攻汉军。不久，高祖率军亲征，数次击败叛军，但他在白登山勘察敌情时，却被匈奴大军包围，最后陈平用计贿赂了匈奴单于的夫人，高祖才得以脱身。韩王信后来又游说代相陈豨叛汉，他们联合与汉军交战，但几年后陆续被汉军攻灭。韩王信兵败身死的时间约在淮阴侯韩信被杀之后，在梁王彭越被杀之前。韩王信的儿子韩颓当和孙子韩婴后来一起归附了汉朝，叔侄俩一起被汉文帝（高祖之子）封侯，他们后为汉景帝平定七国之乱立下战功。韩颓当的孙子中，知名的有韩嫣与韩说兄弟俩，韩嫣是汉武帝的宠臣，韩说是屡立战功的将军。

臧荼在高祖称帝之年首叛，卢绾在高祖去世时叛逃，两位燕王一首一尾，加上楚王、韩王、梁王、淮南王，高祖在位期间将这些异姓王逐一铲除，而其中有一位异姓王的遭遇却有些不同，他就是赵王张敖。

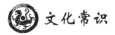 **文化常识**

马王堆汉墓——幸存的长沙国

汉高祖夺得天下时，前后共封八个异姓诸侯王。其中，韩信、彭越、黥布、韩王信被杀，臧荼被抓，卢绾逃走，张敖失去王位也差点被杀，七王都是因为谋反的罪名凄惨收场，唯独地处南方的长沙国得以保全。吴氏长沙国前后历五代君王，共46年国祚，后来虽因绝嗣而被除国，但已经是汉代异姓诸侯王中留存时间最长的了。

第一代长沙王吴芮是秦朝的番阳县令，深得民心，被称为"番君"。陈胜起义后，吴芮很快也举起反秦大旗，吴楚之地的豪杰纷纷前来投奔，其中就包括后来的淮南王黥布，吴芮将自己的女儿嫁给了他。项羽分封天下时，吴芮被封为衡山王，黥布为九江王，后来黥布、吴芮又先后投靠了刘邦。汉夺天下后，吴芮被封为长沙王，不久便去世了，他的儿子吴臣继位。黥布后来反叛兵败，"布故与番君婚，以故长沙哀王使人绐布"，这里所说的长沙哀王应是吴芮的孙子，第三代长沙王吴回。正是吴回利用黥布对他们的信任，将其诱捕并杀害。

虽然在《史记》中关于长沙国的记载并不丰富，然而1972年湖南马王堆汉墓的考古发现，却揭开了尘封了两千年的长沙国的神秘面纱。马王堆三座汉墓的墓主，按下葬先后顺序分别是汉初长沙国丞相利苍、利苍之子利豨和利苍妻子辛追。

马王堆汉墓前后经过三次考古发掘，出土了3 000多件珍贵文物，其中包括一件举世闻名的素纱襌（dān）衣，这件长1.28米的长袖织品仅重49克，薄如蝉翼，编织技法精妙绝伦。当然，马王堆中最令人震惊的是历经2 100年却保存完好的辛追夫人的遗体。考古学家甚至通过遗留在她肠道中的甜瓜籽，确定了辛追夫人是因为食用甜瓜引起并发症导致心绞痛而死。此外，马王堆汉墓还出土了大量保存完好的彩绘帛画、漆器、乐器、简牍等珍贵文物，为我们了解汉初墓葬形制、棺椁制度、科技、手工艺以及长沙国的历史文化和社会各方面提供了丰富的资料。马王堆汉墓确实是考古的重大发现和稀世珍宝。

墓主之一的利苍是为汉家立下战功的元老，后被任命为长沙国丞相。虽然《黥布列传》中没有提到利苍的名字，但是从时间上来看，诱杀黥布时利苍应在丞相位上，是长沙国的决策者之一，不久利苍还被朝廷封为轪（dài）侯。汉朝的诸侯国丞相，由中央朝廷派遣，目的是辅佐并制衡各诸侯国，削弱诸侯王的权力。在诱杀黥布事件中，利苍作为丞相必然影响了长沙王的行动，尽管黥布曾是吴芮的女婿，但长沙国君臣坚定地拥护朝廷，大义灭亲，这也是吴氏长沙国能善始善终的重要原因。

利苍死后十年，长沙国来了一位著名的人物——贾谊，他曾是深受皇帝器重的才俊，却被排挤出朝廷，派遣到长沙国做太傅，辅佐长沙王吴著（最后一任吴氏长沙王）。长沙国地处南方潮湿低洼之地，远离朝廷，贾谊赴任时途经湘水，曾触景伤情，作赋凭吊屈原。后来，贾谊在长沙国谪居三年，心情始终非常抑郁。从时间上推断，此时马王堆汉墓的另两位墓主——利苍的妻子辛追和儿子利豨应都还健在，他们与贾谊同为长沙国的重要人物，相互间一定产生过交集。那么让我们大胆猜想一下，今天从马王堆汉墓出土的许多文物中，是否也有贾谊与利豨母子互动的佐证呢？

 原文选读

《史记·黥布列传》选段

淮南王至，上①方②踞床洗③，召布入见。布大怒，悔来，欲自杀。出就舍④，帐御饮食从官如汉王居⑤，布又大喜过望。于是乃使人入九江。楚已使项伯收九江兵，尽杀布妻子⑥。布使者颇⑦得故人幸臣，将众数千人归汉。汉益分布兵而与俱北，收兵至成皋。四年七月，立布为淮南王，与⑧击项籍。

注解

①上：尊称，指汉王。②方：正在。③踞床洗：坐在床榻上伸着脚让人洗（强调汉王见客时的无礼姿态）。④就舍：抵达馆舍。⑤如汉王居：与汉王的居室一样。⑥妻子：妻子和子女。⑦颇：稍稍，略微。⑧与：和……一起。

10. 张耳

　　张耳随同韩信一起攻灭赵王歇和陈余后，被封为赵王。张耳不久去世，他的儿子张敖接任赵王之位，刘邦称帝时，张敖是七位异姓王之一，并且娶了高祖的长女鲁元公主为妻，尊荣无以复加。然而，即便是皇帝的女婿，一旦对帝位产生威胁，也会被毫不留情地问罪。幸运的是，张敖虽卷入了刺杀皇帝的阴谋，并被削去王位，却在贯高等一班臣子的拼死相救下幸免不死。《张耳陈余列传》中记载了张耳、张敖两代赵王的沉浮际遇。

刎颈之交

　　张耳是魏国大梁人，做过信陵君公子无忌的门客。他曾逃亡到外黄，当地有一富户钦佩张耳的贤名，将自己已婚的女儿改嫁给了他。得到妻子家的资助，张耳结交了许多天下的豪杰，后来他做了魏国的外黄令。这期间，很多人都来投奔张耳，包括当时还是布衣的刘邦，也曾作为舍人追随张耳数月之久。来客中与张耳关系最为亲密的是陈余，陈余也是大梁人，颇有贤名，他很年轻，所以对张耳像侍奉父亲一样恭敬，两人于是成了刎颈之交。

不久，魏国被秦所灭，张耳和陈余被追捕，两人逃到了陈县，隐姓埋名，在里中充当看门人糊口，天天面对面站着守门。有一回，里吏因故鞭笞陈余，陈余不甘受辱，准备奋起反击，张耳赶紧用脚踩踩他，暗示他忍住。里吏走后，张耳将陈余拉到僻静处的桑树下，埋怨他说："我当初怎么跟你说的，现在这么一点耻辱，你都无法忍受，难道真要死在一个小吏身上？"陈余知道张耳的话是对的，于是两人继续潜伏在里中，慢慢得到了里中人们的信任。

反目成仇

陈胜起义，很快攻入陈县，他素闻张耳、陈余大名，立刻重用两人。张耳、陈余不久作为左右校尉跟随武臣北略赵地。武臣后来自立为赵王，以张耳为丞相，陈余为将军。此时，天下豪杰逐鹿中原，攻城略地，武臣的部将也纷纷反叛他：韩广自立为燕王，李良则因为遭受了武臣姐姐的无礼对待，愤而杀死武臣，并投降秦军。于是，张耳另立赵国王族之后赵歇为王，陈余也击退了李良。

此时，秦将章邯击杀项梁后，与秦将王离合攻赵国。张耳保护赵王逃入巨鹿城，被王离部队包围，陈余则赶往常山收拢了几万兵卒，驻扎在巨鹿城北。王离兵精粮足，不断攻城，巨鹿危在旦夕。张耳几次派人催促陈余解救，但陈余自知不是秦军对手，不敢贸然出击。围困了几个月，张耳派部下张黡、陈泽前去责问陈余说："你我二人曾发誓同生共死，我和赵王现在命不保夕，你统帅了几万士兵却不施援手，这算哪门子生死之交？你若还记得你的誓言，好歹与秦军决一死战，为我们博得一丝希望啊！"陈余回答："我不出兵，是因为敌众我寡，毫无胜算，我现在不进军的原因，是想保存性命，以后为张君和赵王报仇。"张黡、陈泽道："现在已经到了生死关头，不兑现同生共死的誓言，哪有功夫考虑以后的事情。"陈余被逼无奈，只能调拨了五千兵马，让张黡、陈泽率领进击，果然瞬间就全军覆没了。之后，项羽率领楚军及时赶到，破釜沉舟、一鼓作气解了巨鹿之围。

秦军已退，张耳和赵王出城向楚军及各路援军表示感谢。张耳与陈余相见，心中早已有了芥蒂，张耳问起张黡、陈泽的下落，陈余没好气地回答："他们硬要让我与您同生共死，我给了他们五千兵马，已经全军覆没了。"张耳怀疑是陈余杀了两人，反复追问，陈余怒而解下将军印绶推给张耳说："没想到你如此怨恨我，你以为我很在乎这个将军的位子吗？"张耳有些吃惊，不肯接手，于是陈余放下印绶，起身离开。张耳在旁人劝说下收回了印绶，陈余回来见张耳居然真的收了将军印，转身与几百名亲信一起离开了军队，从此在湖上渔猎为生。

后来，张耳跟随项羽进军函谷关有功，被封为常山王，定都信都，赵王歇被改迁为代王，陈余只封得南皮附近的三个县。陈余对项羽的分封十分不满，很快与齐王田荣结盟反楚，并将张耳赶出了封地。陈余又把赵歇从代地迎回，仍拥立他为赵王，赵歇则投桃报李，封陈余为代王，留在身边辅佐自己。张耳战败后，投奔了老友汉王刘邦。刘邦此时正率军出函谷关，联合诸侯共同反楚，他还派了使者来争取赵王的支持，陈余告诉使者说："如果汉王杀了张耳，赵国就与汉王结盟。"刘邦于是想了个办法，杀了一名外貌酷似张耳的人，将他的首级送交给陈余，陈余果然上当，派出赵军帮助汉王，但刘邦的花招很快就被识破了，陈余转而联楚反汉。不久，汉军卷土重来，韩信与张耳进攻赵国，陈余不听李左车的建议，在井陉之战中，赵军大败，赵王被活捉，陈余也被斩杀。此后，刘邦封张耳为赵王，让他经略赵地。刘邦称帝那年，张耳去世，其子张敖继位。

女婿尽礼

汉高祖称帝不久，北伐匈奴时被包围在白登山，狼狈脱身后回师经过赵地。赵王张敖既是臣子又是女婿，于是盛情款待皇帝一行，自己更脱去外袍，毕恭毕敬地亲自侍奉高祖。高祖则旧习不改，伸着双腿坐在那里使唤赵王，稍不顺意还要骂几句。赵相贯高、赵午等臣子，以前都曾是先王张耳的门客，都是性格忠烈豪爽之人，他们见皇帝将自己的君王当奴仆差使，傲慢至极，义愤填膺地说："我们大王怎么这样软弱可欺啊。"他们又一起劝说赵王："天下反秦，群雄并起，有本事的人就抢先自立为王，现在大王对皇帝如此恭敬，但他却对大王轻慢无礼，请恩准我们替大王杀了他吧。"赵王一听，立刻咬破手指对众人说："你们怎么能说这样荒谬的话！先王当年亡了国，是皇帝为我们复国，我们享有的所有尊荣，都是皇帝的功劳，你们千万别再说这样的话了。"

贯高、赵午等人遵命退下，众人私下商议说："确实是我们做的不对，大王是仁义之人，不愿忘恩负义，但我们也不甘大王受辱，我们自己想要杀了皇帝雪耻，何必连累大王呢？到时候事成则归功于大王，失败的话我们独自承担就是了。"

第二年，汉高祖又途经赵地，贯高等人的计划也已筹划完成，他们事先让刺客埋伏在墙壁的夹壁之中，准备截杀皇帝。汉高祖到了馆舍，刚准备入住，忽然感到一阵心惊胆跳，他问左右："这是什么县？"手下回答说县名为柏人，高祖念叨："柏人，柏人，这是要迫害人呀（古时柏、迫两字发音接近）。"于是，汉高祖没有住宿，继续前进。

臣子尽忠

贯高等人虽然没能行刺皇帝，但纸包不住火，他们的行刺计划还是被人告发了。高祖大怒，将赵王张敖及其臣子悉数捉拿。有十几名参与计划的大臣立刻想要自杀，被贯高喝止道："谁让你们这么做的？大王根本不知道我们的谋划，却也被抓了起来，如果你们都死了，谁来证明他的清白？"此时，高祖也已下令将赵王等押赴长安问罪，胆敢追随赵王的臣子及门客全部族灭。于是，贯高、孟舒等十多人将头发剃去，戴上枷锁，装成赵王的家奴，陪赵王同赴长安。

到了长安，廷尉对案件展开了审讯，贯高一口咬定赵王不知情，全部是他们臣子一手策划的。廷尉开始对贯高用刑，打了他几千大板，又用烧红的锥刺他身体，到后来，贯高全身上下全都是伤口，没有地方可以再刺了，即便这样，贯高也始终没有改口。

与此同时，吕后也在替鲁元公主向高祖求情，高祖呵斥她说："你懂什么，如果张敖真夺取了天下，难道他还缺你女儿这样的女人么？"高祖执意要审问个水落石出。但是，当他看到廷尉上报贯高的审问情况后，不禁称赞道："这人确实是一个壮士啊，朝中有人认识他的话，可以私下里再打探一下。"中大夫泄公禀报说："臣与贯高是同乡，我知道他的名声，他是赵国有名的讲信用、重情义的人。"于是高祖让泄公手持皇帝符节亲自去询问贯高。

泄公来到大牢中，贯高躺在竹床上奄奄一息，他抬头睁开血水黏着的眼睛，问道："来的人是泄公吗？"泄公慰问贯高，像平时一样与他寒暄，最后，当问到张敖是否参与了阴谋时，贯高说："谁不爱自己的父母妻儿，如今我的三族将被屠灭，我怎么会用亲人的生命去替换赵王呢，实在是因为大王确实不知情，所有的策划都是我们几个臣子商量的呀。"贯高又把计划原原本本地向泄公述说了一遍。泄公随即向高祖汇报贯高的供词，高祖这才相信赵王确实无辜，于是下令宽赦赵王。泄公又奉命告知贯高，赵王已被释放，贯高大喜，颤抖地问道："我们大王真的被释放了吗？""是真的。"泄公说，"皇帝很赏识您，所以他也宽赦了您。"贯高听了，收敛了笑容，平静地说："我之所以坚持到现在，身上没一处好皮肉，就是想要还我王一个清白，现在他获释了，我的责任也已经完成了，况且作为臣子却阴谋篡杀皇帝，就算皇帝不追究我，我又怎能问心无愧呢？"说完，他用力仰头，断喉自尽。

赵王虽被宽赦，但仍被剥夺王位，高祖将他改封为宣平侯，而那些装扮成髡奴陪同赵王来长安的臣子们，高祖后来也都予以了重用，以表彰他们对自己君王的忠诚。高祖之后分封的赵王是自己的儿子如意，儿子和女婿最大的区别就是——儿子姓刘。

这就是张耳、张敖两代赵王的起伏遭遇。正如太史公所说，张耳和陈余天下闻名，门客中更是卧虎藏龙，他们起初能够守望相助，赤诚以待，最终却反目成仇，互相残杀，比起古时吴太伯、延陵季子的高义可真差远了。然而，像贯高这样的臣子，舍得一身剐，也要证明主君的清白，却分明仍保存着豫让、荆轲那种重然诺、轻生死的侠义之气。随着汉家一统天下，在利与义之间，不同的人仍将做出不同的选择。

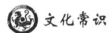 **文化常识**

里监门——古代的门卫保安

《史记·张耳陈余列传》曾记载秦灭魏之后，悬赏捉拿张耳、陈余，两人隐姓埋名逃到陈县，找了份糊口的差事——里监门。那么里监门究竟是什么样的差事呢？这要从"里"这个概念说起。

秦时的郡县制，基本的行政区划为郡、县、乡。里是比乡更加基础的单位，一般指居民的住宅区，一个里大约有一百户的居民，具体户数视地方上的实际聚居情况而定。朝廷允许居民区自治管理，但每个里都有一名负责人，被称为里正。里正是里中的最高权力者，代表政府施行管理，里正下有若干里吏，是里中负责维护治安、管理等事宜的工作人员。正如城邑都有围墙和城门一样，城邑内的每个里，也在封闭的围墙之中，出入有门，里门白天开，晚上关，因而都有负责守门的人，也就是张耳、陈余担任的里监门。但是，里监门并不是官吏，他们是里中出钱雇佣的社会闲杂人员，酬劳仅够糊口，社会地位很低。陈余就因为犯错被里吏鞭打，他一怒之下差点杀了里吏，幸亏被张耳及时制止。

秦汉时期，里作为社会的基层组织，共同生活在其中的居民成为一个集体，他们互相帮困扶贫，也组织祭祀等集体活动。《史记》记载的秦汉人物中，除了张耳、陈余之外，刘邦的谋士郦食其也曾在老家的里中做过里监门。郦食其"好读书，家贫落魄，无以为衣食业，为里监门吏"（《史记·郦生陆贾列传》），显然他做这个差事属于被照顾性质，但县里有地位的人都不敢随便驱使他，当地人都称他为狂生，大概是因为郦食其恃才傲物，大家都觉得他不是池中物吧。后来成为汉朝丞相的陈平，年轻时在家乡也很贫穷，《史记·陈丞相世家》中记载里中举行社神祭祀时，陈平为大家分肉，看来社稷活动是里中居民共同组织的集体活动。

秦汉时期，城邑中除了被称为里或者坊的居民居住区外，人们还有一个重要的公共区域，那就是开展商业活动的市。市在城邑中有固定的区域，和里一样设有出入的市门，一般白天开市，晚上闭市。市内都是鳞次栉比的店铺，人们买卖货物，川流不息，鱼龙混杂。市内和市门都是人员集中的公共区域，适合公告或示众：商鞅变法，首先在市的南门立木；吕不韦的《吕氏春秋》增损一字得千金，于是"布咸阳市门，悬千金其上"；苏秦遇刺，请求齐王"车裂臣以徇于市"……市内当然也少不了维护治安等管理工作的官吏，市的负责人被称为市长，司马迁的曾祖父司马无泽就是一名汉市长。到了唐代，里被全部改称为坊，但市依然和坊严格分开，因而这种将居民区和商业区分割的城市管理制度就被称为"坊市制"。无论是里、坊或是市，也无论是卑微的里监门还是阔绰的巨贾豪富，他们共同组成了这一副充满烟火气的古代生活画卷。

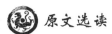 **原文选读**

《史记·张耳陈余列传》选段

秦灭魏数岁①，已闻此两人魏之名士也，购求②有得张耳千金，陈余五百金。张耳、陈余乃变名姓，俱之③陈，为里监门④以自食。两人相对。里吏尝有过笞陈余，陈余欲起，张耳蹑⑤之，使受笞。吏去，张耳乃引陈余之桑下而数⑥之曰："始吾与公言何如？今见小辱而欲死一吏乎？"陈余然⑦之。

注解

①数岁：几年。②购求：悬赏捉拿。③之：前往。④里监门：里中的看门人。⑤蹑：用脚踩。⑥数：数落，责问。⑦然：以……为然，认为正确。

11. 田横

战国时期，田氏齐国是关东六国中最后一个被秦所灭的强国，到了秦末群雄并起之时，田氏一族中的田儋、田荣、田横三兄弟先后掌控齐地，他们抵御秦军、反抗楚军、迎击汉军，是当时不可忽视的一股力量。直到汉高祖一统天下后，田横也毅然拒绝了臣服，而选择了与其他诸侯完全不一样的结局。《田儋列传》记录了田氏一门的奋斗和壮烈。

反秦抗楚

田儋，狄城人，和堂弟田荣、田横都是当地豪杰，又有强大的田氏宗族力量，因而深得人心。秦末陈胜起义后，田儋也准备举事，他绑了自己的家奴，假装要杀家奴而面见县令，并趁机杀了县令，领导起义，自立为齐王。此时，章邯正率领秦军围攻魏国临济，魏王咎请求诸侯援助，田儋亲自率军前往解救，不幸战死在临济城下。田荣收拾残部退回齐地，但此时齐国人另立了田假为齐王，田荣赶跑了田假，拥立田儋的儿子田市为齐王，自封为相，封田横为大将军。由于项梁拒绝交出田假，齐楚之间出现隔阂，田荣、田横经略齐地，没有参与此后楚军主导的一系列反秦战役。

等到项羽火烧咸阳，分封诸王时，他将齐地分为胶东、济北、齐三国，并将田市改封为胶东王。但田荣对项羽的分封非常不满，他杀了准备臣服项羽的田市，自封为齐王，并吞并了整个齐地。此举招来了项羽的讨伐，田荣战败被杀。楚军残暴，所到之处烧杀抢掠，激起了齐地百姓的反抗。田横此时稳住阵脚，重又拉起了数万人的队伍对抗楚军。恰逢汉王攻占彭城，项羽不得不放弃齐地，率领主力驰援彭城。趁着楚汉相争，田横重又收复了失地，他立田荣的儿子田广为齐王，自己作为国相辅佐侄子。

烹杀郦生

田横平定齐地三年后，楚汉仍在相持，但汉军大将韩信已经平定魏、代、赵、燕等地，准备攻占齐地，完成对楚军的战略包围，齐国则派大将田间率二十万大军防守历城，准备与汉军殊死一战。谋士郦食其向汉王请命，希望前去游说齐王，达到不战而屈人之兵的目的。

郦食其与郦商兄弟自从投奔汉王后，深得信任，郦食其作为谋士经常在诸侯间出使游说，而郦商则是骁勇的猛将，随同汉王攻城略地。郦食其只乘坐一辆马车出使齐国，他见到齐王说："大王您可知道天下将归向谁？"齐王不知，郦食其告诉齐王，天下将归汉，接着他历数项羽的背信弃义，而汉王则深得人心，汉军所向披靡，统一天下指日可待。郦食其谏言，齐国应顺应时势，放弃顽抗，这样仍可以延续宗庙，成为一方诸侯。齐王君臣被郦食其一番话说服了，决定与汉王言和，两军罢战。

于是，齐军撤走了历城的防守，田广、田横招待郦食其连日酒宴庆祝。然而，韩信听了蒯通的建议后，害怕郦食其凭借一乘车一张嘴，就说下齐地七十余城，功劳盖过自己，于是无视齐国已经归降的事实，继续向齐地进军。齐国没有防备，韩信大军如入无人之境。齐王和田横得知汉军来犯，以为中了汉王的计策，被郦食其出卖了，他们威胁郦食其立刻阻止汉军，否则就烹杀了他。郦食其心知这是韩信故意坏事，而他又是一位有骨气的辩士，面对齐人胁迫，傲然拒绝游说。就这样，郦食其前功尽弃，被齐人活活烹杀，而齐地本可避免的生灵涂炭，重又上演，无数士卒血流漂橹，无数生命灰飞烟灭。

韩信最终战胜了齐楚联军，破杀楚将龙且，活捉齐王。田横听闻齐王被害后，便自立为王，兵败后又逃到梁地，依附于彭越。一年后，彭越、韩信等帮助汉王灭楚，完成了统一天下的大业，田横害怕被抓，率领五百名亲信逃到了齐地之外的海岛上居住。

义不降汉

刘邦成了皇帝后，想到田横三兄弟相继为齐王，在齐地广得人心，田横现在虽然远在海岛，却也是一个隐患。于是他派出使臣召见田横，并宽赦田横之前的罪过。田横对使臣说："我先前烹杀了皇帝派来的使者郦食其，听说他的兄弟郦商是汉之良将，我害怕被报复，所以不敢奉诏入朝，请允许我作为一个平民百姓，替皇帝驻守在这个海岛上吧。"使臣将他的话回报给了高祖，高祖立刻召见已担任卫尉的郦商说："田横即将奉命入朝，胆敢加害他或他的随从者，处以族灭的刑罚。"接着，高祖又一次派出使臣，将这一命令告诉田横，并传话说："只要田横来，或可以封王，起码也能封侯，但如果不来，汉军将会扫平海岛，诛灭众人。"田横没有办法，就带了两名门客作为随从，乘坐驿站的马车跟着使臣一同前往当时的国都雒阳。

马车一路赶到了一个叫尸乡的驿站，此处离国都雒阳只有三十里路程了。田横对使臣说："臣子拜见天子，必须沐浴更衣。"于是，一行人就在尸乡停留下来。田横私下对两位门客说："当年，我和汉王都是南面称孤的一方君主，现在汉王成了皇帝，而我成了亡国的俘虏，必须屈辱地拜见他。不仅如此，我烹杀了郦食其，却要与他的弟弟并肩站在一起侍奉主子，就算郦商害怕皇帝的命令，不加害于我，难道我就毫不羞耻吗？况且皇帝屡次召见我的原因，只是对我放心不下，想亲眼看到我。这里离开雒阳很近了，如果砍下我的头，快马加鞭送过去，容貌应该还没有什么变化吧。"说完，田横拔剑自刎。两位随从含泪收拾了田横的尸体，按照嘱咐立刻与使臣赶到雒阳，将首级献上。汉高祖惊闻田横自杀，不禁流着泪感叹道："田横兄弟三人布衣举事，先后称王，他们都是贤人啊。"

汉高祖于是下诏，任命田横的两位随从为都尉，并调派两千名士兵，以诸侯王的规格厚葬田横。田横下葬完毕，两位门客在墓地旁边又挖了两个深坑，就地自刎，倒在各自挖好的深坑中，以这种方式追随主人而去。汉高祖得知后大惊，他没有料到田横的门客居然可以舍命尽忠，他问左右："我听说，田横还有五百名门客在海岛上？"于是高祖又派出使者召见这五百人入朝。然而，当使者带去田横已死的消息后，岛上的五百名门客居然也全部自杀了。天下人从此都知道，田氏兄弟是真的深得人心啊！

如果田横不选择自杀，而是臣服，也许也能成为一名异姓诸侯王，但是就像韩信、彭越等人一样，他最终的归宿也多半是身死族灭。当然，田横没有屈服于皇帝的权势，没有乞求苟且偷生，这是身处乱世中却能维护自己尊严的高风亮节，而追随田横而去的五百壮士，更是以自己的生命在史册上留下了一段可歌可泣的壮烈篇章。

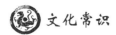 **文化常识**

箕踞——刘邦最爱的坐姿

田横不愿屈辱降汉，自杀保存了尊严。如果田横降汉，即便他成了诸侯王，恐怕迟早也会被刘邦羞辱，因为刘邦不讲礼数，比如他接见别人时经常"踞"。踞是一种坐姿，通过刘邦最喜欢的踞，让我们了解一下秦汉时人们的日常坐姿。

秦汉时代，没有我们现在的椅子等坐具，古人多席地而坐，地面铺着席。当时的坐，指的是两膝着席，膝盖直至脚背接触席子，而臀部压在脚后跟上。如果在这个基础上伸直了腰，挺直了上身，就称为跪，有的古文中也称跽。这种坐姿体现了一种谨慎乃至紧张的情绪，既是一种表示庄重恭敬的坐姿，也是表示保持警惕，随时准备站起来的坐姿。《史记·日者列传》中说贾谊被卜者的话所震慑，马上"正襟危坐"，从放松转变为拘谨庄重的坐姿。《史记·项羽本纪》记录樊哙闯入鸿门宴时，"项王按剑而跽，曰：'客何为者'？"看得出，项羽非常机警，虽仍坐着，但已经挺直身子半起身，随时可以拔剑与不速之客展开格斗。

坐、跪、跽的姿势相差不多，两脚都向后，主要区别是有没有挺腰直身。踞则是完全不同的坐姿：臀部、两脚掌同时着席，膝盖向上弯曲，与蹲坐差不多。如果两脚伸直向前，整个人就像簸箕一样了，那就被称为箕踞。这样的坐姿，其实更接近我们现代人的坐姿，我们坐在草地上晒太阳，大多都是这样的箕踞，一般还会双手向后支撑。但是，在秦汉时期，因为人们还没有穿裤子的习惯，所以裆部不受保护，这样的踞坐或者箕踞，很容易暴露隐私，因而待人接客时，这种坐姿是非常粗鲁无礼的。但在《史记》的记载中，刘邦却经常以这种随意傲慢的坐姿见人：见郦食其时"沛公方踞床，使两女子洗足"（《高祖本纪》）；见黥布时"淮南王至，上方踞床洗"（《黥布列传》）；赵王张敖侍奉他时"高祖箕踞詈，甚慢易之"（《张耳陈余列传》）。面对这种轻慢，郦食其深感被冒犯，巧言讽谏；黥布不堪受辱，差点自杀；张敖作为女婿，虽然自己态度谦恭，但贯高等一众大臣愤恨不平，于是策划了刺杀行动。可见，在古人眼里，箕踞是非常严重的侮辱和挑衅行为。

作为现代人，我们习惯了类似箕踞这样的轻松随意的姿势，或可以理解刘邦。然而，在秦汉时期，面对箕踞，无论是郦食其、黥布、贯高，还是像田横这样有气节和血性的大丈夫，都是绝对无法忍受这般侮辱的。幸好，田横根本没有给刘邦箕踞而见的机会，也没有给他诛灭自己的借口。不称臣、不苟活，田横不愧是秦汉之际真正的高义之士。

 原文选读

《史记·田儋列传》选段

既①葬，二客穿②其冢旁孔，皆自刭，下从③之。高帝闻之，乃大惊，以④田横之客皆贤。"吾闻其余尚五百人在海中。"使使⑤召之。至⑥则闻田横死，亦皆自杀。于是乃知田横兄弟能得士也。

注解

①既：已经，在……以后。②穿：凿穿，挖穿。③下从：下去跟从，此指陪葬。④以：认为。⑤使使：派出使者。⑥至：（使者）到达。

12. 萧何、曹参

刘邦从布衣到皇帝，绝不是靠一人之力。有一群死心塌地跟着他的人，在他周围形成一股核心的力量，这群人多是刘邦在沛县及丰邑的故交，最后都成了刘邦夺取天下的功臣。以萧何、曹参为代表的这群功臣，在高祖去世后，为稳定汉家天下也起到了举足轻重的作用。通过《萧相国世家》《曹相国世家》《樊郦滕灌列传》等篇，我们了解这一来自高祖故乡的功臣集团。

规规矩矩的萧相国

萧何和刘邦一样，也是沛县丰邑人。他精明能干，做事稳当，因而担任沛县的主吏掾，主管全县的官吏人事等事务。刘邦担任泗水亭长时，经常受同乡萧何的照顾，他去咸阳服徭役时，同事朋友们都送他份子钱，别人按常规送三百钱，唯独萧何特别体贴，送了他五百钱。

朝廷御史来沛县督查工作时，发现萧何的过人之处，让他主管泗水郡的文书工作，结果考评时，萧何在全国所有郡县中排第一，要不是他再三谢绝，差点被调任去朝廷。后来，刘邦发动起义成了沛公，萧何就开始为他主理政务。沛公进入咸阳后，别的将领都争先恐后地奔向藏有金银珍宝的宫室，只有萧何第一时间进入存放秦朝律法、地图、户籍材料的库房，凭借自己多年的史事经验，择取了其中的重要资料。项羽火烧咸阳时，这些资料都幸免于难，成为之后汉军东出函谷关，争夺全天下的重要参考。

汉王出汉中前，萧何举荐了大将军韩信；汉王出汉中后，萧何以巴蜀为后方，准备粮草；汉王东出函谷关后，萧何稳定关中，不断输送兵源和粮草支援前线。萧何虽在后方，但他的所有决断都向汉王一一汇报，丝毫不敢自作主张；在汉军处于不利形势时，萧何将自己全族的壮丁悉数送往前线，以此消除汉王对自己的顾虑。

高祖登上帝位后，对群臣论功行赏，他认为萧何功劳最大，食邑应该最多，于是封他为酂侯。然而那些将领们不乐意了，凭什么一个舒舒服服在后方的人，功劳却多过出生入死、冲锋陷阵的前线将士呢？高祖于是问他们："你们知道如何打猎么？"将军们面面相觑，高祖继续说道："打猎的时候，需要猎狗，虽然猎狗跑在最前面追咬猎物，但是发现猎物踪迹，指出猎物所在的却是猎人。你们的功劳就像冲锋在前的猎狗，而萧何的作用却是在后方的猎人。况且，你们跟随我打仗，仅仅自己或带着家里的两三人，而萧何却将全族上下几十口人都交来追随我了，这样的功劳难道还不够大么？"这下，将军们终于心服口服了。后来，萧何功劳盖过身经百战的曹参，排在功臣第一位，皇帝还赐予他可以穿鞋佩剑、入朝不趋的特权。此外，高祖特意加封了他两千户的食邑，作为对萧何当年多出了两百份子钱的报答。

萧何是汉朝的第一任相国，他帮助吕后除掉韩信后，高祖又额外赏赐了他，并加派士兵保护。这时，有一个叫召平的人来找萧何，召平在秦时受封为东陵侯，现在沦落为平民，以种瓜为生，种的瓜特别甜。召平进言说，皇帝之所以派兵，并非保护相国，而是对萧相国有所顾忌，因为淮阴侯刚叛乱未遂。于是，萧何听从召平的建议，将自己的私产全数交出资助军队，高祖因此颇感欣慰。

不久，黥布叛乱，高祖再次亲征，但时常派人回长安询问萧相国在做什么事。有人进言相国说："自从入得关中，相国一直勤勤恳恳地做每一件事，深得百姓爱戴，您的威望太高，皇帝现在不放心您了啊，倒不如做一些败坏自己名声的事情，比如低价收购土地、放高利贷等手段，或许可以让皇帝安心。"萧何果然这么做了，等到高祖回师时，很多百姓拦在道路上，状告相国的种种不是。于是高祖召见萧何，哈哈大笑着说："相国你居然做这些缺德事，你自己去向百姓谢罪吧！"这时，萧何忘了别人的劝告，又开始为民请命，恳请皇帝让出上林苑的土地给百姓。高祖一怒之下将他抓了起来，戴上索具投入牢中，后来在别人的劝说下，高祖终究还是宽赦了萧何。此时，萧何年事已高，但他入朝仍然脱去鞋袜，光脚趋步，毕恭毕敬。高祖见了，心有不忍地说："相国别这样，你为民请命，我非但不答应，还把你抓起来问罪，我这么做是想让天下百姓都知道，这件事是我做错了，而你确实是个贤相啊！"

高祖去世后，太子刘盈继位，即汉惠帝，萧何继续担任相国。一年后，萧何病重，惠帝亲自探望病情，还询问萧何谁可以继任相国之位，萧何并没有直接回答，他说："了解臣子的莫过于君主了。"惠帝问道："您看曹参怎么样？"萧何立刻叩首道："陛下已经找到合适的人选，我死而无憾了！"不久，萧相国去世，接替他的，正是他以前在沛县为吏时的老伙计——曹参。

随随便便的曹相国

曹参也是沛县人，萧何任沛县主吏掾时，曹参是狱掾，主管全县刑狱司法等事务，与刘邦也是老相识。后来，他跟随刘邦起事，一路东征西战，杀入关中，先后因军功被封为戚公、建成侯；楚汉相争时，曹参多随韩信攻城略地，最后韩信率部围追项羽时，曹参留在齐地清扫残敌。

分封功臣时，曹参身经百战，军功第一，被高祖封为平阳侯，食邑一万零六百三十户。他被委任为齐相，辅佐高祖的长子——齐王刘肥。曹参召集当地贤士，听取建议，以黄老之道无为而治。一直到汉惠帝二年时，曹参前后相齐九年，齐政清净稳定，百姓安居乐业。此时，传来相国萧何去世的消息，曹参立刻吩咐手下打点行李，对他们说："快做准备，我要去长安继任相国了。"果然，天子的诏告很快就来了。曹参临走前，吩咐齐国的继任丞相说："我走之后，齐国的刑狱和市集就拜托你了，谨慎管理，不要轻易改动干扰。"继任者问道："难道治理国家只有这两个地方最重要吗？"曹参答道："并非如此，只不过刑狱和市集是鱼龙混杂，包容善恶黑白的地方，如果你干扰太多，让恶人去哪里容身呢？所以我先提醒你这两件事。"曹参重视刑狱和市集的治理，能够切中要领，抓大放小，这或许因为他担任过狱掾，因而具有这方面的丰富经验。

曹参与萧何当年同县为吏，是关系很好的老相识，后来各自加官晋爵，关系反而并不融洽，但萧何去世时，唯独推荐曹参为继任者，可见萧何对曹参还是极为认可的。曹参为相后，只启用稳妥少言的人当助手，那些为了功名表现积极的人，他却一概不用。曹参也并不处理相国的事务，整天酒不离身，别人但凡想要劝谏他，他都能想办法用酒来堵住他们的嘴。久而久之，他手下的官吏也整天只知道喝酒，在官舍里经常觥筹交错，喧哗吵闹。有人实在看不下去了，故意请曹参来附近走走，希望他听到官员们喝酒喧哗的声音后，能及时做出处理。不料，曹参听到官员们醉酒高歌后，居然吩咐随从搬来美酒，也坐下来喝酒与众人相应和。曹相国从来不挑人毛病，只会包庇手下，相府倒也相安无事。

过了一段时间，汉惠帝看不下去了，认为曹参毫不作为是故意在轻视他。于是他召来曹参的儿子，此时担任中大夫的曹窋（zhú），对他说："你回去私下提醒你父亲，高帝驾崩不久，新皇帝还年轻，他这样整天饮酒作乐，不向皇帝汇报，如何治理国家？"惠帝还特别关照曹窋，"你别说这话是我说的啊。"于是，曹窋在家陪父亲闲聊时，委婉地用这些话向父亲进言，没料到，曹参听了十分生气，将儿子打了二百大板并斥责他："你赶紧回去侍奉皇帝，天下大事你配议论吗？"曹参上朝时，惠帝怪他说："你为什么责罚曹窋呢？

那些话是我让他说的。"曹参赶紧请罪，却又问道："臣请陛下思量下，陛下与先帝谁更英明？"皇帝答："我怎能跟先帝相提并论呢？"曹参接着问："那么陛下觉得我与萧相国比，谁更贤能？""那似乎萧相国要更胜一筹。"皇帝答。曹参叩首道："陛下所言极是，先帝与萧相国平定天下，并制定了明确的法令，既然如此，陛下只需垂拱而治，臣等只需守职贯彻，让先人的法令不要有所缺失，如此便可以了。"惠帝点头称是："不错，我明白了，曹相不用再说了。"

曹参虽然只做了三年相国便去世了，但他没有改动萧何制定的法令，继续依照清静无为的原则，让久经战乱的天下百姓休养生息。因而有民谣称赞萧曹二相："萧何制法，严明整齐，曹参继任，严守不失，清静无为，百姓安宁。"这就是被后世所称道的"萧规曹随"。

风风光光的丰沛人

除了萧何、曹参之外，当年跟随沛公起兵的同乡有很多人，比如卢绾、樊哙、夏侯婴、周勃、灌婴……

樊哙，本是沛县杀狗的屠夫，从入芒砀山开始便一路追随刘邦，他后来娶了吕雉的妹妹吕媭，和刘邦成了连襟。樊哙作战勇猛，攻城野战都身先士卒，冲杀在前，立功无数。然而樊哙最大的功劳，却是在鸿门宴上。当项庄舞剑，沛公危在旦夕之时，樊哙舍命冲入宴席，在席间斗智斗勇，毫无惧色，为沛公争取了宝贵的喘息之机，在人为刀俎我为鱼肉的绝境下逃出生天。汉定天下后，樊哙受封为舞阳侯，之后又率军多次讨平叛乱，官至左丞相。高祖在去世前，曾担心樊哙会为了吕氏而诛杀赵王刘如意和他的母亲戚夫人，因而命陈平与周勃赶往前线杀掉樊哙，幸亏陈平故意拖延时间，樊哙才捡回了性命。

夏侯婴原先是沛县马房的司御，管理驾驭县府的马车，每次送使者或客人往返，总要经过泗水亭，因而和刘邦成了好友。有一回两人交流剑术，刘邦不小心误伤了夏侯婴，被人告发。按照秦律，官吏伤人将被重罚，但夏侯婴咬定是自己误伤，硬是没把刘邦供出来，夏侯婴为此受罚被关了一年多，鞭笞了数百下，终究还是保护了好兄弟刘邦。

沛公起事后，夏侯婴就担任太仆，主要工作是为沛公驾车，因而在沛公南征北战之时，随时都有夏侯婴的身影：彭城大败，沛公逃命，为了让马车轻一点，好几次将一双儿女踢下马车，夏侯婴每一次都拼死将孩子们抱上来，每一次都被沛公威胁责骂，要不是夏侯婴，就没有后来的汉惠帝和鲁元公主了；沛公几次突访韩信大营收其兵权，身边都只有夏侯婴驾车跟随……直到汉王成为皇帝，夏侯婴仍然是太仆，更是皇帝形影不离的贴身侍卫，虽然不曾独自率军建立军功，但对高祖个人而言，夏侯婴都是他最为信任和可依靠的人。夏侯婴后来被高祖封为汝阴侯，食邑六千九百户。高祖之后，他又连续担任汉惠帝、汉文帝的太仆，可谓是三朝老驭手。

汉定天下后，高祖分封了一百六十二位开国功臣，其中来自沛县的有三十三人，而地位最高的二十人中，十人来自沛县，占了一半，因而他们也被后世学者称为"丰沛军功集团"。高祖在分封时，与功臣们剖符为誓，承诺功臣爵位世袭，子子孙孙，世世勿绝。数年后，高祖将异姓诸侯基本清除完毕，他召集臣子，共同杀白马立盟誓，从此以后，不是姓刘的就不能封王，否则将成为公敌遭到讨伐。这就是"非刘氏而王，天下共击之"的白马之盟。这是高祖在去世之前，自知时日无多，而将汉家天下继续拜托给自己的老弟兄们。高祖驾崩后，以陈平、周勃、灌婴等为代表的开国功臣们，成为影响朝政的强大力量，在汉惠帝、吕太后、汉文帝在位期间都起到了举足轻重的作用，一直到汉景帝、汉武帝时，这些功臣的后代才逐渐丧失了爵位和领地。

汉高祖开国时论功行赏，与诸侯、功臣"共天下"，天下是众人的，是大家一起打下来的；之后，异姓王先后被铲除，到汉高祖去世前，他以白马之盟明确了"家天下"，天下只是刘氏的天下。在这一过程中，异姓诸侯王是汉家的第一个威胁，而随之而来的威胁就是吕太后掌权后的吕氏一族。

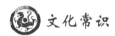 **文化常识**

生彘肩——古代军中吃些啥？

在刘邦率领的一众丰沛弟兄中，樊哙是令人印象深刻的一位，不仅因为他战功卓著，更是因为他在鸿门宴上彘肩斗酒的英雄壮举。然而，樊哙在鸿门宴上吃的"生彘肩"究竟是什么东西呢？

《项羽本纪》中记载项王令赐酒，手下"与斗卮酒"，哙拜"立而饮之"；项王又令"赐之彘肩"，手下"与一生彘肩"，樊哙"覆其盾于地，加彘肩上，拔剑切而啖之"。首先，彘肩是猪前腿的意思，然而前面加一"生"字，变为生彘肩，则引发了后人的许多不同解读。有人认为生彘肩的"生"，不是未熟的意思，而是备用的未处理完成的熟肉；有人认为是《史记》在流传时抄写错了，将"全"字错写成了"生"，应该是全彘肩，也就是一整只猪前腿；还有人认为，这是项羽的手下故意刁难樊哙，项羽说赐酒，手下却送上了整整一斗，项羽说赐彘肩，手下却拿出了生的彘肩……不过，无论是哪种解释，形势越不利，越显出樊哙的英雄本色，他将彘肩扣在盾牌上，拔剑切着吃完，可以说现场效果拉满，也博得了项羽的好感。

既然项羽的军营中备有生彘肩，那是不是古代的士兵们都能大碗喝酒，大口吃肉呢？其实，在生产力还不发达的古代，行军打仗时军粮的消耗始终是一个大问题。不要说吃肉，就是粮食也经常是短缺的。先秦时代的士兵，主粮是粟也就是小米，一般是将小米等粮食炒熟后，作为干粮随身携带。到了汉代，麦类种植渐渐普遍，麦饭、面食才逐渐成为人们的主食，但军中为了节省时间，仍以面饼等干粮为主。长久以来，有很多面食的传说都跟军粮有关：比如陕西合阳特色小吃䬣（xué）面，据说是韩信发明的中国最早的"方便面"；又如馒头、锅盔的发明则归功于三国时蜀汉丞相诸葛亮……

古代军粮中也有肉食，但因为没有成熟的保鲜技术，所以多是晒干的肉条、可用容器储存的肉酱、用盐腌过的肉脯等。到了南宋时，抗金名将宗泽出征时，曾用家乡腌肉的方法，用盐将猪腿肉腌制后作为军粮携带，传说这便是火腿的前身，因而后来驰名中外的浙江金华火腿、云南宣威火腿等都以宗泽为祖师爷。

回到本文开头的鸿门宴，如果生彘肩确实是没有煮熟的猪前腿，那会不会也是一种经过腌制的类似火腿的肉食呢？如果是这样的话，那火腿的发明时间可要大大提前了。至于生彘肩究竟是什么样的食物，还是请对此感兴趣的读者们去寻找确切的答案吧！

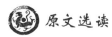 原文选读

《史记·樊郦滕灌列传》选段

太史公曰：吾适①丰沛，问其遗老，观故萧、曹、樊哙、滕公②之家，及其素③，异哉所闻！方其鼓刀屠狗卖缯④之时，岂自知附骥之尾⑤，垂名汉廷，德流子孙哉？余与他广通⑥，为言高祖功臣之兴时若此云⑦。

注解

①适：前往。②滕公：指夏侯婴，曾被封为滕公。③素：生平、平素。④屠狗卖缯：杀狗、卖丝。杀狗指樊哙，他原先是杀狗的屠夫，卖缯指灌婴，他原先是卖丝的商贩。⑤附骥之尾：骥，千里马；词义为附着在千里马的尾巴上（能行千里），比喻仰仗他人而成名，此指樊哙等追随刘邦而成为汉之功臣。⑥余与他广通：我和樊他广很熟悉。樊他广，樊哙的孙子。⑦若此云：说了像这样的话。

"吕太后"印章：连珠印，将长方形印面中间去除，上下各刻一
方印。周秦之际有三连珠印、四连珠印，而二连珠印始于唐代。
此印上为朱文，下为白文，精巧别致。

吕太后篇 人物关系图

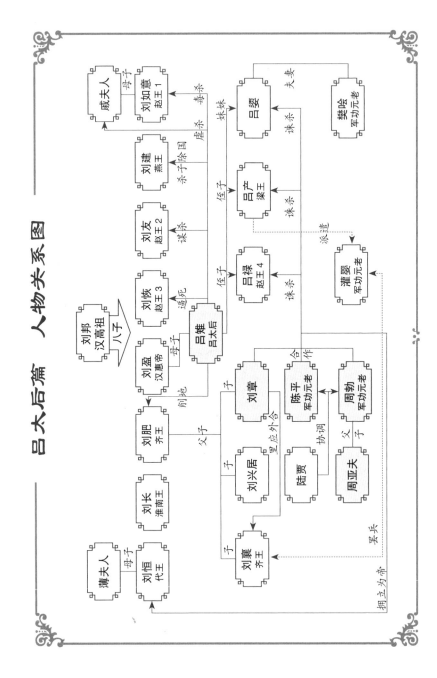

13. 吕雉

《史记》的诸多人物传记中，几乎全都是为男子立传，唯一的例外是《吕太后本纪》。以太后的身份却列入了帝王的"本纪"，而高祖之后的汉惠帝却并未入列，太史公同时打破了地位与性别的界限，其秉笔直书的史家风范令人赞叹。高祖之后，吕太后事实上掌管汉家天下，通过《吕太后本纪》《留侯世家》《张丞相列传》《齐悼惠王世家》等文，我们一起翻开吕太后称制这一段非同凡响的历史。

无奈的丈夫

吕雉是高祖布衣时娶的妻子。吕太公独具慧眼，将女儿许配给了泗水亭长刘邦，两人生有一子一女。秦末天下大乱，沛公带着一帮兄弟逐鹿中原，而吕雉则在家孝顺老人，抚育子女。后来，沛公成了汉王，吕雉和一家老小却成了项羽的俘虏。项羽曾架起汤锅，声称要煮了刘太公，汉王求分一杯羹。汉王从不屑于妇人之仁，逃命时连儿女都能舍弃。吕雉虽为妇人，性格却很刚毅，两位兄长及吕氏一门为汉王夺取天下也立下了汗马功劳。汉王东征西讨，身边不缺女子，他最宠爱戚夫人，与她生了一个儿子刘如意。汉王不在身边的日子，吕雉也并不寂寞，门客审食其形影不离地照顾她，吕太后掌权后，审食其曾官至左丞相。

吕雉与高祖所生的嫡子刘盈很早便被立为太子，但刘盈生性仁弱，高祖更加欣赏刘如意，加上戚夫人受高祖宠幸，高祖于是有了改立太子的念头。然而，这却引来了樊哙、太子太傅叔孙通等臣子的激烈反对。当时担任御史大夫的周昌也是开国功臣，他生性耿直，向来敢于谏言。一天，周昌进谏时正好撞见高祖搂着戚夫人，他转身便跑，被高祖追出去抓住，骑在脖子上问他："跑什么跑，你把我看成什么样的帝王了？"周昌艰难地抬起头回答道："陛下就是和夏桀、商纣一样的国君！"后来，高祖与群臣商议改立太子时，周昌当即反对，他气呼呼地说："臣虽然说不出什么道理，但心里期……期认为不可以，陛下虽然想要废了太子，臣期……期不会奉命行事。"他平时就有些结巴，因而盛怒之下会发出"期……期"的声音，高祖倒被他这副生气的样子逗笑了。群臣退朝时，躲在旁屋的吕雉向周昌跪谢道："今天要不是大人，太子几乎被废了。"

吕雉深感太子之位受到威胁，但却束手无策，她让兄长吕泽找留侯张良求助。张良经不住吕泽的死缠烂打，终于出了一个主意：请被称为"四皓"的四位隐士高人出山辅佐太子。原来四皓年纪都非常大了，他们义不为汉臣，躲进了山中隐居，汉高祖都未曾请得动他们。吕后命吕泽拿着太子的信，终于用厚礼和诚意恭请到了四人。从此，四皓成了太子的门客，跟随在太子左右为他出谋划策。高祖亲征黥布回来后，身体每况愈下，急着改立太子，但当他在宴席上看到四皓侍奉太子左右时，终于意识到吕后和太子身边的势力已经非常强大了。四皓为高祖敬酒后，高祖目送着他们离开，他转身对戚夫人说："你看到刚才那四位老人了吗？连他们都甘愿为太子出力，可见太子已经羽翼丰满，动不了他了。接下来，吕后真的要成为你们的主子了。"戚夫人不禁哭了起来，高祖对她说："跳一支舞吧，我为你和一首楚歌。"高祖唱着"鸿鹄高飞，一举千里……"，哀叹着后人羽翼丰满，自己则时日无多，英雄迟暮，无可奈何。从此，高祖再也没有提过改立太子的事情。

惊恐的儿子

高祖驾崩，刘盈继位，即汉孝惠帝，吕雉成了太后。此时天下诸侯王中，除了长沙王吴臣为异姓，其余都是刘氏宗亲：楚王刘交，是高祖的弟弟；吴王刘濞，是高祖兄长的儿子；齐王刘肥，是高祖布衣时与曹氏私生的庶子，比惠帝年长；其余都是惠帝的异母弟弟，包括赵王刘如意、代王刘恒、梁王刘恢、燕王刘建、淮阳王刘友、淮南王刘长。七个兄弟，都是高祖的儿子，却不是吕太后的儿子，和之前被她设计诛灭的韩信、彭越等异姓王一样，这些刘姓诸侯王在吕太后眼中，同样是威胁。其中，吕太后最为痛恨的，就是当年妄想夺取太子之位的赵王刘如意和他的母亲戚夫人。

知妻莫若夫，高祖生前已经意识到一旦自己死去，吕雉绝对饶不了刘如意和戚夫人，因而他将臣子中最为耿直强硬的周昌，调派去赵国给刘如意做相国，希望他保护好年幼的赵王。然而，高祖一死，吕太后先将留在宫中的戚夫人关了起来，又派使者几次三番召赵王回长安，但每一次都被周昌拦下来，他回话说："高祖将赵王托付于我，我听说太后想把他召回去，把他和戚夫人一并诛杀，他现在年龄还小，况且又有病，恕我不能从命。"吕太后非常生气，使出调虎离山之计，先让皇帝下令召见周昌，等周昌一走，太后即刻命使者召赵王入宫。惠帝深知母后的企图，他亲自到了都城郊外迎接赵王进宫，之后更是与兄弟吃饭睡觉形影不离，无微不至地保护着自己的弟弟，让太后没有机会下手。然而百密一疏，这天清晨，惠帝准备外出打猎，但赵王年幼贪睡，惠帝不忍心叫醒弟弟。就在惠帝外出打猎的功夫，吕太后伺机而动，派人用毒酒将赵王毒杀了，等惠帝回来时，见到的却是赵王冰冷的尸体。

吕太后的复仇刚刚开始，她将还在丧子之痛中的戚夫人斩断手足扔进厕所旁的猪圈中，取名为"人彘"（即人猪的意思）。过了些时候，吕太后还得意地请惠帝来参观"人彘"，正当惠帝好奇地打量时，忽然发现不对劲，询问之下得知果然是戚夫人，惠帝大惊失色，随即号啕大哭，回去后便一病不起。他传话给太后说："这绝不是人能做出来的事情，而我却是您的儿子，实在无力治理天下了。"从此之后，惠帝便放浪形骸，终日饮酒作乐，日渐憔悴。而吕太后则不断加强对权力的掌控，不断扫除朝廷内外的威胁。

惠帝在位第七年驾崩，年仅二十三岁。丧礼时，吕太后不留一滴眼泪地干哭。有人告诉左丞相陈平说，惠帝没有留下成年的儿子，吕太后之所以哭不出来，是她心里怕你们这些功臣造反啊。于是，陈平依计请奏太后任命吕氏一族指挥宫中卫兵，果然，当吕氏掌握了宫中兵权后，太后便放心地痛哭出来了。

掌控的天下

吕太后只有惠帝与鲁元公主一对儿女，她为了让自己的后代永保帝位，居然让鲁元公主的女儿做了惠帝的皇后，惠帝无力违抗母亲的荒唐安排。但这个名义上的皇后没有子嗣，吕太后就将惠帝与别的美人所生的孩子假冒是皇后所生，立他为太子。惠帝死后，这个太子就继位为皇帝，但政令都由吕太后发出。

吕太后掌权后，急欲立吕氏子弟为王。然而右丞相王陵却说："高帝曾杀白马立下盟誓，约定不是刘氏而敢称王的，天下人将共同讨伐他，因而吕氏不能称王。"不过，左丞相陈平和太尉周勃都同意吕太后的提议，认为太后现在代行皇帝的职权，封自己族人为王也没什么不可以。太后很高兴，不久她将王陵改任为太傅，实则罢免其右丞相职位，她又升任陈平为右丞相，目的是将左丞相之位让给服侍自己多年的审食其。

从此，吕太后独掌朝政，再也没有人可以阻止她。太后先后分封自己的孙子、外孙、侄子为王，同时将吕氏女子嫁给刘姓王侯，以达到拉拢和监视的目的。一旦这些王侯对吕氏表达不满，吕太后就将其消灭。赵王刘如意死后，先后有两位高祖的儿子刘友、刘恢迁封为赵王，但他们都被太后逼死。几年后，逐渐长大的小皇帝得知皇后并非自己的亲生母亲，而自己的母亲已经被害，他私下里恨恨地说："等我长大后，看我怎么收拾他们。"这些话被吕太后知道了，于是她将小皇帝废黜后杀害，另立了惠帝的儿子常山王刘弘为皇帝。此时，刘氏王侯乃至皇帝，都在吕太后的股掌之中，而吕太后封自己侄子吕禄为赵王，吕产为吕王，两人分别掌控守卫宫中的北军和南军，牢牢把控住了宫中的武装力量，同时燕王吕通及多名吕氏子弟都成了王侯，与吕氏联姻的王公贵族更是不计其数，一时间似乎是刘、吕两家共有了大汉的天下。

然而，在称制的第八年，吕太后生病了，很快病入膏肓，她自知大限将至，嘱咐吕禄、吕产说："高祖当年与群臣定了白马之盟，非刘氏不称王，现在我们吕氏得以称王，大臣们心中都愤愤不平。我现在快死了，皇帝年纪还小，恐怕大臣们会造反，所以你们要牢牢把握宫中的兵权，不要为我出宫送葬，以防万一，千万留心，不要被人所制！"不久，吕太后驾崩，按照她的嘱咐，大赦天下，重赏王侯，吕产成为相国，吕禄之女成为皇后，左丞相审食其成为太傅。随着吕太后的下葬，刘氏的汉家天下终于摆脱了她的掌控，而吕氏也将迎来沉重的反击和彻底的清算。

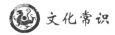 文化常识

圂——古代的厕所猪圈一体化

汉高祖死后，吕太后对戚夫人的报复可谓残忍至极，

断其手足，致其瞎、聋、哑，最后"使居厕中，命曰'人彘'"。吕太后还特意邀请自己儿子来厕所中参观所谓的"人彘"，害得汉惠帝吓出了病。彘就是猪，为什么要把彘置于厕中呢？这倒不是吕太后刻意发明的，而是因为古代的厕所和猪圈确实是建在一起的。

古人也有厕所，但那时候没有马桶。最初的厕所可能只是在地上挖个坑，既臭又脏，而且有可能脚一滑就掉下去了。《左传》中就记载了晋景公"如厕，陷而卒"，堂堂一介诸侯，居然跌落厕所，淹死在了粪坑里。

到了汉代，比较普遍的厕所形式是与猪圈连为一体，人们将家中的厕所建在猪圈边上，厕所高于平地或者就建在猪圈的上面。人在厕所中方便，粪便直接掉入猪圈。人粪既可以作为猪食的补充，又与猪圈中的茅草、猪粪等混合，经过猪的踩踏后形成理想的肥料，用现在的眼光看，这种设计将生物能充分利用，很是环保节能。由于这样的设计，厕所在古代也被称为"圂"或"溷"（都读作hùn）。从字形上看，圂就是猪（豕）被圈养起来了，所以这两个字也可以表示猪圈。"溷"字还可以引申为污秽的意思，又是猪圈又是厕所，确实是污秽满地了。由于去厕所必须登几级梯子往上爬高，久而久之去厕所就成了"上"厕所，据说这也是"上厕所"一词形成的原因之一（另有关于厕所方位的说法，此处不表）。

厕所与猪圈连成一体的设计，合理解决了粪便、肥料、养殖等一系列问题，所以在我国古代农村地区保留了很长一段时期，甚至我们周边的印度、日本等不少国家也有这样的习俗。直至现代，随着对卫生要求的提高以及科技的发展，这种与猪圈相连的厕所，才逐渐从我们的生活中消失。不过，汉代古墓中出土了不少明器（即冥器，古人下葬时带入地下的随葬器物），其中有些就是这种猪圈连着厕所的陶土模型，甚至有些还惟妙惟肖地刻画了猪圈中的大猪小猪，通过这些文物，我们也可从中一窥古人生动的生活场景。

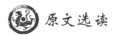 原文选读

《史记·吕太后本纪》选段

孝惠帝慈仁^①，知太后怒，自迎赵王霸上，与入宫，自挟^②与赵王起居饮食。太后欲杀之，不得间^③。孝惠元年十二月，帝晨出射^④。赵王少^⑤，不能蚤^⑥起。太后闻其独居，使人持酖^⑦饮之。犁明^⑧，孝惠还，赵王已死。

注解

①慈仁：慈爱仁厚。②挟：携同，陪着。③间：空隙。④出射：外出打猎。⑤少：年纪小。⑥蚤：同"早"。⑦酖（zhèn）：鸩酒，毒酒。⑧犁明：即黎明，天亮时分。

14. 刘章

　　吕太后称制时，打破了非刘氏不能为王的白马之盟，她不仅大肆分封吕氏一门，更废立少帝，杀害刘氏王侯，严重损害了宗室与功臣的利益。吕太后一死，以右丞相陈平、太尉周勃为代表的朝中大臣和以齐王刘襄、朱虚侯刘章、东牟侯刘兴居为代表的刘氏宗室力量结成了反吕联盟，对吕氏展开了迅猛的报复清洗。朱虚侯刘章正是诛杀吕氏的关键人物，通过《吕太后本纪》《齐悼惠王世家》等篇了解这场刘、吕之间的惨烈厮杀。

刘家的硬骨头

　　刘肥是汉高祖布衣时与曹氏寡妇私生的庶子，但却是高祖的第一个儿子，因而高祖定天下后，将富饶的齐国封给了刘肥。惠帝时，齐王因为在酒席上没有遵从君臣之礼，险些被吕太后杀害。后来齐王将齐国的城阳郡献给鲁元公主做汤沐邑，才获得吕后宽赦。惠帝六年，刘肥去世，嫡长子刘襄继承齐王之位。不久，吕太后称制，她先是将齐国济南郡封给吕台作为吕王的领地，后又割出琅琊郡封给了琅琊王刘泽，齐国原本七郡领土少了三郡。此时吕后独断朝纲，前后三位刘氏赵王都死于非命，赵王、燕王、梁王都变成了吕氏，齐王只是损失了领土，所以只能忍气吞声。

刘襄继位后，弟弟刘章被封为朱虚侯、刘兴居被封为东牟侯，都在长安宿卫。吕太后看中刘章是个人才，因而将自己侄子吕禄的女儿嫁给了他，使得刘氏和吕氏亲上加亲。刘章确也年轻力壮，性格刚毅。但他看不惯吕太后对刘氏的打压，心中一直憋着一股气。有一回，他入宫参加吕太后的酒宴，太后命令他担任监酒的酒吏，负责酒席间的秩序和礼仪规范。刘章于是自告奋勇道："我是将门之后，请太后允许我以军法的标准监督酒宴中的规范。"吕太后同意了。酒宴过半，趁着众人酒兴正酣，刘章又献上歌舞助兴，他对吕太后说："我要为太后献上一支耕田歌。"吕太后以为这年轻人要耍宝了，就笑着问刘章："你父亲倒是知道怎样耕田，你一出生就是王子，也懂耕田么？"刘章回答："臣知道的。"吕后好奇了："好，那你倒是唱唱看。"于是，刘章大声唱道："深耕密种，立苗要疏，非其种者，锄而去之。"刘章唱的耕田歌，暗指吕氏是异种，违背了"非刘氏而王者，天下共击之"的高祖誓言，应该被清除。吕太后听完，沉默不语，吃不准刘章这愣小子到底什么意思。

过了一会儿，吕家有一人喝醉了，擅自离开了酒席，刘章提剑追出去将其斩杀，然后从容回报："启禀太后，我已按军法将擅离酒席者处死了。"太后和宾客们都非常吃惊，但因为早已有言在先，又不能责怪刘章。从此以后，刘章这个愣头青算是出了名，吕家的人都不敢轻易招惹他。第二年，吕太后便驾崩了。

诛吕的急先锋

　　吕太后去世后，吕产、吕禄身居高位并握有兵权，在长安的宗室及大臣都感到了巨大的威胁。刘章觉察出吕氏将要作乱的企图，暗中联络兄长齐王刘襄，请他发兵讨逆，自己则和弟弟刘兴居一起在长安做内应，计划一旦讨平吕氏，便拥立刘襄为帝。于是齐王发檄文向天下宣告自己为维护汉家宗室，讨伐诸吕。相国吕产获悉后，立刻派灌婴率军迎击。然而，灌婴进军到了荥阳后按兵不动，这位老臣思忖自己不能帮助诸吕攻打刘氏，于是他私下派人联络齐王，表示如果吕氏真的作乱，他将与齐王一起讨伐吕氏。于是，齐王也停止进军，静观其变。

　　此时的都城长安，表面上波澜不惊，实则早已暗潮涌动，两股强大的势力即将展开厮杀：以吕氏为一方，以军功大臣和刘氏宗室为另一方。吕氏的核心人物相国吕产掌握着南军，吕禄控制着北军，一旦吕氏率先动手，王公大臣们都性命堪忧。但吕氏兄弟对内忌惮着周勃、刘章等人，对外害怕齐王、楚王的诸侯军队，又担心灌婴是否会率军反叛，因而也迟疑不决，想等灌婴与齐军交战后再伺机而动。

　　此时，以右丞相陈平与太尉周勃为首的军功大臣们率先行动了。他们首先扣留了老臣郦商，以此要挟他的儿子郦寄，原来郦寄与吕禄过从甚密，吕禄非常信任他。于是，郦寄用大臣们准备好的说辞劝说吕禄："高祖与太后共同平定天下，现在刘氏九人为王，吕氏三人为王，这都是群臣共同商议的，没什么不可以。然而，现在吕太后已经去世了，皇帝年幼，您被封为了赵王，却没去封地，反而担任上将军在都城统领军队，因而遭来大臣们的猜疑，如果您交出将军印，让相国交出相印，将都城的禁军都交给太尉负责，然后回到领地管理自己的封国，这样就能消除误会，齐王也一定会罢兵的。"吕禄觉得郦寄的话很中肯，于是和族人们商议，诸吕意见并不统一。吕太后的妹妹吕媭知道了这事，气得跺脚大骂吕禄："你身为将军，居然想要放弃军队？我们吕氏以后还有活路吗？"她又将屋内的金银珠宝全都扔了出来，说道"这些东西迟早要被人夺去，我也不用替别人保管了。"吕禄见老人家气成这样，不敢擅自放弃兵权。

过了几天，相国吕产派去齐国的使者贾寿回来报告：灌婴与齐、楚等诸侯结盟，准备联手对付吕氏。贾寿提醒吕产不要希冀还能平安回封国，形势已经非常危急，赶紧放弃幻想，进宫警戒。当时，吕产的好友、代理御史大夫曹窋正巧在场奏事，他是已故相国曹参的儿子，虽然深受吕产信任，但此时他却决定站在父辈老臣们一边，他立即将吕产的行动报告了周勃和陈平。事不宜迟，周勃决定先去控制北军，但由于没有符节，他连北军的大营都进不去。幸运的是，掌握符节的纪通也是功臣之后，在他的帮助下，周勃得以顺利闯入了北军。与此同时，郦寄与刘揭一起赶去见吕禄，刘揭的官职是典客，负责属国事务，是朝廷九卿之一，郦寄与刘揭告诉吕禄，皇上已让太尉周勃掌管北军，请他交出军印，并速速回到自己的封国去，否则将会对他不利。吕禄信以为真，认为郦寄是在保护自己，于是真的把军印交给了他。周勃很快就得了军印，可以名正言顺地调动北军，但为了确保军心稳定，他对全军将士说："支持吕氏的袒露你们的右臂，支持刘氏的露出左臂！"所有人都脱去左边的衣袖，露出了自己的左臂，周勃于是完全掌控了北军。

然而，南军还被吕产控制着，两派如果此时发生对抗，胜负还未可知。陈平赶紧派刘章前去帮助周勃，周勃请刘章把守处于关键位置的军门，同时又让曹窋命令宫中卫兵不许让吕产进入未央宫的殿门。吕产还不知道吕禄已经放手北军，他正率兵进入未央宫，但被守卫殿门的卫兵拦阻下来，吕产在殿门外徘徊，冲突一触即发。曹窋见情势紧急，火速驰报周勃。此时虽箭在弦上，却引而未发，周勃也不敢贸然下达诛杀吕产的命令。

千钧一发之际，刘章站了出来，他请求周勃拨兵给自己，周勃于是派出一千名士兵随同刘章进宫。一进未央宫门，便瞧见吕产和他的队伍，此时正是傍晚时分，刘章果断下达了进攻的命令。吕产很快败走，正逢风起迷人眼，吕产的亲信随从乱了阵脚，失去了保护的吕产，最后被刘章的士兵堵在一间厕所中杀死。杀了吕产，刘章又一鼓作气劫持了皇帝派来的使臣，利用他的符节一路闯进长乐宫中，将吕氏一族的卫尉吕更始斩杀了。至此，吕氏中掌握兵权的核心人物都已被刘章诛杀，他又调转车头，返回北军通报周勃。周勃闻讯，高兴得一跃而起，拜贺刘章说："朱虚侯诛杀了吕产，祛除了心头大患，大事已定啊！"于是，周勃下令将吕氏一族男女悉数诛杀，吕禄被捕杀、吕媭被鞭笞至死、燕王吕通被杀、鲁王张偃（吕太后的外孙）被废……吕氏一门彻底覆灭。

落寞的城阳王

吕氏已被铲除，刘章通知齐王罢兵，而灌婴也立刻从荥阳退军。

朝中大臣私下商议为了杜绝吕氏后患，必须从高祖的其他子孙中另择皇帝。齐王刘襄首先成为讨论的对象，他不仅是高祖的长孙，而且率先起兵讨吕，诛吕功劳最大的刘章又是他的亲弟弟。然而琅琊王刘泽反对说："吕氏以外戚身份危害国家，齐王刘襄的母舅驷钧也并非善类，如果让齐王称帝，怕会重蹈覆辙啊。"众人于是不再考虑齐王。此时，高祖的儿子只剩下代王刘恒和淮南王刘长，而淮南王刘长年幼且母家也很无道，只有代王刘恒不但年长，而且母亲薄氏、母舅薄昭都是温良忠厚之人。最终大臣们决定拥立代王刘恒成为皇帝，他就是后来的汉文帝。吕太后所立的少帝及其他几位年幼的诸侯王都被秘密杀害了。

刘章在诛吕之变中表现得果敢无畏，正是因为他诛杀了吕产，为之后周勃、陈平等歼灭吕氏确立了胜势，可以说，刘章是诛吕讨逆的首功之臣。齐王刘襄因为起兵有功，汉文帝即位后将城阳、济南、琅琊三郡都归还给了他。朱虚侯刘章、东牟侯刘兴居则各被加封了两千户食邑。然而，当初朝廷曾允诺将赵地封给朱虚侯为赵王、将梁地封给东牟侯为梁王，后来当汉文帝获知两人曾有意拥立其兄刘襄为帝，就没有兑现这些赏赐。直到一年后，齐王刘襄去世，其子刘则继位，朝廷从齐国分出城阳郡给朱虚侯、分出济北郡给东牟侯，分别立他俩为城阳王、济北王。两人虽被封王，但获得的却是原先就属于兄长的一郡领土，完全不是当初朝廷允诺的赵、梁之地，刘章兄弟认为朝廷抹杀了他们的功劳，心中都愤恨不平。第二年，城阳王刘章抑郁而终，济北王刘兴居则趁朝廷对付匈奴的时机，起兵反叛，最终兵败自杀。

汉文帝在位期间，陆续将齐国的土地分封给刘肥的几个儿子，强大的齐国于是变成了七个小国，对中央朝廷的威胁也减轻了。到了文帝的儿子汉景帝在位时，爆发了吴王刘濞、楚王刘戊为首的诸侯国叛乱，而齐地的七个诸侯国中，有四个响应叛乱，三个拥护朝廷，于是刘肥的子孙们各为其主，在齐地大动干戈。此时，刘章、刘兴居这些当年为维护汉家而奋起诛敌的刘氏宗室子弟，已经从朝廷倚仗的诸侯力量，逐渐演变成对皇帝权力的巨大威胁。

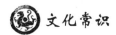 文化常识

三公九卿——汉代的朝廷高官

汉代承袭秦的官僚制度，都城中的中央朝廷官员，最高位的就是"三公九卿"。

三公指的是丞相、御史大夫、太尉三人。丞相是百官之首，是朝廷中最高的行政长官，辅佐皇帝决定所有政务。汉朝第一位丞相是萧何，后由曹参接任。曹参之后，丞相分为右、左各一人，以右为尊，当时王陵是右丞相，陈平为左丞

相，后审食其、周勃、灌婴等都曾在不同时期担任过丞相。太尉是最高军事首长，战时听从皇帝命令调动军队。然而，太尉日常并无实际控制的军队，因此在诛吕之变中，太尉周勃必须想办法获得军印以夺取由吕产、吕禄掌控的南、北禁军，否则太尉几乎只是光杆司令。御史大夫是三公中地位最低的，他是丞相的副手，负责管理图籍、典章以及监察文武百官等事宜。虽然丞相、太尉都是一万石的俸禄，而御史大夫只有两千石，但位列三公就代表着获得了朝廷中的最高地位。汉朝首任御史大夫是周昌，因为忠诚耿直，汉高祖去世前将他调任为赵王如意的太傅，以期保护幼主。后来周昌虽竭尽全力，却仍没能阻止吕太后杀害赵王。三公的名称后来也有所变动，汉武帝时首次将太尉一职改为大司马，并同时赐予了征伐匈奴有功的卫青和霍去病，因此两人各被称为大司马大将军和大司马骠骑将军，尊荣无比。

九卿包括郎中令、卫尉、奉常、太仆、廷尉、典客、宗正、治粟内史、少府等。其中郎中令是皇帝的侍从长官，统领宫中的所有郎中，郎中即皇帝的近卫军，他们保卫着各宫殿；卫尉负责守卫宫中各处的宫门；奉常负责管理皇陵和宗庙礼仪；太仆掌管宫中车马及全国与马相关的政务，夏侯婴就是最知名的太仆；廷尉掌管司法审判；典客负责朝廷内外的交往，其中包括管理诸侯国，所以在刘章故事中，前去劝说吕禄回自己属国的正是担任典客的刘揭；宗正负责皇族宗室事务；治粟内史掌管全国财政；少府掌管皇家帝室的财政以及宫廷内的机构。

三公九卿的名称和主管内容在汉代不同时期也有所变

更。他们与世袭爵位不同，这些官职上的人员都是由皇帝任免调动，一律不得世袭。值得一提的是，在汉武帝之前，丞相一职都由获得爵位的列侯担任，而在汉武帝时期，公孙弘成了第一位平民丞相，他是被任命为丞相后，再被封侯的。可见汉武帝时，三公九卿等朝廷高官从由贵族把持逐渐转为由平民出任，这也反映了天子权力不断集中的趋势。

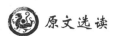 **原文选读**

《史记·齐悼惠王世家》选段

顷之①，诸吕有一人醉，亡酒②，章③追，拔剑斩之，而还④报曰："有亡酒一人，臣谨⑤行法斩之。"太后左右皆大惊。业已许其军法，无以罪也。因罢⑥。自是⑦之后，诸吕惮朱虚侯，虽⑧大臣皆依朱虚侯，刘氏为益强。

注解

①顷之：过了一会儿。②亡酒：从酒席离开，此指擅自溜走。③章：刘章。④还：回来。⑤谨：恭敬、郑重地。⑥因罢：于是罢酒。⑦是：这，指这件事。⑧虽：即使，纵然。

15. 陈平

在汉高祖所分封的开国功臣中，不是凭借军功的除了萧何、张良之外，还有陈平。陈平与张良一样，同样以谋略见长，但与张良不同的是，陈平的谋略多是秘密行事，可以救人于水火，也可以送人入死地，更能让他自己化险为夷。陈平辅佐了汉高祖、汉惠帝、吕太后、汉文帝，凭借自己的审时度势和足智多谋，他总能获取最高统治者的青睐。让我们通过《陈丞相世家》一起了解陈平的人生轨迹。

美丈夫娶妻

陈平，秦时三川郡阳武县户牖乡人，秦统一前属魏地。陈平家贫，家里有薄田三十亩，与哥哥一起生活。陈平从小爱读书，哥哥则耕种以供他游学。陈平长大后高大帅气，有人开玩笑地问："家里那么穷，你是吃什么长这么高的？"嫂子在一旁没好气地回答："就是吃些粗食，有这样光吃不干的小叔子，还不如没有。"陈平哥哥听说后，就把妻子给休了。

陈平到了可以结婚的年龄，却没有富人愿意嫁女给他，陈平也不想娶穷人家女子。乡里有个叫张负的富人，孙女嫁了五次，几任丈夫都死了，从此没人敢娶，陈平却很中意她。正巧乡里办丧事时，张负也看中了这个里外张罗的帅小伙，并尾随着陈平认了他家门。回来后，张负对儿子说："我想把孙女嫁给陈平。"儿子不解，陈平又穷又懒，口碑不好，张负却说："陈平这样英武帅气的人，怎么可能一辈子都这样穷呢，你女儿不会吃亏的。"于是，张负做主，将孙女嫁给陈平，还借钱给他当聘礼。从此，在妻子家的资助下，陈平生活日渐宽裕，交游也更广泛了。乡里祭祀时，陈平负责分割祭肉，他主理得公平合理，童叟无欺，老人家们都对他交口称赞，陈平得意地说："如果让我主理天下，我也准保令人心服口服。"

陈胜起义后，其部将周市拥立魏咎为魏王，陈平等魏地的志士纷纷前去投奔。陈平被任命为太仆，但不久他遭到谗言，于是离开魏王投奔了项羽，并跟随项羽入关灭秦。项羽分封天下不久，汉王便联合一众诸侯反楚，陈平又独自离开楚军，投奔汉王。渡过黄河时，船夫见陈平长得相貌堂堂，又是孤身一人，猜想这是一位逃亡的将军，身上必有值钱的珍宝。船夫的神态举动被陈平觉察到了，于是他假装帮助船夫撑船，热得将身上能脱的衣服都脱了，船夫看他身上赤条条，并没有藏啥东西，也就放弃了谋财害命的心思。

楚都尉投汉

陈平通过熟人魏无知的引荐见到了汉王，当时一起被接见的有七人，汉王赏赐众人酒食后说："大家吃好喝好，然后去馆舍好好休息吧。"陈平回道："我投奔大王是为要事而来，今天就想把话说清楚。"汉王便让他留了下来。经过一番长谈，汉王对陈平青睐有加，按照他在楚军中的官职仍任命他为都尉，并让他作为参乘与王同车，以护军身份监管所有将军的行为。陈平可以直接向汉王报告每位将军的功过，权力很大，得罪人也不少，将军樊哙、灌婴等人向汉王打小报告说："陈平这家伙，长得好看，但其实内心丑恶，在家乡时他和嫂子私通，后来又叛魏、叛楚。大王重用他，让他监督我们，他却到处收受贿赂，谁给钱就替谁说话，安排好位子，所以这家伙就是个反复无常的乱臣贼子。"汉王听了这些话，对陈平也有点疑心了，他先责怪魏无知，但魏无知反驳说："我推荐的是有才能的人，但大王您听来的这些都是关于他的品德，让陈平凭借才能帮您争夺天下，至于别的事情就不用多虑了。"汉王又找来陈平当面对质，陈平回答说："我离开项羽，是因为他不能用人，我来投奔汉王，是因为您爱才用贤，至于收受贿赂，我来的时候孑然一身，做事情需要用钱，如果我的谋略用不上，大王再没收这些钱财也不算迟啊。"陈平说得有理，汉王不但没有处罚他，反而升任他为护军中尉。

此后，陈平巧妙地利用反间计让项羽对自己手下产生怀疑。当项羽的使臣来汉营时，陈平让人故意用丰盛的酒菜招待他，并假装以为他是范增派来的使者；使者纠正说自己是项王的使者，汉军便撤去原先的酒菜，改用很普通的食物招待他。使者回去后，将自己的遭遇禀报了项王，于是项羽对范增起了疑心，范增不甘受辱，愤而辞去，结果病死在了归途中，项羽就这样失去了自己最重要的谋士。当韩信提出自立为齐王时，也是陈平在背后踩了汉王的脚，提醒汉王忍住怒火，成全了韩信。汉王最终联合韩信、彭越一起剿灭项羽，夺得了天下，这其中都有陈平谋划的功劳。

曲逆侯救主

高祖称帝后不久，有人上书密告楚王韩信谋反，高祖想要起兵讨伐，陈平却认为不必大动干戈，他让高祖前往楚地假装巡游云梦泽，趁着韩信前来觐见的时机，突然将他抓捕。于是，高祖不费一兵一卒便制服了韩信，将他贬为淮阴侯并软禁在长安。

高祖分封功臣时，将陈平的家乡封给他，陈平被封为户牖侯，但陈平没有忘记魏无知的引荐之功，请高祖也加封了魏无知。第二年，高祖率军讨伐韩王信，不料被行动迅速的匈奴大军团团围困在平城附近的白登山上，一连断粮七天，情势危急。此时，又是陈平献计，让高祖派使者送珍宝给阏氏（单于的夫人称阏氏，读作yān zhī），通过阏氏求得单于网开一面，高祖才得以脱险。在撤军回归的路上，途径曲逆县时，高祖将全县五千户奖赏给陈平作食邑，改封他为曲逆侯，以表彰他的功劳。陈平之后又以护军中尉的身份，随同高祖讨平了陈豨、黥布等人的叛乱，他六出奇计，六次得到封赏，但这些秘计具体是什么，则无人知道。

郎中令哭丧

高祖平定黥布后，身体每况愈下，自知时日无多。此时，有人向高祖报告，因为之前改立太子的事情，樊哙扬言等皇帝一死，就要诛杀戚夫人和刘如意。此时，樊哙正率领军队前往燕国讨伐燕王卢绾，高祖命令周勃随同陈平一同赶去前线，替代樊哙指挥军队，一旦成功解除了樊哙的兵权，就立刻将他斩杀。

陈平和周勃两人奉命追赶樊哙的军队。两人在路上商议，樊哙毕竟是功臣名将，又是吕后的妹夫，跟皇上的关系非同一般，现在皇上听到告发，一怒之下要杀死樊哙，万一他将来后悔了，搞不好会怪罪杀死樊哙之人。两人想来想去，决定不能当场杀死樊哙，而应该将他抓起来带回长安，听皇上亲自发落。于是，两人赶上军队后，用皇帝符节将樊哙召来，并立刻把他绑入囚车，之后，周勃继续率军前进，而陈平则押着囚车掉头回长安复命。

半路上，传来高祖驾崩的消息，陈平明白他的处境与之前已经完全不同了。现在吕后成了真正的掌权者，那么想害戚夫人的樊哙，现在是有功而无罪，谁胆敢抓捕樊哙都会遭到吕媭的报复，更别说杀害他了。于是陈平命令车队加速前进，迅速赶往长安，他知道时间拖延越久，自己遭吕媭谗言加害的风险就越大。不料，还没进入长安，就遇上了朝廷派来的使者，命令陈平和灌婴去驻守荥阳。陈平接到诏命后，仍和车队赶赴都城。一进长安，陈平便直入宫中，在高祖灵前痛哭流涕地汇报自己此行的情况，他把高祖下令诛杀樊哙，自己将樊哙押送回来的细节，一字一句地哭诉出来。陈平哭得如此悲痛，旁人都觉得陈平对高祖真是忠心耿耿，但吕后却听明白了，陈平此刻是在向自己请罪，澄清抓捕樊哙的原委，并求她饶恕。吕后怜悯陈平，劝他先回去休息，但陈平依然害怕自己一离开，吕媭就会趁机说他坏话，因此坚持要留在宫中宿卫。于是，吕后就任命他为郎中令，负责宫中的守护工作，并勉励他说："以后还请陈大人多多教导新皇帝。"得到了吕后对他的信任和托付，陈平终于可以宽心下来。樊哙呢，一到长安，就地获释并官复原位，而吕媭也始终找不到报复陈平的机会。

陈丞相善终

惠帝六年，相国曹参去世，朝廷任命王陵为右丞相，陈平为左丞相。不久，王陵就因为反对吕氏封王而失去丞相之位，陈平升任右丞相，吕后任命自己宠信的审食其为左丞相，内外事务都通过审食其处理。吕太后称制后，吕氏一门更是封王封侯，独揽大权，刘氏宗室岌岌可危，陈平深感忧虑。有一回，老朋友陆贾前来看望他，陈平正想着心事，陆贾走到他身旁时才猛地回过神来。陆贾笑着问："丞相在深思什么事啊？"陈平回答："你猜！"陆贾也曾是高祖的智囊，当年曾出使南越说服赵佗归顺大汉，他想了一想说："丞相不缺地位和财富，您担忧的恐怕是吕氏和汉室吧。"陈平点头称是，又问道："那您说有什么办法吗？"陆贾说，太平时靠文臣，乱世时靠武将，他建议陈平与太尉周勃修好，并串联功臣元勋们，一起做好准备，伺机而动。陈平完全采纳陆贾的建议，并委派他在大臣间做联络工作，而陈平自己开始经常送周勃礼物，周勃也礼尚往来，双方由此关系密切了起来。

吕太后驾崩后，陈平在幕后运筹帷幄、打通要害，又派刘章辅佐周勃，千钧之际凭着周勃一呼百应、勇夺军权，刘章果断进攻、斩杀吕产，完成了诛灭吕氏、匡扶汉室的伟业。在陈平、周勃的主导下，代王刘恒继位为帝，也就是汉文帝。

汉文帝奖赏有功之臣时，陈平认为周勃在诛吕行动中功劳最大，坚持将自己的右丞相尊位让给周勃。文帝就任命周勃为右丞相，而让陈平做左丞相，并加赐黄金和食邑。文帝很勤勉，对学习处理国家大事很用心，有一次在上朝时，文帝问周勃："丞相，全国一年判决的案件大概有多少？"周勃出身武将，为人忠厚沉稳，但却对政务并不熟悉，于是苦着脸谢罪："请陛下恕罪，我不清楚。"文帝又问："那么一年中钱粮的收支大概有多少？"周勃仍旧不知道，一时间汗流浃背，羞愧难当。于是，文帝用同样的问题问左丞相陈平，陈平回答："这些事情都有主管官员。"再问："主管官员是谁？"陈平答："审理案件由廷尉主管，钱粮收支由治粟大夫主管。"文帝又问道："如果每件事都由主管负责，那么敢问丞相您主管何事？"陈平恭敬地回答："臣诚惶诚恐，蒙陛下错爱，让我占据丞相之位，丞相上要顺应四时，下要抚育万物，对外镇抚诸侯，对内亲附百姓，并且指挥官员各司其职。"陈平答得头头是道，文帝点头连连称赞。退朝之后，周勃责备陈平说："平日里你怎么不教我这些应对的话呢？"陈平笑着说："你是右丞相，难道不知道自己要做什么啊？难不成陛下问你长安城里有多少贼，你也想答出来吗？"从此，周勃自知才能远不如陈平，便托病辞去相位，让陈平专任丞相之位。文帝二年，陈丞相在长安去世。

　　陈平生前曾对人说，自己平时贡献的都是一些见不得人的"阴谋"，因而如果后世自家爵位被废，应该不能重新兴盛了。虽然后人的遭遇多少印证了他的话，然而这些话也反映了陈平的特点：对周遭大势及个人处境能够准确判断，并做出理性的应对。凭借这种卓越特质和非凡智慧，陈平几次帮助汉高祖扭转乾坤，脱离险境，又数度为自己化解危机，转危为安。在秦汉之际险象环生、变幻莫测的局势中，陈平始终身居高位，名利双收，最后竟然得以善终，正如太史公所说，他确实是一位足智多谋、出类拔萃的人杰。

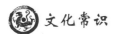 **文化常识**

六嫁之妻——汉代的再婚女子

　　《史记·陈丞相世家》中记载陈平家贫，没有人愿意嫁给他，恰巧乡中的富户"张负女孙五嫁而夫辄死，人莫敢娶，平欲得之。"后来，陈平果然与张负的孙女结婚了。但让人惊讶的是，张负的孙女曾经婚嫁五次，每次丈夫都死了，也就是说陈平是她的第六任丈夫。即便是男女平等、婚恋自由的当代社会，结婚六次也是极为少见，难道在两千年前的古代社会，陈平真的就不在乎吗？让我们来看看汉代女子的再婚是一种什么状况。

首先，陈平之妻再婚不是个例，女子再婚在汉代是普遍现象。《史记》中就可以发现很多例子，以一代雄主汉武帝的家人为例：武帝的外祖母叫臧儿，先嫁王仲，生有一子二女，其中包括武帝之母王娡，王仲死后臧儿改嫁田氏，生有田蚡等二子；武帝的母亲王娡，先嫁给金王孙，育有一女，后来王娡离婚，入宫侍奉太子（汉景帝），生下了刘彻（汉武帝）和三个女儿；武帝的姐姐平阳公主，先嫁给了平阳侯，后又改嫁给了大将军卫青，卫青当年曾是她的马夫。仅仅武帝一家，外祖母、母亲、姐姐都曾改嫁再婚过。又比如汉武帝非常欣赏的文人司马相如，他与妻子卓文君当垆卖酒的故事传为美谈，而卓文君是在守寡时结识司马相如，两人私奔后再嫁给相如的。这样的例子还有很多，可见无论平民还是贵族，汉代女子的婚姻很自由，再婚现象也很普遍，并没有后世某些时期要求忠贞守节、从一而终等观念的束缚。

那么，为什么当时的女子，拥有较自由的婚姻状况和较高的地位呢？

一方面是先秦风俗延续，当时黄老思想盛行，还未推崇儒家的伦常观念。因而，当时的女子和先秦时代一样，拥有较为宽松的社会环境，可以参与娱乐、社交等活动。比如《史记·滑稽列传》中淳于髡就曾说过，在乡里的祭祀活动中可以"男女杂坐""男女同席"，一边喝酒一边还可以进行"六博投壶"等游戏，以至于"握手无罚，目眙不禁"，男女之间的交流非常宽松自由。又比如《史记·淮南衡山列传》中记载，淮南王刘安的女儿刘陵能干聪明，因而刘安派她在长安"约结上左右",也就是交结权贵,打点关系,这也说明当时女子在交际场合没有太多禁忌。

另一方面可能是经济的因素。当时的女性,既能生育,为国为家增加人口,同时也能参与纺织等劳作,为家庭提供经济支持。因而无论是从汉朝政府层面还是家庭层面,都应是鼓励女子再婚的。从《史记》中,我们也能发现当时女子的工作内容不局限于在家中纺织,还有不少女性从事商业活动,比如卓文君当泸沽酒,又比如游侠郭解的外祖母许负,她是以善于相面著称的。除此以外,女性也参与贩卖丝织珠宝、行医等活动,与后世的习俗不同,汉代人们鄙视男子行商,而对女子的商业活动却并无成见。

《史记》中还有一则记载,汉文帝在遗诏中,特别要求"归夫人以下至少使",也就是将后宫地位不高的嫔妃全部送出宫,让她们回家再嫁。由此看来,当时连天子都接受甚至鼓励妻子再嫁,那么世人更对此没有异议了。因此,在本故事中,只要乡中穷小子陈平中意,对方是五嫁或是六嫁完全不是问题。这种宽松的婚嫁观念贯穿了整个西汉时期,但到了后世,由于儒家伦常观念的不断加强,这样自由的再婚状况便逐渐改变了。

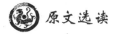 **原文选读**

《史记·陈丞相世家》选段

孝文帝立,以为太尉勃亲①以兵诛吕氏,功多;陈平欲让勃尊位②,乃谢病③。孝文帝初立,怪④平病,问之。平曰:

"高祖时，勃功不如臣平。及诛诸吕，臣功亦不如勃。愿以右丞相让勃。"于是孝文帝乃以绛侯勃为右丞相，位次第一；平徙⑤为左丞相，位次第二。赐平金千斤，益⑥封三千户。

注解

①亲：亲身，亲自。②尊位：尊贵的位子，此指右丞相之位。③谢病：托病请辞。④怪：以……为怪，感到奇怪。⑤徙：徙任，调任。⑥益：增加，增多。

16. 周勃、周亚夫

周勃随高祖从沛县起兵，屡立战功；吕太后掌权后，任命周勃为太尉，是最高军事长官；后来在他和丞相陈平的率领下，一举诛灭了吕氏，拥立了汉文帝。周勃去世后，其子周亚夫又深得文帝、景帝的信任，正是依靠他的卓越指挥，景帝得以平定了吴楚之乱。周勃、周亚夫父子两代，先后成为变乱时代的中流砥柱，为汉室力挽狂澜，居功至伟，然而他们的潦草结局却又令人唏嘘。通过《绛侯周勃世家》，一起了解这对父子不平凡的故事。

"吾尝将百万军，然安知狱吏之贵乎"

周勃，原先在沛县卖养蚕的工具谋生，也常为办丧事的人家吹箫奏曲，周勃力大能拉开强弓，为秦服役时担任武卒。沛公起兵后，周勃随同沛公一路拼杀，攻入武关，推翻秦朝，先后被封为虎贲令、威武侯；后又随同汉王东出，消灭项羽，夺取天下，并平定了燕王臧荼的叛乱。周勃担任将军，身经百战，被高祖封为绛侯，食邑八千一百八十户。

周勃为人敦厚，但不喜欢文事，讨厌儒生，高祖认为其可托付大事。惠帝时，吕太后任命周勃为太尉，是名义上的最高军事长官，但长安的兵权其实在吕氏一门手中，没有兵符，周勃连军营都无法进入。后来，吕太后去世，诸吕变乱，由于在功勋元老中的威望，周勃成为对抗吕氏的领头羊。凭借陈平的谋划、刘章的果敢，太尉周勃闯入军营，袒露左臂，一呼百应，最终率军将吕氏满门诛杀，拥立代王刘恒为帝，匡扶宗室，立下不世之功。

汉文帝即位之初，周勃被任命为右丞相，但他很快意识到自己并不胜任，又担心自己功高震主，地位高危，于是托病辞官，把尊位还给了陈平。然而，陈平不久便离世了，文帝重又任周勃为丞相。此时，居住在长安的军功大臣势力太大，文帝感受到其中潜伏的威胁，因而下令列侯回各自的领地。周勃身为百官之首，文帝请他做出表率，于是周勃又一次被免相，回自己的封地绛县去了。

周勃回绛县一年多，总担心自己会被问罪，每当河东郡守或郡尉巡查到绛县时，周勃都身披甲胄，让家人手持武器做好防备。不久便有人告发周勃要谋反，他被收治在长安的狱中审问。周勃为人质朴木讷，不知如何辩解，于是连狱吏都开始刁难欺侮他。周勃没办法，让家人以千金贿赂狱吏，狱吏就悄悄在木简背后写了"让公主作证"几个字提醒周勃。原来，文帝的女儿嫁给了周勃长子周胜之为妻，让公主作证的确是最好的办法。周勃又将自己之前得的封赏都送给了薄昭，薄昭是文帝的舅舅。果然，案件审理到紧要关头时，薄昭将情况告诉了姐姐薄太后。当文帝来拜见太后时，薄太后抓起头巾朝文帝扔过去，生气地质问他："周勃当年手拿皇帝符节，统领北军，他那时候不谋反，现在住在小地方，却能谋反了？"文帝已经看过审案的文件，认为周勃确属无辜，他向太后请罪说："狱吏刚审理清楚，马上会放了周勃。"于是，文帝让人拿了符节火速将周勃释放，恢复了他的爵位和食邑。周勃从狱中回来后，忍不住感叹道："我虽然率领过百万人的军队，却哪知道一个小狱吏竟如此厉害呀！"

文帝十一年，周勃去世，长子周胜之继承爵位，但周胜之与公主感情不好，终因杀人被废除爵位。过了一年多，文帝从周勃的其他儿子中选取了贤能后继者，他就是担任河内郡守的周亚夫，文帝封他为条侯。

"周亚夫真可任将兵"

匈奴是汉朝北境的巨大威胁，这一年匈奴又侵犯边境，为了保护都城的安全，文帝在长安附近派军设防。当时，文帝共派驻了三位将军：刘礼驻军霸上，徐厉驻军棘门，周亚夫驻军细柳。

为了鼓舞士气，文帝亲自前往各军营视察。进入霸上和棘门军营时，皇帝的车队都长驱直入，将军率领军官们骑马迎送。到了细柳军营时，皇帝的先遣车队被守门的士兵拦了下来，使者说："皇帝就要来了。"但负责守卫的军官却说："军中只听从将军的命令，不用听从皇帝的诏令。"过了一会儿，皇帝的马车到了，竟然也被拦了下来。文帝派人手持符节通报说："皇帝想要去军中犒劳将士。"周亚夫听到报告后才命人打开营门，然而守门卫士对皇帝的随从说："将军有令：军营内不许马车奔驰。"于是，天子的马车只能缓步前进。文帝见营中士兵都身穿铠甲，手执兵器，弓满弦张，严阵以待，不禁大为震撼，频频在马车上向将士们致敬。此时，将军周亚夫一身戎装前来迎接天子，他拱手行礼道："军中将士不便跪拜，请允许我以军礼拜见陛下。"文帝感动地说："我是来慰问将军的，将军辛苦了。"

行完了军礼，皇帝的车队出营门，随从们都十分惊讶，文帝却感叹道："了不起啊，这才是真正的将军，先前霸上和棘门的驻军，如同儿戏一般，真的遇到强敌来袭，他们都将成为俘虏。再看周亚夫的军队，哪个敌人能够侵犯得了呢？"文帝对周亚夫称赞有加，等三支军队撤军后，他便任命周亚夫为中尉，负责都城的守卫。

一直到文帝临终时，仍叮嘱太子刘启说："以后万一遇到情急的情况，周亚夫是真正可以委以重任统兵打仗的人啊！"不久，文帝去世，景帝继位后立刻任命周亚夫为车骑将军。

"此怏怏者非少主臣也"

景帝三年，发生了吴王刘濞、楚王刘戊等七诸侯的叛乱。周亚夫被景帝任命为太尉，讨伐叛军。吴王先发制人，率领吴楚主力向西进军，意欲攻入关中，然而当他们途径梁国时却遭到了阻击。原来，梁王刘武是文帝和窦太后的小儿子，是景帝的亲弟弟，因而梁军坚决反击来犯的吴楚军队。

此时，周亚夫率领的汉军主力屯驻在梁国西北部的昌邑。梁国危急，梁王频频派人向汉军求援，但周亚夫坐视不救，只是牢固工事，坚守不出。梁王于是直接向景帝上告情况，景帝诰命周亚夫即刻施援，然而周亚夫仍不顾诰命，只是派出军队不断从背后骚扰、截断吴军的粮道。吴军粮食紧张，更加紧进攻汉军营地，希望速战速决。面对吴军的挑战，周亚夫仍然坚守不出。有一次，吴军在汉营东南角挑战，周亚夫迅速部署士兵在营西北角布防。果然，吴军精锐不久之后在西北角发动了进攻，不过因为汉军早有准备，吴军无功而返。就这样，吴军绝粮日久，军心动摇，无奈撤军，周亚夫趁势发动追击，吴军大败。吴王刘濞往南逃窜，朝廷重金悬赏吴王首级，不久他就被越人杀害了。吴楚之乱只经历了三个月便被平定，此时朝廷上下都知道了周亚夫高超的用兵谋略，然而梁王却对周亚夫非常怨恨。

周亚夫平乱回师后，景帝对其更为器重，升任他为丞相。然而，周亚夫生性耿直，他反对景帝废黜太子刘荣，也反对景帝封皇后的兄弟为王，加上梁王一有机会就会说周亚夫的坏话，景帝因此对他日渐疏远。后来，有几名匈奴王率部来降，景帝又想给他们封侯以鼓励后来者，周亚夫坚决反对，认为不应该嘉奖这些背叛主君的人。景帝不听丞相的意见，仍然对他们封侯，周亚夫感到皇帝不再信任自己，于是托病请辞，罢相归家。

过了一段时间，景帝想看看周亚夫的态度，于是召他赴宫中参加酒宴。酒宴上，景帝故意让人在周亚夫的案上放了一大块没有切过的肉，也没有放置筷子。周亚夫非常不开心，大声吩咐侍宴的官吏为他取筷子。景帝见他火冒三丈的样子，笑着说："难道这还不能让条侯满意吗？"条侯这才知道是皇帝在故意试探他，羞愧难当，只能跪下谢罪；但皇帝一说起身，他便立即站了起来，不等皇帝发话，头也不回地愤愤而去。景帝看着周亚夫离开的身影，喃喃自语道："这样怏怏不乐的人，怎么能够辅佐少主呢？"

不久，又发生了一件事情。条侯的儿子向制作宫中用品的官署订制了五百套甲胄，想等老父去世后作为他的陪葬品。佣工们赶工非常辛苦，而条侯的儿子却拖欠他们工钱，佣工们知道这些器具只有皇帝才能用，于是一怒之下告发了他，说他想要谋反。这件事情自然牵涉到了条侯本人，景帝接到报告后让手下查办。官吏带着皇帝的文书去责问周亚夫，然而他却拒绝回答，景帝知道后气得大骂道："这人我再也不用了。"于是，这件事情被作为正式的案件交由廷尉处置，廷尉质问周亚夫说："你是真的想要谋反吗？"周亚夫回答："我买的这些东西，都是准备陪葬用的，怎么能说我谋反呢？"廷尉应道："君侯您即便不在世上谋反，也是准备去地下谋反吧。"此后，廷尉的逼供越来越厉害。先前周亚夫不愿被捕入狱受辱，想要自杀，但他的夫人劝阻了他。等到入狱之后，周亚夫连续绝食五天，最终饿死了。

太史公说，周勃在吕氏变乱时，力挽狂澜，匡扶汉室，这一功绩简直可以媲美古代的伊尹、周公，而周亚夫平定吴楚之乱，用兵足以胜过春秋时的司马穰苴。然而他们都因为骄傲自满，不知道谦恭，最后结局惨淡。

周勃、周亚夫父子凭借军功获得高位，然而治军作战与治吏做官，完全不同。勇猛的项羽，善战的韩信，以及绛侯、条侯父子，他们都只能是马上的英雄。绛侯父子两人，都是性情质朴敦厚之人，不懂得如何矫饰，不懂得收敛自己的性情以顺天子之意，相比项羽、韩信两人的结局，绛侯父子的遭遇，已经算幸运了。

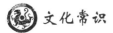 **文化常识**

汉代铁铠——武人的护具

在《史记》记载周勃、周亚夫父子的《绛侯世家》中，两处出现关于"甲"的情节：一处是周勃回归封地后，疑心官员会上门抓他，因而"常被甲，令家人持兵以见之"；另一处是周亚夫谪居时，他儿子为他置办陪葬用的"甲楯五百被可以葬者"，也就是五百副甲盾。披甲上阵，保家卫国是军人的天职，那么当时绛侯父子所用的甲究竟是什么样的呢？

我们通常称古代军人身披铠甲，以铠甲、甲胄等词统称从头到脚的护具，但其实每一部分的护具有不同的名称，而且在不同时期，名称也随之变化。早在上古时代，原始部落的武士们在身上披裹兽皮以减少伤害。人们在这种原始的披甲基础上，不断改进，在商周时期逐渐使用制作精良的皮甲胄。秦汉时期，古人一般将披在身上的皮护具称为甲，戴在头上的头盔称为胄。商周时期的皮甲胄，一般用牛皮制成，有些珍贵的用犀牛皮。在制作工艺上，并非使用整张牛皮覆盖，而是将皮甲裁制成小片串联而成。春秋时期的《考工记》中记载了皮甲的制作规范，其中有"犀甲，七属，寿百年；兕（sì）甲，六属，寿二百年……"属就是皮甲片串联成的列，就是犀甲串联七列、兕甲为六列，各可以保存一二百年。著名的湖北随县曾侯乙墓中，就曾出土了大量的皮甲，专家整理的一具皮甲甲身便由207片串联组成。

春秋战国时期，皮甲是士兵主要装备的护具，直到汉代仍然被大量使用。但是，随着青铜兵器特别是铁质兵器的大量出现，皮甲的防御力逐渐降低，在战国晚期，便开始出现铁制的铠甲，而在汉代，铁铠在军队中被更多地使用。当时称铁制的护身甲为"铠"，防护头部的为"首铠"，又因形状与兜（袋子）、鍪（一种炊具）相似，而被称为"兜鍪"。但后世人们往往将护具泛称为甲胄、铠甲、盔甲等，辛弃疾的名句"年少万兜鍪，坐断东南战未休。"（《南乡子·登京口北固亭有怀》）中，就用兜鍪指代军队。

《史记·卫将军骠骑列传》记载，霍去病去世后，"天子悼之，发属国玄甲军……"汉武帝派"玄甲军"从长安列阵到茂陵，玄即黑色，但这里的玄甲究竟是皮甲还是铁铠，学者的观点却还未统一，因为这两种材质的铠甲，当时在军中都有装备。目前考古发现的汉代铁铠，都是出土于西汉诸侯王墓中，也和皮甲一样是卷好存放的。铁铠的制作工艺较皮甲更为精良，比如河北满城汉墓出土中山靖王的铁铠，用2 589片精致的鱼鳞甲编缀而成，又如广州南越王墓出土的铁铠由709片长方形甲片编缀。可见，我国古代无论什么材质的铠甲，都延续着用甲片编缀的工艺传统，甲片数量越多则灵活性更强。另一方面，从铁甲出土的数量看，诸侯王墓中多为一二件，似乎西汉时的铁铠还只是高级军官配备的稀少装备。然而，周亚夫故事中的陪葬品足足有五百副盾甲，难怪审案的官员质疑周亚夫是想在地下谋反了，虽然此处的"甲"应该是皮甲而非铁铠，但即便如此，这样的陪葬数量也算是相当多了。

周勃父子都是军人出身，故事中两处出现披甲、盾甲，却都不是用于上阵打仗。军人以武立功，熟悉行伍的规律和技术，他们凭借武人的本能，习惯以盾、甲等护具保护自己，期望像在战场上一样化险为夷。然而，政治斗争和战争毕竟不同，特别在遭到统治者的迫害时，无论是绛侯父子、韩信、廉颇、岳飞……多少古代战场上的常胜将军没有折戟沙场，却往往死在了刀笔小吏的手上。

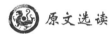 **原文选读**

《史记·绛侯周勃世家》选段

顷之①，景帝居禁中②，召条侯，赐食。独置大胾③，无切肉，又不置箸④。条侯心不平，顾⑤谓尚席⑥取箸。景帝视而笑曰："此不足君所乎？"条侯免冠谢⑦。上起，条侯因趋⑧出。景帝以目送之，曰："此怏怏⑨者非少主臣也！"

注解

①顷之：不久。②禁中：指宫中。③大胾（zì）：胾即肉，一大块肉。④箸：同"箸"（zhù），筷子。⑤顾：回头看。⑥尚席：负责酒席的官员。⑦谢：谢罪。⑧趋：小步快走。⑨怏怏：不高兴、不满意。

"汉文帝"印章：随形印，根据刻石面的形态而设计文字的笔画，此印文字字体为金文。

汉文帝篇 人物关系图

冒顿
单于

和亲

赵佗
南越王

和亲 → 刘邦 汉高祖

臣服 → 刘恒 汉文帝

袁盎

仇视 ↔ 晁错

周亚夫

刺杀

诛杀

君臣

刘邦 汉高祖 —父—子→ 刘恒 汉文帝

窦夫人 —母—

刘武 梁王 —子—

刘启 汉景帝 —父—子→ 刘彻 汉武帝

反叛

削藩灭族

刘仲 —父—子→ 刘濞 吴王 —父—子→ 刘贤 吴太子

刘长 淮南王 —子— 刘安 淮南王 —父—子→

兄弟

失手误杀

平叛攻破

17. 汉文帝

　　汉文帝刘恒是被军功元老们共同拥立成为皇帝的。汉高祖刘邦通过战场的厮杀，九死一生才夺得天下，而汉文帝则是因为低调退让才躲过了宫廷的血雨腥风，继而幸运地登上帝位。刘恒做了十七年代王，地处边境直面匈奴，既锻炼了他的执政能力，也让他接触到了百姓疾苦。因而这位皇帝具有与众不同的特质，他宽仁治国，与民休息，开创了汉朝"文景之治"的时代，成为后世人们心目中仁君明主的代表人物。让我们通过《孝文本纪》《张释之冯唐列传》《扁鹊仓公列传》等篇目，一起走进汉文帝的时代。

长安即位

　　刘恒，是汉高祖刘邦的第四子，母亲薄夫人原是魏王豹的侍妾，后来魏王被汉王所灭，薄夫人就入了汉王的后宫，并生下了刘恒。在后宫中，薄夫人和刘恒并不受高祖青睐，高祖分封诸子时，将刘恒封为代王。代国地处北境，直面匈奴的侵扰，实属险恶之地。前一任代王是高祖之兄刘仲，他因为无法抵御匈奴来犯，竟然弃国逃回长安，因而被剥夺了爵位。刘恒成为代王时还年幼，薄夫人要求陪儿子同赴封地。这种做法虽有些自我流放的意味，却也让后宫之主吕雉感到放心，欣然同意了这对母子的要求。之后，代王母子又婉转拒绝了改封为赵王的诰命，始终与朝廷权力中心保持着距离，因而没有像高祖另几位儿子刘如意、刘恢、刘友那样惨遭吕太后毒手。当长安城的大臣们铲除了吕氏，想要另立新君时，高祖的八位皇子中，此时只剩下代王刘恒和淮南王刘长了。

当周勃、陈平派出的使臣来到代国，要求迎接代王入京时，代王赶紧与臣子们商议。去还是不去？有人坚决反对，毕竟长安城的军功大臣们刚发动了一场血雨腥风的政变，情况不明，此时前去凶多吉少；也有人赞成去，认为自高祖夺得天下后，刘氏难以动摇，外有诸侯强藩，内有股肱之臣，而现在高祖仅存二子，代王年长，因而必然被迎立为新君。代王斟酌再三，最后听取了母亲的意见，派遣舅舅薄昭先入京探看。薄昭入京后，周勃说出大臣们想要迎立代王为天子的谋划，薄昭于是高兴地向代王回报："放心吧，没什么可担心的了。"于是，代王率领自己的文武大臣，既兴奋又忐忑地前往长安。

到了长安城外的高帝陵时，车队停止前进，代王命令自己的参乘——中尉宋昌先进城查看形势。宋昌到达渭桥时，朝中文武大臣已经悉数在那列队迎接。代王车驾抵达后，群臣下拜，代王回礼。这时，太尉周勃上前说："我请求私下向大王奏事。"宋昌拦住他回道："如果是公事，请公开说，如果是私事……君王没有私事。"于是，周勃下拜，献上了天子的印玺和符节，代王辞谢道："到了代王府邸再商议此事吧。"代王抵达了都城中的代王府，以周勃、陈平为首的三公九卿及百官再次跪拜，向代王献上天子符玺，共同请求他即天子位，代王推辞再三后，终于接受了众臣的请求。太仆夏侯婴与东牟侯刘兴居即刻将少帝等驱逐出宫，清理完毕后迎接代王入宫。当天晚上，代王任命宋昌为卫将军，统帅长安城内的南北军，任命自己的近臣张武为郎中令，负责宫中警卫。

面对突然降临的帝位，代王君臣入京后分外小心，步步为营，等到汉文帝正式即位后，无论是对待朝中大臣、各地诸侯还是天下百姓，他仍然延续着这种沉稳谨慎的风格。

从谏如流

汉文帝即位之初，一方面紧紧拉拢元老大臣，对拥立他即位的有功之臣大加赏赐，周勃、陈平、灌婴等老臣依然留在朝中担任三公，另一方面他也牢牢依靠代国的亲信大臣，任用他们负责宫中防卫，并对他们加官晋爵。随着文帝掌握了更多实权，他也开始提拔一些有能力的新人为己所用，而无论老臣还是新人，文帝都能从谏如流。

贾谊是文帝征召的最年轻的博士，精通诸子百家学问，因而被破格提拔为太中大夫。贾谊提出了修改历法、改变服色等重要提议，他还制定了列侯回封地等制度，深得文帝的肯定。然而，这些建议遭到了许多老臣的反对，他们联合起来排挤贾谊，文帝只能将贾谊贬为长沙国太傅，后又迁任梁王太傅。贾谊被贬往长沙国途中，经过屈原自沉的湘江，触景伤情，写了一篇辞赋感怀自己的遭遇。贾谊三十三岁便去世了，文帝非常痛惜。不过随着执政根基渐深，文帝最终迫使周勃等列侯回到各自的封地，从而化解了军功元老这股聚集在长安的强大势力。

张释之是汉文帝时的廷尉，以判案公正、敢于上谏闻名，而文帝也总能采纳他的意见。张释之还是一名小官员时，有一回跟从文帝前往皇家园林，天子参观虎圈时兴致很高，想了解园林里各种奇珍异兽的情况。可是，文帝一连问了十几个问题，园林的负责官员——上林尉只是左顾右盼，完全答不上来。这时，上林尉手下的一个啬夫走上前来，一一解答了天子的问话，条理清楚，对答如流。文帝不禁赞叹道："做官就应该这样啊！那个上林尉靠不住。"于是文帝吩咐张释之，将啬夫晋升为上林令。过了很久，张释之才上前禀报文帝："皇上觉得绛侯周勃、东阳侯张相如为人如何？"文帝说他们都是有德行的长者。张释之回道："绛侯、东阳侯都是长者，但他们议事时连话都说不利索，陛下难道是想让人们效仿啬夫那种口齿伶俐的人吗？要知道当初秦朝就喜欢任用这样的官员，他们能说会道，办事高效，追求表面的业绩，其实并不用心思考，最后皇帝听不到真心的提醒，二世而亡。陛下如今破格晋升啬夫，恐怕人们会上行下效，注重口才也会形成风气，所以请您慎重施行啊。"文帝听了张释之的话，想了想，还是取消了晋升啬夫的命令。

又有一回，文帝车马经过一座桥时，有一个人避闪不及，从桥下窜出，惊了御驾。皇帝将此人交由廷尉处理，张释之最后只判此人罚金，文帝大为不满，认为此人害自己差点受伤，应该予以重判。张释之解释说这人犯了清道的罪行，依法就是判处罚金，律法是天下人共同遵守的，天子也不能随意更改，否则律法将不能取信于民。文帝认为他说的对，最后还是对那人罚金了事。

还有一次，有人偷了高祖庙内的玉环，文帝勃然大怒，他向来注重孝道，立刻命令廷尉从严处置。张释之判定此人死罪，但文帝仍然很不满意，他认为此人大逆不道，应该判以灭族，张释之脱冠请罪说："按照汉律，判处死罪已经很重了，如果偷了宗庙的器物就被灭族，那以后万一哪个农夫不小心挖了高帝陵墓上的一抔土，又该如何增加处罚呢？"文帝考虑了很久，又与太后商量，最后批准了张释之的判决。

作为最高审判官员，廷尉张释之就是这样秉公执法，而文帝也总能尊重他的中肯意见，成就了君臣互为信任的佳话。

容忍克制

文帝对待耿直的臣子，虚心包容，而对待飞扬跋扈的诸侯、咄咄逼人的匈奴，他也能保持克制，尽量不惊扰百姓，并等待时机，采用合适的手段将矛盾有效化解。

齐王刘襄及其弟刘章、刘兴居，都为诛灭吕氏立了大功，文帝将齐国城阳等三郡土地还给了齐王，表示嘉奖。但等刘襄一死，文帝又巧妙地将城阳郡、济北郡分别封赏给刘章、刘兴居，朝廷没有多送出一寸土地，同时还将强大的齐国分而治之。然而，对于这样的所谓封赏，刘章、刘兴居兄弟内心是不满的。刘章不久郁郁而终，刘兴居则再也忍不下去了，他趁着朝廷忙于应付匈奴，起兵叛乱。文帝派军平叛时，下令对济北国投降的官员、将士全部宽大赦免，因而很快就平定了叛军。之后，文帝将齐地分给刘襄其余的几个弟兄，最终使齐地分为了七个小国。

淮南王刘长是文帝继位后唯一在世的弟弟，因而深得文帝的疼爱。刘长年轻气盛，为了替母亲报仇，带人上门杀死了辟阳侯审食其。文帝包容了这一过失，使得刘长更加跋扈，屡屡在自己封国内做出有违礼制的事情，文帝始终忍让着他。直到刘长勾结柴奇谋反的企图暴露后，文帝才下令将其抓捕，但文帝还不忍心处死他，于是将他流放蜀地。不料刘长半路绝食而亡，文帝因此非常自责，他将刘长的三个儿子都封为了诸侯，顺势也将淮南国一分为三。

文帝时期，匈奴强大，屡犯边境。文帝早先做代王时，身处边境，是朝廷抵抗匈奴的前线，因而熟悉匈奴的实力。成为皇帝后，面对匈奴咄咄逼人的侵略行径，文帝也曾怒而想要亲征，但被太后劝阻，冷静下来后，文帝意识到朝廷还不具备扫平匈奴的实力，只能采取守势。于是，文帝亲自写信给匈奴的单于，和他称兄道弟，争取了重新和亲的政策，以此换得暂时的和平，文帝知道此时大汉的百姓需要休养生息，朝廷需要巩固稳定。之后，面对匈奴时不时的进犯，文帝采取的是积极的防御策略，一方面在北地边境部署军队，另一方面在长安周围巩固防务，他也由此在细柳营发现了出色的将才——周亚夫。

从表面上看，文帝对诸侯、匈奴都采取容忍和退让之策，但实际上也施行了很多有针对性的措施。对待诸侯，他采用了贾谊谏言的分割策略，同时也通过朝廷委派相国的制度，在诸侯王身边安插了朝廷的官员。对待匈奴，在实力不济的情况下，以防御为主，同时不断发展农业，鼓励饲养马匹……文帝的这些举措，他在位时并没有发生质的变化，但却为后人打下了基础，到了景帝、武帝继位时，都将收到决定性的效果。

心怀百姓

自秦末战乱以来，天下百姓处于水深火热之中。高祖立汉后，惠帝、吕后两朝都垂拱而治，让百姓休养生息，然而由于国家初定，民生仍然疲敝。汉文帝即位之后，一方面积极减轻田赋、徭役，开放山泽，他还亲自耕种，鼓励农事；另一方面对严苛的律法不断进行改革。文帝认为律法是为了规范百姓，让人为善，而并不是以残酷惩罚为目的，因而他刚即位不久便废除了连坐法，明令废除"一人犯罪，全家连坐为奴"的残酷法令。

淳于意，是齐国负责管理粮仓的太仓令，同时也是一位名医。淳于意被人告发并被定罪，将押往长安受刑。他没有儿子，只有五个女儿，女儿们跟在父亲的囚车后面伤心哭泣，久久不愿离去。淳于意又心疼又生气，训斥道："唉，女儿真不如儿子，遇到危急的事情只会哭哭啼啼。"最小的女儿名叫缇萦，她听了父亲的话心里更加悲哀，决心无论如何也要尽力解救父亲。缇萦一路跟着父亲西行到了长安，她上书朝廷说:"我的父亲在齐国为官清廉,如今不慎犯法,一旦用刑,死者不能复生,伤残不能复愈,他就再也没有机会改过自新了。所以我甘愿做官奴,为父亲赎罪,恳求再给他一次改过的机会吧。"文帝看到了缇萦的请求,被她的孝心感动了,他召集大臣商议时自责道:"我听说上古虞舜时,规定人若犯罪,就在他的帽子衣服上标记图案,但人们并不犯法,因为当时是太平盛世。而如今我们的律法中严酷的肉刑就有三种,却还是无法阻止人们犯罪,这就是我这个天子的过错了。我德行浅薄,不施教化而滥用刑罚,百姓想要改过都没有机会,肢体残缺、肌肤刺字,这些都是终身无法痊愈的啊,我深感痛心,因而决心废除肉刑。"当年,朝廷便废除了肉刑。

汉文帝在位二十三年,宫殿、林苑、狗马、服饰、车驾等都不曾增加,平时只穿粗丝衣服,他最宠爱的慎夫人衣着也非常朴素,没有过于华丽的服饰。文帝处处以身作则,提倡节俭,与民方便。有一次,他想修建一个露台,工匠预算需要百金,文帝想到一百金相当于十户中产家庭的财产,觉得太浪费,于是作罢。

文帝去世后,遗诏说:"天地之间,万物萌发生长,最后都会死亡,死亡是世间常理,是自然规律,不用太悲伤。如今,人们都好生而恶死,死后又极尽所能地厚葬,过分地服丧,我觉得大可不必,也不想因为自己的丧礼,而烦扰到天下百姓……我以眇眇之身承继帝位,已经二十几年了,托天地与祖宗之福,天下太平没有战事,我生前能够颐养天年而善终,死后能入宗庙得祭祀,还有什么遗憾和悲哀呢?"于是，文帝要求自己的丧礼一切从简，天下百姓服丧三天后，立刻恢复正常生活，而宫中的嫔妃，自夫人以下都可自愿回家。文帝的陵墓在长安附近的霸上，因而被称为霸陵，按照他的要求，霸陵依山形而建，保持山川的原样，没有高大的封土，他还要求陵中陪葬物只用陶瓦器，不用贵重的金属物品。

文帝去世后，世人称赞汉高祖功绩最高，庙号太祖，称赞文帝仁德最盛，庙号太宗。高祖与文帝都有超越时代的相同特质：都能清醒地判断，冷静地行动。而两人的不同之处在于：高祖考虑问题多从自身出发，而文帝多为天下百姓考虑。人类具有共通的人性，而立场却各有不同，文帝的宽仁俭朴和体恤百姓，无论是从本性出发，抑或只是作出表率，在古代帝王中都是极为少见的，无怪乎他成为后世颂扬的仁君典范。

太史公称文帝之世"德至盛也"，他极赞同孔子的话：经过三十年的仁政，善人治国一百年，便可以战胜残暴，废除刑罚了（"必世然后仁，善人之治国百年，亦可以胜残去杀"）。汉文帝之后，景帝基本继承了无为而治的安民政策。经过文景之治后，汉朝终于走出了长期战乱带来的积弱积贫状态，逐渐成为一个强大的统一王朝。

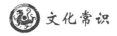 **文化常识**

以孝治天下

汉文帝刘恒的谥号是孝文皇帝，因此《史记》中记录他的是《孝文本纪》。其实，两汉皇帝除了汉高祖刘邦和汉光武帝刘秀之外，几乎所有的皇帝谥号中都有一个"孝"字，《史记》中就有《孝文本纪》《孝景本纪》《孝武本纪》（又称《今上本纪》）。这是因为汉朝以孝治天下，在社会生活的各个领域内都推崇孝道。

中华民族自古就有孝亲祭祖的传统，甲骨文、金文中都已经出现了"孝"字。百姓以奉养双亲、报答养育之恩为基本道德准则，孔子更将尊老、孝亲视为儒家的核心伦理。到了汉代，孝上升为国家意志，以孝治天下成为重要国策。一方面汉室铲除异姓王，只分封刘氏诸侯，在"家天下"的政治格局下，孝道是团结宗室的重要工具，孝亲将尊君、忠孝合二为一；另一方面，在小农家庭为单位的社会格局下，孝道也是维护社会秩序的有力措施。

汉室推崇孝道，天子以身作则。高祖虽为开国之君，仍谨遵孝道，尊父亲为太上皇。《史记·高祖本纪》中记载"高祖五日一朝太公，如家人父子礼"。高祖驾崩，汉惠帝下令各诸侯国建高庙，世代祭祀。汉文帝继位后，对薄太后也极为孝顺，后世更将他为母尝药的故事编入广为流传的二十四孝之列，汉文帝也就成了二十四孝故事中唯一的皇帝。汉武帝之后，随着儒学地位的上升，儒家经典《孝经》逐渐成为天子及学者必修的经典之一。自此之后，贯穿两汉及后世王朝，《孝经》成为中国古代上至皇族下至民间的基本教材。

汉室鼓励世人行孝道，一方面施行尊老养老的制度，比如高龄老人可以享受减免徭役、赋税，拥有刑罚豁免权、获赐食物等。自汉高祖时便有"七十赐杖"的规定，年满七十的古稀老人可获赐鸠杖，持杖便和天子使节一样拥有特权，如若谁对持杖老人犯罪，都要罪加一等，有时甚至会被处死。另一方面朝廷大力表彰民间的孝子，以此鼓励百姓尽孝道，汉武帝时曾大力推行"举孝廉"的制度，在全国范围内举荐孝子廉者。后来成为丞相的公孙弘，就曾被所在郡国两次举荐，原因之一便是他赡养后母十分恭敬孝顺。

汉代"以孝治天下"对后世产生了非常重要的影响，"百善孝为先"也成为我们中国人从小懂得的道理。孝是我们中华民族代代传承的传统美德，孝亲敬老也是当代社会人人弘扬的文明风尚。

 原文选读

《史记·孝文本纪》选段

孝文帝从代①来，即位二十三年，宫室苑囿、狗马服御无所增益，有不便，辄②弛以利民。尝欲作露台，召匠计之，直③百金。上曰："百金中民十家之产，吾奉先帝宫室，常恐羞之，何以台为！"上常衣绨④衣，所幸⑤慎夫人，令衣不得曳地⑥，帏帐不得文绣⑦，以示敦朴，为天下先。治霸陵皆以瓦器，不得以金银铜锡为饰，不治坟，欲为省⑧，毋烦民。

注解

①代：代国。②辄：就。③直：同"值"，价值，此指露台的预算。④绨：粗丝。⑤幸：宠幸。⑥曳地：拖到地上。⑦文绣：绣上花纹。⑧省：节省。

18. 袁盎、晁错

汉文帝的臣子中，中郎将袁盎以直谏闻名，他生性秉直，不惧权贵，只要他认为对的，都会仗义执言。汉文帝还有一位很有才华的臣子，他就是晁错，文帝将他任命为太子舍人，为太子讲学、谋划。太子即位后，晁错被景帝重用，位列三公。袁盎与晁错同朝为臣，都是皇帝的股肱之臣，但却势同水火，互相敌视。太史公将他们一同记在《袁盎晁错列传》中，通过他们的传奇经历，一起了解"文景之治"背后的刀光剑影、快意恩仇。

谁也不怕的袁盎

袁盎，楚地人，字丝。袁盎的父亲做过强盗，后来搬到了安陵邑居住。吕太后称制时，袁盎曾是上将军吕禄门下的舍人。文帝即位后，袁盎通过哥哥袁哙的保举，成为中郎。他看到皇帝身边不守礼节的权贵，常能当面直谏，从来不惧怕得罪人，而宽仁的文帝也常接纳他的意见。

文帝即位之初，周勃自恃功臣元老，又拥立了文帝，所以下朝时，常常一副志得意满的样子，文帝对周勃也很尊重，

每次都亲自送他出殿。袁盎看在眼里,终于忍不住谏言天子
说:"陛下认为丞相是怎样的大臣?"文帝说:"他是匡扶宗室
的社稷之臣。"袁盎回道:"丞相只能算是有功之臣,却不是
社稷之臣。所谓社稷臣,是与主上共存亡的臣子,吕氏专权
时,宗室危在旦夕,此时绛侯身为太尉,没能匡正;吕太
后一死,群臣联合铲除吕氏,绛侯正好主管军队,因而趁势
成功,所以这只能算功臣,不是社稷臣。现在丞相常面露骄
傲的神色,而陛下如果一味谦让,君臣失礼,并不可取啊。"
文帝听了袁盎的提醒后,从此非常注意自己的威严,丞相也
开始敬畏他了。后来,周勃知道是袁盎在说他坏话,便当面
指责他说:"我与你大哥是好兄弟,你却敢诋毁我。"袁盎也
不道歉。后来,周勃被告发下狱,原先与他亲密的王公大臣
全都躲得远远的,但此时袁盎却挺身而出,声称周勃无罪,
后来周勃获释后,与袁盎的关系反而亲密起来。

　　文帝非常宠信宦官赵同(即赵谈,因司马迁父亲名谈,
此为司马迁避父讳),赵同则经常说袁盎的坏话,于是袁盎
的侄子袁种帮叔叔出主意,让他找机会当面羞辱赵同。这
天,文帝出行,赵同陪乘,袁盎于是跪拜在御驾前说:"我听
说与天子共乘六尺大车的人,都是天下的豪杰,如今我们汉
朝虽然缺人才,但也不至于和受过宫刑的人同乘吧?"文帝
明白了袁盎的话中意,笑了起来,随即吩咐赵同下车,于是
赵同流着眼泪屈辱地下了车。从此,文帝知道赵同与袁盎有
仇,因而赵同再如何诋毁袁盎也不起作用了。

　　文帝后宫中最宠爱慎夫人,她在宫中常与窦皇后平起平
坐。有一回,慎夫人与窦皇后一起陪文帝去园林巡游。就座

时，官员将两人坐席并排设置，袁盎却将慎夫人的坐席稍稍往后挪了一些。慎夫人见了，非常生气，不愿意就座，文帝也替她生气，于是两人一起回宫。袁盎向皇帝进言说："陛下，臣听说尊卑有序才能上下和睦，既然宫中有皇后，而慎夫人只是夫人，那么就不能与皇后平起平坐。陛下现在宠爱她、赏赐她，说不定日后反而是害了她，您忘了'人彘'是什么了吗？"文帝被袁盎一语惊醒，他将袁盎的话转述给慎夫人听，夫人也即刻释怀，并赏赐了袁盎。

袁盎不畏惧任何权贵，无论丞相、宦官还是宠妾，就连皇帝做错了事，袁盎也能及时指出。文帝的御驾曾经冒险从山上飞奔而下，袁盎及时拉住缰绳，提醒文帝不能图一时之快而不顾社稷安危。袁盎也曾提醒文帝管束淮南王刘长，但文帝没有及时听取，以致最终背上了杀弟的恶名。然而，袁盎的谏言还是得罪了不少人，文帝于是将他调离朝廷，任陇西都尉，后来袁盎又担任了吴国的相国，深得吴王刘濞的厚爱。不过，这段在吴国为相的经历，却成为日后他与冤家晁错互相攻讦，斗得你死我活的矛盾焦点。

谁也不亲的晁错

晁错，颍川人，曾学习法家的刑名之学，后又凭借卓越的文学才能，任太常掌故之职。文帝时，晁错被派往济南国，跟随当时九十岁高龄的伏生学习《尚书》。学成之后，晁错经常提出颇有见地的言论，文帝欣赏他的才能，任命他为太子舍人，辅佐教导太子刘启。很快，晁错也得到了太子的青睐，被称为"智囊"。晁错提出了很多重农抑商、对付匈奴、削弱诸侯的举措，然而文帝在位时都没有采纳。晁错的为人与他主张的政策一样严厉刚直、苛刻而不变通，因而他与朝中大臣关系都很紧张。

等到太子刘启继位后，晁错获得了他的重用，被升为内史。然而，晁错这个内史却比九卿更得皇帝的信任，他常常单独与景帝商议，国家法令也被他修改多次，晁错因而遭到更多的嫉恨。不久，当时的丞相申屠嘉终于找到了一个收拾晁错的机会。原来晁错为了方便进出内史府，命人在内史官邸新凿了两扇大门，不料内史府紧邻太上皇的庙，结果就凿开了宗庙外的围墙。申屠嘉知道后大怒，准备以大逆不道之罪诛杀晁错。晁错得到这个消息，赶紧跑去见景帝，单独向他请罪。等到申屠嘉在朝中上奏时，景帝就替晁错解释说："那堵墙在宗庙的外围，因此晁错没有罪。"申屠嘉只能作罢，后悔自己没有先斩后奏，不久他便病死了。而晁错则被提升为御史大夫，位列三公。

晁错平素最恨袁盎，两人互相仇视，如果晁错进门看到袁盎坐在屋内，转身就走，袁盎也是如此，两人从不在同一个屋子里说话，简直到了水火不容、有你没我的地步。晁错成为御史大夫后，派人审查袁盎收受吴王财物的事情，袁盎因此被免官，废为庶人。

晁错不断向景帝提出削减诸侯封地的必要性，众臣商议时，除了窦婴之外，谁也不敢提反对意见，因此晁错和窦婴也互有隔阂。窦婴等大臣都认为，晁错的削藩令会逼得诸侯们一起造反，晁错却认为无论是否削藩，诸侯迟早会反，立刻削弱他们，威胁小，如果任由诸侯壮大，时间拖得越久，威胁就越大。果然，后来削藩令一出，诸侯都十分震惊，对始作俑者晁错更是恨之入骨。晁错的父亲知道了，不顾年老体衰，从家乡赶来劝儿子说："皇帝即位不久，你也刚执掌大权，为什么急着下令削弱诸侯，做这些疏离人家骨肉、又遭人怨恨的事情呢？"晁错答道："不这样做的话，天子得不到尊崇，天下得不到安宁。"晁父颤颤地说："刘家的天下是安宁了，但我们晁家可就危险啦，我走了，再不管你了！"晁父回家后，竟服毒自杀了，死前还说："我不想等到大祸及身啊！"连自己的父亲都以死反对，晁错真的错了吗？

谁也不能幸免的"清君侧"

果然，朝廷下达削藩令不久，吴、楚等七国便联合造反，他们提出了"清君侧，诛晁错"的口号，声称要除掉皇帝身边的奸臣，也就是主张削藩的晁错。景帝面对诸侯集体造反，颇有些准备不足，而晁错也没有针对性的策略，不过他倒想到了要清算老对手袁盎。晁错认为袁盎接受吴王贿赂，因而一直谎称吴王不会造反，应该将袁盎问罪诛杀。袁盎知道后，立刻通过窦婴去面见景帝，不料晁错正巧就在景帝身边议事，于是袁盎请求景帝屏退左右，单独进谏。晁错一离开，袁盎便对皇帝说："吴楚叛乱，主要就是针对晁错，现在只有杀了晁错，诸侯才会退兵。"景帝本已后悔削藩，情急惶恐之下，竟然同意了袁盎的提议，他对袁盎说："如果事实却是如此，我不会因为舍不得一个人而与天下对抗。"不久，景帝派中尉接晁错入朝，晁错于是穿上朝服坐上车，不料车却直接驶往了东市，晁错就在那里被处以腰斩。

晁错死后，袁盎被任命为太常，以诛杀晁错为条件，劝吴王退兵。然而，吴王非但不退兵，反倒强迫袁盎做他的将军，袁盎坚决不从，吴王便派人将他看押起来。凑巧的是，看管他的军官是袁盎任吴相时的下属，而且袁盎有恩于他，在这个军官的帮助下，袁盎幸运地逃出了险境。三个月后，在窦婴、周亚夫以及梁王的协同作战下，吴楚之乱便被平定了。此时，景帝才明白晁错的主张是正确的。

平定叛军后，袁盎做了一段时间楚相，不久因病免官赋闲在家，不过，景帝遇到大事时仍然会请教袁盎。梁王刘武是景帝的亲弟弟，他一直妄想成为帝位的继承人，景帝因而深受困扰。袁盎保持着自己一贯的直谏风格，向景帝进言，明确反对立梁王为嗣，不少朝廷大臣也纷纷表示反对。梁王在平定吴楚之乱时立下汗马功劳，平日也深受太后和皇兄的宠爱，此时已经利令智昏，居然派人刺杀袁盎等反对他的大臣。刺客进入关中后，获知袁盎深受人们爱戴，这名刺客居然动了恻隐之心，不愿意加害袁盎，反而提醒他说："我是梁王派来的刺客，大人您是有德行的长者，我不忍心杀您。不过梁王派了十多批杀手，后续还会有人前来，请多加小心。"袁盎心里忐忑，于是去占卜吉凶，就在回来的路上，他被梁国后续派来的杀手杀死在安陵城门外。就这样，袁盎和他的老对手晁错一样，成了藩王发泄私愤的牺牲品。

太史公说袁盎"好声矜贤，竟以名败"，晁错"变古乱常，不死则亡"。袁、晁一个仁爱为本，能说敢谏，另一个饱学有才，执着变革，虽个性迥异，却都恰好遇上了文帝、景帝当政的时代，因而受到重用，各领风骚；两人当朝时互相仇视，势如水火，结局却又殊途同归，都死在诸侯王的野心下，都成了"清君侧"的替罪羊。

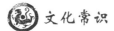 **文化常识**

避讳——赵谈为什么被改了名？

《史记·袁盎晁错列传》中出现了一位名叫赵同的宦官，但实际上这人叫赵谈。这并非司马迁的大意疏忽，而是他故意为之，因为涉及当时的避讳礼制。

古代为了维护等级制度，在说话或写文章时，如遇到君主或尊亲的名字，表达者不宜直接说出或写出，以表尊重，这就是避讳。在先秦时代，避讳的习俗已经形成，《春秋公羊传》中记载"春秋为尊者讳，为亲者讳，为贤者讳"。可见，尊者、亲者、贤者都是避讳的对象。

具体到司马迁编著《史记》的年代，尊者即帝王，亲者即自己父祖，贤者即古代圣人，而《史记》中避讳的主要是前两类，即尊者和亲者。司马迁避讳的亲者只有一人，那就是父亲司马谈，除了《史记·袁盎晁错列传》中将"赵谈"改为"赵同"外，在《史记·赵世家》中还将"张孟谈"改为"张孟同"，《史记·平原君虞卿列传》中将"李谈"改为"李同"，这几个人名中的"谈"字都用"同"取代。但除了父亲，《史记》中并未避讳司马迁祖辈的名字。

《史记》中避讳的帝王主要分两类：一类是前朝帝王，另一类是当朝皇帝。前者比如秦始皇名正，因而在出现"正月"时都改为了"端月"；又比如秦始皇的父亲秦庄襄王名子楚，《史记》中多处将"楚国""楚王"分别改为"荆国""荆王"。按照古人的避讳制度，前朝帝王一般不在避讳之列，因而有观点认为，这些避讳的文字主要出现在《史记·秦本纪》《史记·秦始皇本纪》中，是因为司马迁依据秦朝史书编入其中，秦史避讳当朝帝王，因而《史记》将这些避讳的原文录入了。《史记》中对当朝皇帝的避讳则更加严格，避讳现象比比皆是：避汉高祖刘邦的"邦"，都改为"国"，因而"相邦"被称为"相国"；避汉文帝刘恒的"恒"，将"恒山国"改成了"常山国"；避汉武帝刘彻的"彻"，因而"彻侯"改为"通侯"，前文韩信故事中出现的辩士"蒯彻"也被改为"蒯通"……然而，《史记》中也有多处应避讳而没有避的疏漏之处，学者们因此认为有些文字是因为后世添加所致，有些可能是出自司马谈之笔，另外也有可能是司马迁的疏漏，说明秦汉时期虽然形成了避讳制度，但并非那么严格。

皇帝的名字是举国上下都需要避讳的内容，因而也被称为国讳、公讳，而家族父祖的讳则被称为家讳、私讳。后世避讳的内容也因时或者因人而异：比如《史记》中的庄助，到了《汉书》中就成了严助，这是避东汉明帝刘庄的名；又如宋代苏洵、苏轼、苏辙都是有名的文学家，被称为三苏，但他们著书都没有"序"，而只有"引"或"叙"，原因是苏洵之父名为苏序……

然而，随着后世避讳制度日渐严格，这一本来为了维护社会稳定的礼法制度变得荒诞可笑，反而制造了不少社会矛盾。最著名的闹剧莫过于这个故事：宋时有州官名田登，因为"登"与"灯"同音，为避自己名讳，他规定州内必须改"灯"为"火"，甚至到了上元节点灯时，官府贴出告示说百姓可以"放火三日"，于是人们就嘲笑说"只许州官放火，不许百姓点灯"。又如唐代才子李贺，因为父亲名为"晋肃"与当时的"进士"同音，如果考中进士则犯了父讳，李贺愤而终身不试，成了没有功名的"诗鬼"。还有从宋代一直到清朝，为避圣人孔子（即孔丘）名中的"丘"字，丘姓之人改姓为"邱"。

后世因避讳而产生的不合理现象越来越多，随着封建社会的灭亡，这一制度也终于成为历史。不过，我们在阅读文言作品时却也需要对"避讳"这一古代制度有所了解。

 **原文选读**

《史记·袁盎晁错列传》选段

文帝从霸陵上，欲西驰下峻坂①。袁盎骑，并车揽辔②。上曰："将军怯邪③？"盎曰："臣闻千金之子坐不垂堂④，百金之子不骑衡⑤，圣主不乘危而徼幸⑥。今陛下骋六骓，驰下峻山，如有马惊车败，陛下纵自轻⑦，奈高庙、太后何？"上乃止。

注解

①峻坂：陡坡。②揽辔：拉住缰绳。③怯邪：胆怯、害怕。④垂堂：靠近屋檐之下。⑤骑衡：靠在栏杆上。⑥徼幸：同"侥幸"，此指心存侥幸。⑦自轻：轻视自己。

19. 刘濞、刘武

汉高祖统一天下后，郡县制和分封制并行，他虽分封了诸侯，却从未放松对他们的控制，到了文帝与景帝的时代，承平日久，刘氏诸侯王渐渐坐大，成为皇帝的巨大威胁。吴王刘濞（bì）、梁孝王刘武在七国之乱时是交战的对手，但他们其实都拥有同样的身份——诸侯王。《吴王濞列传》《梁孝王世家》等篇中记录了这些诸侯王的兴衰荣辱。

东南强藩　削郡逼反

刘濞，是汉高祖的二哥刘喜（字仲）的儿子。当年代王刘喜遭遇匈奴进犯，弃国逃回雒阳，被降为合阳侯。刘濞比父亲强壮勇敢，淮南王黥布叛乱时，刘濞年方二十，作为骑将随高祖出征，立下战功。适逢荆王刘贾抗击黥布时兵败被杀，东南荆吴之地民风强悍，而诸侯空缺，于是年轻有为的刘濞便被封为吴王，统领吴地三郡五十三城。当时，高祖凯旋途经故乡沛县，在与父老乡亲叙旧欢庆时，他看着刘濞，半开玩笑地说："你小子长得有点反相啊，以后天下都是刘氏一家人，你可千万别造反啊。"刘濞赶紧跪拜道："侄儿不敢!"

天下初定,汉室崇尚无为而治,诸侯王们也在封国各自发展,休养生息。吴国境内有铜山,可以开山铸钱,又靠着海边,可以煮水为盐,所以很快富足起来,不少逃亡的人也都纷纷投奔吴国。

文帝时,吴国太子刘贤进京朝见,他常陪着皇太子刘启一起喝酒下棋。有一天兄弟俩下棋时,起了争执。刘贤平素里骄横惯了,因而对待皇太子也不甚恭敬,寸步不让。然而太子刘启更加年少气盛,大怒之下,操起博弈的棋盘就往刘贤头上砸下去,居然一下子就把他砸死了。祸已经闯下了,但刘启是太子,是未来的皇帝,没办法治罪。于是,文帝只能命人将尸体妥善处理好,运回吴国埋葬。吴王痛失爱子,身为一国君王,却徒呼奈何,悲愤之下他拒绝接受儿子的尸体,对朝廷的使官说:"天下都是一家人,死在哪就葬在哪,何必运回吴国呢?"刘贤的尸体又被运回去埋葬在长安。从此,吴王对朝廷的礼数没有从前那样周全,常称病不朝。文帝心知吴王因为丧子的缘故而装病不来朝见,于是吴国来的使者都扣在都城,吴王因此非常惶恐,暗中开始准备反抗朝廷。文帝心慈手软,并不想逼吴王太甚,后来释放了吴使,又赐给吴王案几拐杖等,允许他因为年老可以免朝。吴王于是稍稍宽心,但他统治吴地近四十年,又有铜盐之利,国中富裕,人心归附,因此,朝廷早有人将吴国视为巨大威胁,其中就有坚决主张削藩的晁错。

景帝继位不久,便颁布了削藩令。晁错认为齐、楚、吴三诸侯的封地就占据了大汉的半壁江山,吴王又胆敢称病不朝，暗地里积聚财富，妄图谋反，应该趁早削藩。恰巧楚王刘戊在薄太后丧礼期间，犯下淫乱的罪行，景帝赦免了其死罪，但削去楚国东海郡以示惩戒，同时朝廷又因故削去吴国的两郡、赵国河间郡以及胶西国的几个县。

吴王得到消息后，立即行动起来，他亲自前去与胶西王结盟，约定以"清君侧"为口号起兵，其最终目的却是推翻朝廷，瓜分天下。在吴王的串联之下，楚、赵等多位诸侯王都同意加入，只待吴王一声令下。于是，当朝廷削藩的命令终于来到时，吴王率先起兵，胶西王紧随其后，胶东王、淄川王、济南王、楚王、赵王纷纷响应。吴王动员大家说："我今年六十二岁，我最小的儿子十四岁，我们都要上阵杀敌，所以吴国介于此年龄间的男子都随军入伍！"吴国由此共征发了二十万大军，邻近的东越国也发兵跟随吴王。不过，诸侯中也有意外发生，先是齐王反悔背约，接着济北王又被自己的郎中令关在城中，不准他发兵参与反叛。尽管如此，参与叛乱的七国军队仍然声势浩大，胶西、淄川、济南三国军队围困临淄，想迫使齐王投降，而吴楚两国的精锐部队更是气势汹汹地杀向关中，攻破长安似乎也指日可待。

吴楚之乱　三月败亡

闻知七国反叛，朝廷也迅速部署了军队。太尉周亚夫迎击吴楚主力、郦寄对抗赵国、栾布进军齐国，另以窦婴为大将军，镇守荥阳，居中调度。在发兵前，景帝听信了袁盎的谏言，将晁错诛杀，希望叛军退兵，但他的希望很快破灭了。此时大战已不可避免，谈判无法解决的问题唯有靠战场上的将士们斗智斗勇，一决胜负。

周亚夫迎击叛军主力，到达前线后，他很注意收集情报和听取建议。当他听说关东大侠剧孟并没有投靠叛军后非常高兴，他又采纳了邓都尉的意见，决定避开吴楚精锐的锋芒，坚守昌邑，拖延敌军，并袭其粮道，等待敌疲粮尽时，再一举破敌。因此，周亚夫没有支援正被叛军猛攻的梁国，为此大大得罪了梁王刘武。

反观吴王刘濞，起兵后却显得独断专行。他任命田禄伯为大将军，田禄伯进言说："我请求大王分兵五万，让我从南方沿着长江、淮河，从武关攻入关中，这条路线虽然有些特殊，但用兵一定要出人意料才能获胜啊。"吴王的太子知道后，私下进谏父亲说："我们起兵毕竟是反叛朝廷，最好能亲自指挥军队，不宜托付给别人，如果分兵出去恐怕掌控不住啊。"吴王最后采纳了太子的意见，将主力集结西进，孤注一掷杀向函谷关。不料，吴军途经梁国时，遭到顽强抵抗，陷入苦战。这时，一位年轻的军官桓将军进言说："我军以步兵为主，擅长在复杂险恶的地形作战，而朝廷军队以车骑兵为主，擅长在平坦的地形作战。我建议如果遇到攻不下的城邑，应果断放弃，继续西进雒阳。占领那里的兵器库，同时夺取旁边敖仓的粮库，以此号令诸侯，即便没有攻入函谷关，天下也能平定。如果我军行动迟缓，一旦朝廷的援军到来，他们的车骑兵将在梁楚两国的平原上占尽优势，对我们就非常不利了。"吴王将他的意见与众将商量，老将们说："这个年轻人主张迅速推进是对的，但他哪里懂得战场是要全盘考虑的啊!"于是,吴王没有采用桓将军的策略。

三个月后,在周亚夫的坚壁策略下,吴楚叛军果然兵疲粮绝,朝廷军队趁机大举反击,叛军立刻全线溃败。刘濞眼看大势已去,率领亲信逃往东越,但是越人被朝廷收买,刘濞不久便被杀害了。楚王、赵王等其余六位叛乱的诸侯王,也都全部兵败身死。自此,吴、楚、齐地的诸侯力量被大大削弱,晁错极力推动的削藩政策,以战争的形式得以部分实现。

兄弟同心　其利断金

刘武,是汉景帝的亲弟弟,都是窦太后一母所生。汉文帝继位后第二年,四个儿子中刘启为太子,刘武为代王,刘参为太原王,刘胜为梁王。文帝非常疼爱小儿子刘胜,但刘胜却在骑马时不慎失足坠亡,当时担任梁王老师的贾谊也因此深感自责,很快抑郁而终。之后,文帝将刘武改封为梁王。

刘启继位后,梁王经常入朝拜见太后和景帝,深受他们的疼爱,因此他总在长安逗留很久。有一天,窦太后在宫中举办酒宴,大家聊着家常,气氛愉悦融洽。当时景帝还未立太子,酒酣之时,他对弟弟随口说了句:"等我以后死了,我就把皇帝的位子传给你。"尽管是皇帝的酒后之言,但梁王和窦太后听了都很高兴。不过,在座的大臣们听了都为之一惊,大臣中有一人当即上前跪拜表示反对,这个人就是窦太后的侄子——窦婴,窦太后由此对他心怀怨恨。

七国叛乱时,作为景帝的亲弟弟,梁王自始至终坚定地站在朝廷一方，阻止叛军西进的步伐。面对吴楚的精锐主力，梁王亲自坐镇睢阳，指挥韩安国、张羽等将军拼死防御，大大地消耗了叛军的力量，配合了周亚夫的坚壁策略。叛乱被彻底平定后，朝廷军队和梁国军队所消灭的敌军数量不相上下，梁王居功至伟。

梁国很快成为天下最强大的诸侯之一，拥有肥沃的土地，君王又是皇帝最亲密的兄弟。梁王也日渐骄纵，他大肆修建宫室园林，出行时用天子旌旗开道，队伍浩浩荡荡，简直和皇帝的阵仗不相上下。天下豪杰也都争相投奔梁王，羊胜、公孙诡等足智多谋的辩士都得到了梁王的厚爱。

景帝和太后对梁王也更加青睐，当梁王前来朝见时，景帝派使者手持天子符节，用四匹马拉的大车出关迎接。梁王到了长安后，无论是入宫朝见还是出宫打猎，景帝都让他与自己同乘一车，亲密无间。甚至连梁国随行的官员也都享受与宫中人员同等的待遇，梁王俨然和天子平起平坐，尊贵无比。

立储无望　梁王梦碎

平定叛乱后第二年，景帝册立刘荣为太子（因刘荣之母是栗夫人，故也称其为栗太子），但之后又将他废黜。太子之位再度空缺，窦太后此时又想让梁王继承帝位，经常在皇帝面前念叨这事，景帝听了很是心烦，于是和朝中大臣们商议。大臣们大多反对太后的提议，其中以袁盎等十数位大臣态度最为坚决，他们对皇帝说，汉室的传位制度是传给嫡子或嫡孙，如果传给兄弟就是违反了高祖以来的祖制。太后听说了这些谏言，知道朝廷中的激烈抗议，从此不再提立梁王为太子的事情，景帝也得以立自己的儿子——胶东王刘彻为太子。

梁王的皇帝梦破碎了，他内心失落无比，对那些反对他的朝中大臣更是恨之入骨。于是，梁王与羊胜、公孙诡等一起谋划，派杀手刺杀袁盎等十多位参与议论立储的大臣。多位大臣被刺杀后，朝廷追查此案，梁王很快被怀疑是幕后主使。于是朝廷的审案人员奉命前往梁国缉凶，他们不断地审问当地的官员，一定要追查个水落石出。梁王则将同谋们藏匿在自己的宫中，最后在韩安国等人的劝谏下，梁王终于放弃了抵抗，羊胜、公孙诡畏罪自杀，案件总算得以了结。但景帝由此对梁王非常不满，梁王很惶恐，后来通过姐姐长公主向太后说情，才得到原谅。

过了段时间，景帝的怨恨渐渐平息了，梁王决定去朝见天子。他来到函谷关后，听从谋臣的建议，乘坐一辆很简陋的车，带了两个随从悄悄入关，躲在长公主家的园子里。景帝派去迎接的人到了关前，大家忽然发现梁王失踪了，窦太后听说后，哭着说："一定是皇帝把我儿子给杀了。"景帝也很着急，派人四处寻找。结果，景帝发现梁王正背着刑具拜伏在宫门外请罪，皇帝赶紧将弟弟扶起，患难与共的往事历历在目，兄弟俩不禁相对而泣，于是尽释前嫌，重归于好，窦太后也放下心来，皆大欢喜。

然而经过了这些波折，景帝与梁王的关系终究回不到从前了，虽是兄弟，但更是君臣，皇帝再也不和梁王同乘一车，也不允许梁王长期逗留长安。过了几年，梁王生病去世，窦太后伤心欲绝，怪罪景帝气死了他，于是景帝将梁王的五个儿子全部封王，总算让太后得了些安慰。三年之后，窦太后失去了她的另一个儿子——汉景帝，继位的是她的孙子刘彻，也就是汉武帝。

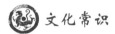 **文化常识**

六博——古代的桌游

《史记·吴王濞列传》中记载太子刘启在博戏时，一怒之下用博局砸死了吴王濞的儿子刘贤（"博，争道，不恭，皇太子引博局提吴太子，杀之"），因而埋下了祸根，成为日后吴国叛乱的原因之一。那么博是什么样的游戏？博局又是什么东西，居然可以成为凶器？让我们一起来了解下相关的知识。

汉代的博即六博，是我国古代民间一种掷采行棋的博戏类游戏，因使用六根博箸所以称为六博。六博在一个棋盘上展开，这个棋盘就被称为博局，也就是刘启砸死吴太子的凶器。游戏双方各有六枚棋子，一大五小，大的那枚称为"枭"，其余五枚称为"散"，分列在棋盘两端。棋盘上有十二条曲折的棋路称为"道"，吴太子就是因为和刘启"争道"引发了冲突。开始六博游戏时，一般先要投箸，按照投箸的情况行棋。汉代出现了被称为"茕（qióng）"的骰子，骰子是多面体，每一面上都刻有不同文字内容，相当于我们今天骰子上的数字，这些文字内容被称为"采"，因此在行棋之前先要掷采，掷采时为了博得好采往往要喝采，这也是喝采（即喝彩）一词本的含义。六博的游戏规则留存的并不完整，但学者们根据考古发现整理出了其中的一部分，感兴趣的读者可进一步阅读相关书籍。

先秦时代，六博是深受百姓喜欢的一种娱乐游戏，后来逐渐出现一批以博戏为业的人，人们称他们为"博徒"。《史记·魏公子列传》中，平原君说魏公子"妄从博徒卖浆者游"，嘲笑他喜欢和博徒、卖酒的人厮混，其实魏公子是在寻访混迹市井的隐者高人。六博到了东汉时期，很多富家子弟成为"博徒"，他们整天沉湎于博戏中，不务正业，废寝忘食，六博也逐渐成为一种赌博行为而被社会主流抵制，因而在后世逐渐没落。

秦汉时期的陵墓中出土的六博棋，棋子多为贵金属或玉石制作，比如西汉南越王墓出土的六博棋子，一半为青玉，一半为水晶。出土的六博棋盘多为木质，长沙马王堆汉墓出土过一副完整的漆器盒装六博棋，而在中山王墓中也曾出土过石质六博棋盘。

回到吴王濞的故事中，刘启操起棋盘砸死了吴太子，考虑到是皇室御用的六博，棋盘所用木料应十分结实沉重，甚至也可能是玉石材质。总之，刘启的这一击，生生将一次博戏变成了搏命，吴太子若在天有灵，一定会劝诫那些博徒："珍爱生命，远离博戏。"

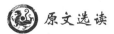 原文选读

《史记·吴王濞列传》选段

孝文时，吴太子①入见，得侍皇太子饮博②。吴太子师傅

皆楚人，轻悍，又素骄，博，争道③，不恭，皇太子引博局④提吴太子，杀之。于是遣其丧⑤归葬。至吴，吴王愠⑥曰："天下同宗，死长安即葬长安，何必来葬为!"复遣丧之长安葬。吴王由此稍失藩臣之礼，称病不朝⑦。

注解

①吴太子：吴国的太子。②饮博：喝酒下棋。③争道：抢占棋路。④博局：棋盘。⑤丧：此指遗体。⑥愠：发怒，生气。⑦朝：朝见天子。

20. 刘长、刘安

文景之时，晁错积极推动削藩，逼出了吴楚之乱。平乱之后，诸侯势力大大削弱，然而直到汉武帝时，诸侯仍有广阔土地和众多城邑，他们始终是朝廷的心腹之患。淮南王刘长、刘安父子两代，先后被定为谋反罪名，从高祖的儿孙沦落为逆臣贼子，最终死于非命。《淮南衡山列传》记载了历经文帝、景帝、武帝三朝的两代淮南王的故事，从中也折射出在天子集权的大势之下，诸侯必将走向灭亡的命运。

桀骜不驯遭流放

刘长，汉高祖最小的儿子。刘长的母亲原先是赵王张敖宫里的美人，后被献给了高祖，不久便怀上了孩子，赵王特别将她安置在宫外的府邸。当时，赵相贯高等人刺杀高祖的阴谋败露，赵王的臣子妻妾悉数被捕，刘长的母亲也在其中，她通过狱吏上报自己怀着皇帝的儿子，然而高祖正在气头上，没有理会。后来，她的弟弟又通过辟阳侯审食其向吕后求救，吕后嫉恨她，审食其也就没再施以援手。后来，刘长在牢狱中出生了，他的母亲不堪屈辱而自杀。狱吏抱着刘长向皇帝报告，高祖这才感到后悔，命令吕后抚养刘长，然后将刘长的母亲葬在她的家乡。

高祖消灭淮南王黥布之后，将淮南国赐予刘长，封他为淮南王。刘长由吕后一手养大，因而与惠帝、吕后都很亲密，幸运地躲过了吕后对刘氏宗室的迫害。等到文帝继位时，他便成了文帝唯一幸存的弟弟。

文帝对刘长很包容，淮南王年少气盛，经常做出一些出格的事情，文帝都予以宽赦，这反而使得他越来越骄横。长大成人的淮南王身材高大，力能举鼎，但从小娇宠惯了，缺乏礼数。文帝三年，淮南王入京朝见。他与文帝一起打猎，进出宫中都同乘一车，还经常叫文帝"大哥"，丝毫没有臣子的规矩。但不曾料到，淮南王在都城里，居然还做出杀害辟阳侯审食其这样令人吃惊的事情。原来，刘长对审食其一直怀恨在心，怨他当年没有尽力搭救自己的母亲。这天，淮南王带着手下来到辟阳侯家，审食其连忙出来迎接，没想到，刚一照面，刘长就拿出铁锤击杀了他，并命令随从砍下其首。接着，淮南王来到宫中，坦露上身向天子请罪，并历数审食其当年依附吕氏，为虎作伥的罪行。文帝又一次赦免了自己的弟弟。从此，朝中的王公大臣，连薄太后和太子都对淮南王忌惮三分。淮南王则毫不收敛，在淮南国内目无王法，唯我独尊，俨然像天子一样。

过了几年，淮南王与柴奇勾结谋反之事败露。他们阴谋用四十辆大车埋伏在皇帝出行途中，伺机刺杀。朝廷发现他们还勾结了闽越、匈奴等势力，于是命令淮南王入京接受审问。淮南王在国中的种种罪行也随之被揭露出来：窝藏逃犯、滥杀无辜、欺君罔上……朝中大臣纷纷上奏，淮南王论罪当斩。文帝不忍心杀死刘长，赦免了他的死罪，只废除他的王位，但在大臣们的强烈要求下，最后决定将他流放蜀地。

此时，大臣袁盎进言文帝说："陛下一向宠爱淮南王，没有安排严厉的臣子教导辅佐他，以至于此。但淮南王性格刚烈，如果对他惩罚过猛，万一流放时他有个三长两短，恐怕陛下就有了杀弟的恶名，所以请陛下三思。"文帝回他道："我只是想给他一个警告，很快就会让他回来的。"

淮南王被罩着黑布的囚车押往蜀地，沿途各县负责押送的人，都不敢将囚车打开。刘长身陷囹圄，一筹莫展，他对身边的仆人说："都说老子勇猛，现在我还能勇猛吗？我盲目骄纵以至于不知道自己犯下的过错，人生一世，怎能如此抑郁受辱？"此后刘长拒绝进食。到了雍县时，县令打开车门，发现刘长已死。文帝接到弟弟的死讯，痛哭不已，他懊悔地对袁盎说："我没有听你的话，真的害死了淮南王。"此后，文帝将沿途没有打开囚车的所有官员悉数问斩，并将刘长按列侯的礼仪葬在雍县。刘长留有四个年幼的儿子，文帝将他们全部封侯。

几年后，民间流传起一首歌谣："一尺布，可缝衣；一斗谷，可舂（chōng）米；俩兄弟，不相容。"文帝知道了，伤心地感叹道："难道世人以为我惩罚淮南王，是想吞并他的土地吗？"于是他派城阳王去管理淮南国的土地，过了几年又将淮南国的土地一分为三，分别封给刘长仍活在世上的三个儿子，他们就是淮南王刘安、衡山王刘勃（吴楚之乱后改封为济北王）、庐江王刘赐（吴楚之乱后改封为衡山王）。

犹豫不决终灭亡

淮南王刘安，和一般的王孙贵族不一样，他喜欢读书弹琴，不爱好骑马打猎。但是，刘安一直对父亲刘长的死耿耿于怀，对朝廷始终心怀不满，暗藏反叛之心。吴楚之乱时，刘安一度准备响应吴王起兵作乱，但被下属阻止，终没有付诸行动。刘安平时很注意安抚百姓，颇得民心，同时他也不忘拉拢朝廷中的大臣，专门派自己的女儿刘陵在朝中打点关系。武帝继位后，他与国舅田蚡私交甚好，甚至私下商量过让自己继承帝位的事情，可见刘安野心不小。

刘安的儿子——淮南国太子刘迁喜欢剑术，有一回，他和郎中雷被较量时，不小心被对手误伤。雷被害怕太子问罪，申请去长安加入征伐匈奴的军队，但他不仅遭到拒绝，还被就地免官。后来雷被偷偷逃到了长安，上告刘迁阻拦自己为天子讨伐匈奴。于是，朝廷派人调查此事。淮南王听说刘迁将被带往长安接受审问，意欲起兵叛乱，但他思来想去也没能行动。后来皇帝又下诏就地审问刘迁，不用他赴京了，但国相此时又节外生枝，牵连到了淮南王，朝廷命中尉官员前来调查。淮南王很害怕朝廷将他问罪，刘迁向父亲进言说，不如设下埋伏，等中尉来调查时将他杀死，然后发动叛乱。没想到，皇上派中尉来的目的只是安抚淮南王，于是刺杀中尉的计划又被取消了。等中尉回去上报后，朝中大臣坚持要求惩罚淮南王，皇帝最终决定削减淮南国两个县，稍微惩罚一下，但淮南王仍倍感屈辱。

　　朝廷对淮南国的新仇旧恨，让刘安的叛乱之心更加蠢蠢欲动。他常常与亲信一起在地图上演练，如何发动进攻，如何部署军队。谋臣伍被经常劝谏他，应该看清形势，起兵叛乱并非明智之举，但淮南王铁了心叛乱，仍然积极地做着准备。

　　刘安只有两个儿子，嫡子刘迁被立为太子，而庶子刘不害却连封侯都没轮上。刘不害不受父亲和王后待见，太子也对他爱理不理，完全不把他当兄长对待。刘不害的儿子刘建对父亲的遭遇非常气愤，于是，他阴谋告发刘迁，想让自己的父亲成为继承人。刘迁发觉后，几次将刘建抓起来鞭打教训他。后来刘建得知太子曾密谋刺杀朝廷派来的中尉，于是通过自己的一个好友向朝廷告发此事。他的上奏，正巧落到了审食其的孙子审卿的手里。祖父当年惨遭刘长毒手，审卿这回终于找到向淮南国报仇的机会，他给刘安罗织了不少罪名，朝廷因而怀疑淮南王要谋反，决定深入调查，立刻召刘建入京接受审问。

　　淮南王一看刘建被召去长安，知道大难临头，只剩发动叛乱一条路可走了，但伍被又一次劝谏他三思而行。刘安仍然优柔寡断，他做了充分的准备：伪造了符节印玺，做好了进军部署，甚至连撤退路线也考虑周全了，但他就是没有付诸行动，他还要等等朝廷的反应。

　　朝廷听了刘建告发刘迁的事情，于是派遣廷尉监去淮南国抓捕刘迁。这回，淮南王父子准备先将碍事的大臣杀掉后再发动叛乱，然而他们没能把这些人全部骗来，无法一网打尽，计划又一次被迫取消。习惯性的犹豫不决，淮南王父子终于丧失了继续反叛的勇气和斗志，无奈地等待朝廷的判决。刘迁在被抓捕前选择自刎，可惜并未死成，而伍被则向朝廷官员自首，交代了淮南王谋反的所有细节。

淮南王的谋反罪证据确凿，朝廷使者手持符节前往淮南国，在使者抵达之前，刘安就畏罪自杀了，他的王后、太子以及所有参与谋反的官员则全部被诛灭。伍被因为屡次维护朝廷，劝阻淮南王有功，天子本不想杀他，但负责审案的廷尉张汤却坚持将他问斩。淮南国被废除，变为九江郡。另外，衡山王刘赐因为与淮南王串通谋反，同样被定罪，衡山王自杀，衡山国被废除，改为衡山郡。

自此，朝廷又少了两个诸侯国，土地被收并。之后，汉武帝采用主父偃提出的"推恩令"，规定各诸侯国的土地除了嫡长子继承外，必须分割给其他子嗣，由此不断分化诸侯们的土地，消解诸侯国的力量，最终过渡到事实上的郡县制，由朝廷统一管理。至此，经过文帝、景帝和武帝三代，通过不同手段的削藩，终于由宗室"家天下"的格局变为了由天子（汉武帝）一人"独天下"的集权形式。

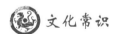 **文化常识**

《淮南子》——刘安还留下了什么？

《史记》中的淮南王刘安，心怀谋反之心，却迟迟不见行动，终于阴谋败露被朝廷诛灭。而历史上的刘安，却不仅仅是一位优柔寡断的诸侯王，他还为后世留下了不少遗产，其中最有名的就是——《淮南子》。

　　《淮南子》是刘安召集门客收集史料集体编写而成的一部著作，又名《鸿烈》或《淮南鸿烈》。这部著作中综合了诸子百家的精华部分，包括儒、墨、法、阴阳等学派思想，但核心思想则是道家。《汉书·艺文志》将《淮南子》列入杂家，与先秦《吕氏春秋》一样同为流传后世的杂家代表作。《淮南子》原书中有内篇二十一卷，中篇八卷，外篇三十三卷，现在存世的只有内篇，我们通常看到的《淮南子》就是根据内篇删减后出版的。虽然目前的版本并不完整，但《淮南子》是汉初黄老思想的集大成者，对后人研究秦汉时期文化起到了非常重要的作用。比如，我们如今耳熟能详的"女娲补天""后羿射日""嫦娥奔月"等神话故事，正是由保存在《淮南子》中的文本演化流传的。

　　《淮南子》的编撰始于汉景帝时，在汉武帝即位的第二年（建元二年）进献朝廷。窦太后喜好黄老思想，因而对《鸿烈》一书极为推崇。年少的汉武帝却倾心于儒家学说，等到建元六年窦太后去世后，汉武帝便开始大力推行儒家政策，于是《淮南子》就显得守旧而不合时宜了。

　　刘安的门客中有许多精通方术之人，编撰《淮南子》的主要人物苏非、李尚、左吴等八人合称"八公"，据说他们都是方士，后世也有学者将此八人视为"八仙传说"的滥觞。而在民间传说中，淮南王与八公在山中炼丹修仙，他们成仙后升天而去，落在地上的仙丹被家中鸡犬吞食，这些鸡犬居然也都飞上了天。据说这就是"一人得道，鸡犬升天"的成语出处，而这座山此后便被称为"八公山"。另有一则关于刘安发明豆腐的传说，据说他在炼丹时不慎将手中的豆浆，撒在炼丹用的石膏（一说盐卤）上，豆浆化为白白嫩嫩的东西，于是他又将石膏搅拌入更多的豆浆中，白嫩美味的豆腐由此诞生了。从此，刘安就成了豆腐的创始人，明朝李时珍在《本草纲目》中也说："豆腐之法，始于前汉淮南王刘安。"

八公山在当年淮南国内，刘安生前在此主持编撰了《淮南子》，留下了许多有趣的修仙传说，而八公山豆腐至今非常有名。如今，淮南王墓就在八公山的南坡下，而这些传说和遗迹也是刘安留给后世的遗产吧。

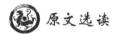 **原文选读**

《史记·淮南衡山列传》选段

王有孽子①不害，最长②，王弗爱，王、王后、太子皆不以为子兄数。不害有子建，材高有气，常怨望太子不省③其父；又怨时诸侯皆得分子弟为侯，而淮南独二子，一为太子，建父独不得为侯。建阴④结交，欲告败⑤太子，以其父代之。

注解

①孽子：即庶子，非正妻所生的儿子。②长：年长。③省：看望，探望。④阴：暗地里，秘密地。⑤告败：告发，败坏。

21. 冒顿、赵佗

文景之时，朝廷面对着两大威胁，一是诸侯，二是匈奴。对于诸侯，朝廷采取了不断分化消解的策略，而面对匈奴，文帝、景帝都采取了和亲政策。这一政策源自汉高祖与冒顿（mò dú）单于的首次较量之后，汉室以和亲换取和平，以防御换取时间，经过三代人的韬光养晦，终于在汉武帝时由防守转为进攻，获得了对北方匈奴的决定性胜利。同时，建汉以来一直雄踞南方的南越国也被汉武帝征服。通过《匈奴列传》《南越列传》了解自高祖开国以来，朝廷所面对的这一南一北的两个对手。

冒顿的崛起

自古以来，游牧民族生活在黄河流域的北部草原上，他们以畜牧为生，逐水草而居，不从事耕种，也不建造城邑，他们擅长骑射，作战勇猛而迅速。这些游牧民族与中原地区百姓互为影响，有融合也有对抗。战国时，匈奴部族很强大，他们活动的地区与秦、赵、燕三国的土地接壤。秦统一天下后，秦始皇派蒙恬驻守北方边境，匈奴被击败后往北迁徙。匈奴的首领称为单于，当时领导匈奴的是头曼单于。十几年后，蒙恬被诛杀，不久秦朝覆亡，天下纷争，头曼单于又率领匈奴向南活动，当时草原上强大的部族还有东胡和月氏。

冒顿，是头曼单于的太子，母亲是单于的大阏氏（yān zhī，单于的妻子）。后来，头曼单于的宠姿为他生了个小儿子，于是单于想废黜冒顿，让这个小儿子做太子。冒顿便被送去月氏做了人质，但不久头曼开始加紧攻打月氏，惹得月氏人差点杀了冒顿。幸好，冒顿偷了月氏人的马逃了回来，单于觉得冒顿很有胆色，身手也不错，于是给了他一万人马让他指挥。

冒顿训练这些骑兵的方法很特别，他每次都射出一种能发出响声的箭，也就是发令用的鸣镝，对士兵们说："注意看我鸣镝所射的目标，谁没有跟着射，将被处死。"于是，冒顿用鸣镝射鸟兽，果然没有按要求射的人都被杀了。不久，冒顿又用鸣镝射自己最喜欢的坐骑，有些部下以为他射错了，迟疑着不敢跟射，这些人也立即被处死。过了一段时间，冒顿将他的鸣镝射向了自己的宠姿，很多士兵害怕了，不敢射，冒顿又将这些人悉数杀死。日复一日，剩下的战士们完全服从了鸣镝的指挥，当有一回冒顿用鸣镝射杀父亲的骏马时，他们都毫不犹豫地将手中之箭射向骏马，冒顿知道这支队伍已经训练成功了。这一天，冒顿带着自己的人马跟随头曼单于一起打猎，他趁着父亲专注于猎物的时候，拉弓瞄准父亲，鸣镝发出响亮的声音向头曼单于飞去，无数支利箭也应声射向单于。就这样，冒顿取代父亲成为单于，并将他的弟弟及其拥护者全部诛杀。

冒顿刚成为单于，东胡便派人来试探，他们讨要头曼在位时最爱的千里马。冒顿征询大臣们的意见，大家都表示反对，冒顿却说："与强邻相处，怎么能舍不得区区一匹马呢？"东胡得到了马，却以为冒顿胆怯了，不久又派人来索求冒顿的阏氏，大臣们都愤怒地说："东胡太狂妄了，居然要抢走阏氏，一定要攻打他们！"冒顿又笑着说："与强邻相处，怎么能舍不得区区一个女人呢？"东胡王更加轻视冒顿了，很快，他们又要求吞并与匈奴相交的一大片土地。冒顿依然征求众人意见，有大臣说："这是一块废弃的土地，给不给东胡都可以。"不料，冒顿厉声喝道："土地，是国家的根本，怎么可以给别人！把刚才同意割地的人全都拖出去斩了！"冒顿骑上自己的战马，指挥军队迅速发起了进攻。东胡毫无防备，被匈奴一举击溃，冒顿由此吞并了东胡的土地和百姓、牛羊。冒顿又趁势击败了西面的月氏，并侵入黄河南部的土地，此时中原正当楚汉相争之时，而匈奴在冒顿的领导下变得越来越强大。他们设置了左右贤王、左右谷蠡王等大小王，每人都率领着一万左右的骑兵，因而被称"万骑"，这样的万骑共有二十四位。此时，匈奴拥有约三十万骑兵，统治着北方广袤的草原地区。

和亲的政策

汉朝建立后，韩王信被封在北方代地，直接面对着匈奴的威胁。他自告奋勇以马邑为都城，准备深入北境，防御匈奴。但匈奴的大军很快包围了马邑，迫使韩王信投降。之后，高祖亲率三十二万大军北伐匈奴，但他率领的大多是步兵，行进缓慢，当时正值北方严寒，很多汉军士兵被冻得手指断裂。两军甫一接触，匈奴便佯装退败，引诱汉军追击。高祖率先头部队抵达前线平城，当他登上白登山观察地形时，匈奴骑兵突然杀来，将白登山团团包围。整整七天七夜，汉军内无粮草，外无援军，最后不得不送厚礼给单于的阏氏，说服单于打开了包围圈的一角，汉军士兵一边向外张着弓搭着箭，一边保护高祖迅速突围，总算得以与主力会合，并迅速撤兵。

经过这次较量，高祖意识到匈奴与以前的对手完全不同，暂时还无法与之抗衡。于是，高祖听从了谋臣刘敬（即娄敬，赐姓刘）的进谏，派出宗室公主嫁给单于做阏氏，每年再送给匈奴酒粮衣物等，约为兄弟之国，以和亲政策维持和平。同时，刘敬又建议高祖定都关中，并迁徙天下富户充实关中以防御匈奴北下。后来，高祖果然听从了刘敬和张良的进谏，将都城从雒阳迁到长安，并逐渐形成了徙陵制度，在都城长安周边形成了繁荣的陵邑。

高祖在位时，韩王信、代相陈豨、燕王卢绾等先后叛汉投降匈奴，叛乱可以讨平，但朝廷对匈奴却无可奈何。吕太后掌权后，冒顿曾写信给她，言辞傲慢放肆，太后大怒，准备发兵雪耻，大臣们纷纷劝阻她说："高祖如此英明神武，尚且在平城被围困，太后请三思啊。"朝廷终究还是没敢起兵，太后也强忍怒气回信给冒顿，委婉地请求继续维持和亲的政策。

文帝即位第三年，匈奴右贤王的军队侵入上郡边塞，烧杀抢掠，文帝派丞相灌婴率领八万五千车骑兵反击，右贤王军队就撤离了。此时，济北王刘兴居起兵叛乱，文帝调回灌婴的军队前去平叛。次年，冒顿单于与文帝互通书信，消解误会，互赠礼物，双方都愿意继续结为兄弟之国。

不久，冒顿单于去世了，他的儿子稽粥继位，被称为老上单于。汉文帝很快又选出宗室公主给老上单于做阏氏，公主的随从中有一位名叫中行说的宦官，因为是被强迫送往匈奴的，所以中行说后来怒而叛汉，投降了匈奴，并成为单于非常信任的谋臣，提出了很多针对性的计策。老上单于时，匈奴大军曾深入汉境侵扰，派出侦察的骑兵甚至到达了离长安不远的雍地。文帝派出军队驱赶，却无法杀伤敌军，更多地只能做防御部署。文帝无奈之下又致信老上单于，同时送去礼物，希望双方冰释前嫌，维持和平，造福百姓。之后，双方边境短暂安定。几年后，老上单于去世，其子军臣单于继位四年后，匈奴军队又大举侵入汉朝的边地，文帝不得不在边郡及都城周边细柳、棘门、霸上都驻军防御。景帝时吴楚叛乱，赵王刘遂企图勾结匈奴，但他很快被攻灭，阴谋并未得逞。景帝在位时，继续与匈奴和亲，没有发生大规模的匈奴军队侵扰。等到武帝继位后，汉朝的国力逐渐强盛，不再甘心继续进贡和亲，同时，卫青、霍去病等天才将领横空出世，经过连年的苦战，双方攻守易势，汉军终于将匈奴单于逐至遥远的漠北。

赵佗的臣服

赵佗，真定人，秦时奉命随军南征。秦设置桂林、南海、象郡三郡后，赵佗成为南海郡龙川县令，留在当地越人中生活了十三年。秦末陈胜起义后，天下纷争，南海郡的郡尉任嚣病重，他召见自己的老部下赵佗，对他说："现在中原群雄并起，不知鹿死谁手，我们偏安于南方，却也要做一些防备，可惜我身体不行了，番禺与中原远隔千里，又有山川屏障，大海阻隔，土地辽阔，可以成为一州之地，或者干脆在此立国，我想来想去，你是最合适的领袖人选。"赵佗领命拜谢，继任为南海郡尉。任嚣死后，赵佗掌管南海郡，在关卡设防，安排自己亲信作为各地长官。不久，秦被推翻，赵佗率军吞并了桂林郡和象郡，自封为南越武王。

汉高祖定天下后，派遣陆贾出使南越国，想要说服赵佗归顺汉朝。赵佗顶着越人的发式，穿着越人的衣服，又开着双腿很傲慢地接见汉使。陆贾见了，从容地说："大王，您是中原人，父母兄弟和祖坟都在真定，如果您违背天意，妄图以小小南越对抗大汉的天子，我恐怕您将要遭祸了。天子起兵沛县，直捣关中，推翻暴秦；接着只用五年时间，出汉中，定三秦，诛项王，得天下，这岂非天意？天子本想顺势率军扫荡南方，但天下百姓已饱受战乱，天子不忍，故派我来赐大王印信，与您剖符为证，互通使者。您本该亲自出城迎接汉使，北向称臣。然而您现在这样接待我，难道是想负隅顽抗，让人挖您祖坟，灭您宗族，然后等着天子发兵十万来剿灭您吗？"赵佗听完，连忙正襟危坐，向陆贾赔礼道歉道："我身处蛮荒之地久了，对您失礼了。"于是，赵佗恭敬地向陆贾请教中原的形势，两人相谈甚欢，非常投机。赵佗留陆贾月余，每天招待他饮酒聊天，临走时还送了他很多金钱和宝物。最后，赵佗向汉天子臣服为南越王。

吕太后掌权时，官员关闭了与南越国的铁器交易。赵佗非常气愤，他派兵攻打了邻近的长沙国，并自称为南越武帝，与汉天子同等地位。吕太后派兵讨伐，但因为路途遥远，天气湿热，士兵生病的很多，不久太后去世，朝廷也很快罢兵。此后赵佗干脆断绝了与中原的往来，在南越做自己的皇帝。

文帝继位后，为赵佗在真定的祖坟设置了守墓人，又给赵佗的族兄弟加官晋爵，并听取了陈平的推荐，派遣赵佗的老熟人陆贾出使南越国。陆贾又一次不辱使命，他向赵佗讲述了文帝的仁义举措，澄清了之前的种种误会，赵佗于是又一次向汉天子称臣，派遣使者拜见皇帝。景帝时，南越国也始终作为外藩臣事汉室，但在国内，南越王却仍然偷偷自命帝号。

武帝在位第四年，赵佗去世，他的孙子赵胡继位，他将太子赵婴齐派往长安宿卫，并娶了一位邯郸的女子，赵婴齐回国继位后，他与邯郸女所生的儿子赵兴成为太子，等他死后，太后专权引发了国相吕嘉的叛乱，最终武帝派军队将南越国攻灭，并在此设置了九个郡。赵佗创立的南越国共经历了五任国王，享国九十三年。

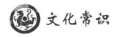 **文化常识**

焉支山的阏氏用胭脂

焉支、阏氏、胭脂三个词读音完全相同，都读作yān zhī。焉支山是河西走廊间的一座山，在祁连山的余脉上；阏氏是对古代匈奴单于夫人的称呼；而胭脂则是从古至今，用作妆容打扮的化妆品名称。那么，这三个含义完全不相同的词，究竟有什么联系呢？一起来了解下。

当中原成为汉家天下时，冒顿单于则统一了匈奴部落，成为北方草原上强大的游牧民族。匈奴时常侵扰汉境。汉初国势疲弱，因而汉朝只能以和亲政策维持与匈奴之间的和平，一直到了汉武帝时，汉军才逐渐取得战场的主动权。《史记·匈奴列传》中记载霍去病"将万骑出陇西，过焉支山千余里，击匈奴，得胡首虏万八千余级……"此后，汉朝逐渐控制了河西走廊，并设置了武威、张掖、酒泉、敦煌等河西四郡，据守敦煌以西的阳关、玉门关，从此中原地区与西域之间的交通走廊得以保障。而对于当时的匈奴部族而言，他们被驱逐出水草繁茂的河西走廊，迁至漠北苦寒之地，境况悲惨。

汉乐府中收录了当时匈奴的歌谣："失我焉支山，令我妇女无颜色。失我祁连山，使我六畜不蕃息。"其中前一句歌词"失我焉支山，令我妇女无颜色"或许就暗藏了焉支山和胭脂的关系。相传焉支山之所以起名为焉支，是因为山上有一种植物名为红蓝花（也称红花），红蓝花在当时匈奴语中发音就是"焉支"，妇女们将红蓝花混入动物油脂，制作成能固定在面部皮肤上的红色涂料装扮自己，她们将这种颜料也称为焉支（或写作燕支、胭脂），也许是因为焉支漂亮美丽，因而匈奴单于的夫人也都称为阏氏。后来胭脂传入中原地区，同时匈奴语中的这个词语演变发展为不同写法的词，焉支是山，胭脂是涂妆扮美的物品，阏氏则为单于夫人。匈奴妇女们失去了焉支山上的红蓝花，确实令人感伤，然而歌谣的下半句"失我祁连山，令我六畜不蕃息。"却点明了焉支山的战略价值。从此匈奴失去了这一大片放牧的草原，而汉军则建立了培育军马的牧场，双方实力日益此消彼长，对此后的汉代历史进程产生了重大影响。这个地处河西走廊的军马场，虽然在两千年中时兴时废，但一直是我国历代最大的良马培育基地。

如今，河西走廊的山丹马场依然是养殖骏马的理想之地，同时也是风景优美的旅游胜地。拥有两千多年历史的山丹马场也成了当今世界上历史最悠久、面积最大的马场，为我国的良马培育做出了重大贡献。

 原文选读

《史记·匈奴列传》选段

单于有太子名冒顿。后有所爱阏氏①，生少子②，而单于欲废③冒顿而立少子，乃使冒顿质④于月氏。冒顿既质于月氏，而头曼急击⑤月氏。月氏欲杀冒顿，冒顿盗其善马⑥，骑之亡归⑦。头曼以为壮⑧，令将⑨万骑。

注 解

①阏氏：妻子，此指宠妾。②少子：小儿子。③废：废黜，此指废太子之位。④质：做人质。⑤急击：加紧攻击。⑥善马：骏马，良马。⑦亡归：逃回去。⑧壮：英勇。⑨将：率领，指挥。

汉武帝篇

"汉武帝"印章：仿汉印，字体为小篆，而笔画更加流线。

汉武帝篇 人物关系图

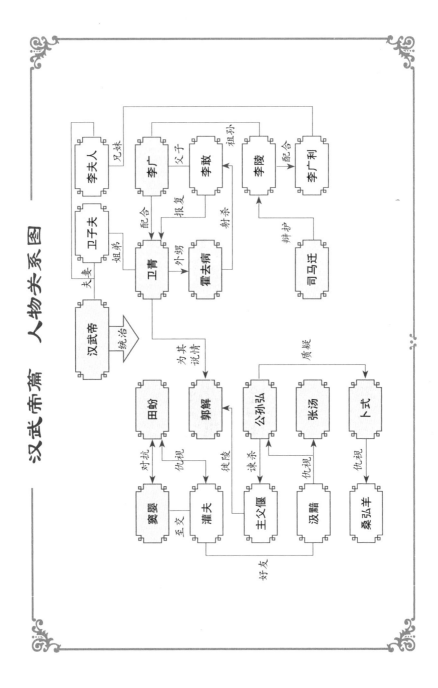

22. 窦婴、田蚡

外戚指皇帝的母族或妻族，当权力逐渐集中在皇帝一人之手时，他常倚重外戚的力量掌控朝廷。吕太后时，外戚吕氏几乎颠覆汉室。诛吕之后，群臣选立代王刘恒为帝，原因之一是因为其母家薄氏温厚敦良。景帝时，母族中的魏其侯窦婴颇为贤良，等到武帝继位后，国舅武安侯田蚡（fén）上位，两位外戚权贵本可同朝为臣，各享富贵荣华，却因为一出闹剧似的意外，最终斗得两败俱伤，身败名裂。太史公将两人的传记载入同一篇《魏其武安侯列传》中，其中也详细记录了那一件改变了两人命运的令人唏嘘的离奇事件。

一朝权贵

窦婴，是窦太后堂兄的儿子，窦婴喜欢养客，是窦家少有的人才。在一次酒宴上，窦婴直言景帝不能将帝位传给梁王，因而得罪了窦太后，太后剥夺了他进入皇宫的门籍，但之后又觉得错怪了窦婴。不久，吴楚七国叛乱，景帝急于用人，于是又重新起用窦婴，任命他为大将军。窦婴驻守荥阳，与周亚夫、梁王等协同平叛，因功被封为魏其侯，成为朝中举足轻重的大臣，天下的游士豪杰纷纷投奔他。

景帝立刘荣为太子后，窦婴成为太子太傅。太子后来被废黜，窦婴几番挺身而出，为其辩护，但终究无果，他怒而托病辞官，蛰居家中。后来，窦婴重又出仕，虽然窦太后数次为他说项，但景帝不肯任他为丞相。景帝驾崩后，武帝继位，母亲王太后、祖母窦太后同在宫中。论辈分，窦婴是武帝的表叔。

田蚡，是王太后同父异母的弟弟，也就是武帝的舅舅。窦婴为大将军时，田蚡还未发迹，他去窦婴家喝酒时，像孙辈一样恭敬地向窦婴跪拜。后来，田蚡因为王太后显贵，加官晋爵被封为武安侯。武帝继位后不久，想要任命新的丞相和太尉，田蚡迫切希望自己夺得相位，于是费尽心思笼络人心，想要胜过魏其侯。门客籍福劝他说："魏其侯显贵多时，名声在外，君侯您暂时还比不了他，就算皇上任命您为相，您也应该让给魏其侯，这样，太尉的位子就一定是您的了，丞相、太尉同列三公尊位，还多了一个让贤的美名，何乐而不为呢？"于是，田蚡通过王太后表达了让贤的意思，武帝很快任命他为太尉，而任窦婴为相。

当时，武帝刚即位不久，他偏爱儒家学说，任命的御史大夫赵绾、郎中令王臧、窦婴、田蚡等人都尊崇儒术。然而，窦太后崇尚黄老学说，朝臣们的政策言论很快激怒了窦太后，武帝建元二年，赵绾、王臧被罢免，后都死于狱中，而窦婴、田蚡也双双被罢官。

建元六年，窦太后去世，王太后地位更高了。于是，田蚡被任命为丞相，此时武帝年纪尚轻，田蚡既是丞相又是国舅，一时风头无两，趋炎附势的官员们纷纷依附投奔他。依靠田蚡的举荐而获得高位肥差的官员非常多，以至于武帝都忍不住挖苦他："丞相，您能不能留点位置让我任命些人呢？"田蚡还大肆搜刮土地，有一回他看中了考工官署的一块地，又想占为己有，武帝有些生气了，对他说："您干脆把武器库一起拿去算了！"田蚡依仗自己的尊贵身份，骄横贪婪，家中宅邸、珍宝、美女无数，有王太后在，武帝对他也没办法。

窦太后一死，窦婴则彻底失去了靠山，他只能赋闲家中，原先与他热络的大臣、宾客都去讨好田蚡了。不过，有一个人却始终与窦婴保持着交往，他就是灌夫。

一场酒宴

灌夫，他的父亲张孟是开国元老灌婴的家臣，张孟后来成为二千石的大官，并随主家改姓为灌。吴楚之乱时，灌夫随父亲出征平叛，父子俩作战都十分勇猛，但父亲不幸战死，灌夫本可以护送父亲遗体回家，但他为报父仇拒绝离开前线，反而更英勇地冲锋陷阵，最后身受重伤。猛将灌夫一时天下闻名，平叛后他被任命为中郎将，负责统领宫中侍卫，后又担任过藩国的国相、太守等职。不过，灌夫爱喝酒闹事，常常得罪人，所以官都做不长。灌夫生性耿直，喜欢行侠仗义，不喜欢拘于礼数，对地位比他高的看不顺眼，对普通人倒非常客气，能提携后辈，因而很多士人都称赞他。灌夫的族人和门客却多蛮横无理，常强取豪夺他人土地，不得人心，因而在灌家所在的颍川一带，民间有一首童谣讽刺道:"颍川水,清又清,灌家人,享安宁,颍川水,浊又浊,灌家人,被灭族。"

灌夫最恨趋炎附势之人,当窦婴家门庭冷落时,他反而与窦婴日渐热络,两人成了知己。有一回,灌夫去拜访丞相田蚡,田蚡随口说了句:"等你过了服丧期,我们有空一起去看看魏其侯。"灌夫立刻说:"丞相要去看望魏其侯,我一定奉陪,要不就明天吧,我去通知魏其侯。"田蚡只能答应了。听说丞相要大驾光临,窦婴全家准备了一晚上,但第二天田蚡却迟迟没来。灌夫有些不高兴了,他亲自驾车去接丞相,田蚡这时候还在睡觉,见了灌夫才想起这回事:"昨晚喝醉酒,说过什么话全忘了。"于是,田蚡让属下备好车,前往魏其侯家,但一路上还是不紧不慢的,灌夫更加生气了。后来的酒宴倒进行得很顺利,虽然灌夫借着酒劲,对田蚡讽刺发泄了一通,但主人魏其侯有礼有节,当晚宾主双方都很尽兴。

过了一段时间,籍福来到窦婴家拜访。原来,田蚡想求取窦婴家几顷城外的田地,田蚡认为自己看中的地,连皇上都会给,窦婴也不会拒绝,更何况只是几块薄田呢。但窦婴不这样想,他对籍福说:"老夫虽然已是无用之人,但丞相怎么能仗势夺地呢?"灌夫正巧也在,他立刻跳出来,指着籍福就是一顿臭骂。籍福生怕两家结怨,回去禀报时谎称魏其侯年老了,要丞相再等等。

不久,田蚡还是知道了真相,他非常气愤,特别是对多管闲事的灌夫十分怨恨。之后,他收集了许多灌家人在颍川当地强取豪夺的罪证,伺机将灌夫问罪。灌夫听说后,也掌握了田蚡收受淮南王金钱等把柄。幸好,双方在他人的调停下，没有撕破脸，暂时取得了和解。

元光四年夏天，丞相迎娶燕王女儿，王太后诏令列侯宗室都前去祝贺。窦婴来到灌夫家，邀请他与自己结伴一起赴宴，灌夫因为自己得罪过田蚡，死活不肯去。窦婴劝解他说这都是陈年旧账，于是硬拉着灌夫赴宴。

这是一个盛大的婚宴，宾客满堂，觥筹交错。田蚡是婚宴的主角，他敬酒所到之处，人们纷纷离开席位，恭敬拜伏，满饮酒杯。过了一会儿，窦婴也去敬酒，但除了一些老朋友比较恭敬外，大部分人都只是在席位上欠身意思一下。此情此景令灌夫很不痛快，他借着几分醉意，也拿着酒杯来到田蚡面前敬酒，田蚡微微欠了下身说："满杯喝不下了。"灌夫有些难堪，强颜欢笑说："您是贵人，给我个面子吧。"田蚡没答应，只喝了一小口。灌夫讨了个没趣，只好去别处敬酒。当他依次敬到临汝侯灌贤时，灌贤正忙着和程不时交头接耳说话，很敷衍地回应了一下。灌贤是灌婴的孙子，灌夫算是他长辈，灌夫本来就憋着一肚子气没地方发泄，一看灌贤居然也对他爱理不理的样子，立刻就爆发了。他指着灌贤大骂道："你小子平日里把程不时说得一钱不值，长辈给你敬酒呐，你却像娘们似的和他说什么悄悄话！"灌夫这么一闹，主人田蚡感觉被冒犯了，他对灌夫说："程不时将军和李广将军同是卫尉，你这样当众羞辱程将军，就不给你最尊敬的李广将军留点面子么？"灌夫继续撒酒疯道："什么程将军、李将军，今天就算砍了我的头，我也谁都不认！"气氛有些尴尬，有人便起身上厕所，窦婴也起身往外走，并向灌夫招手示意一起离开，但是田蚡下令左右将灌夫拦下。这时，一旁的籍福看田蚡动了怒气，连忙出来打圆场，他按着灌夫的脖子给丞相赔不是，灌夫硬挺着脖子就是不道歉。田蚡被彻底激怒了，他下令将灌夫关押起来，声称灌夫在太后诏令的酒宴上公然辱骂，犯了大不敬之罪。接着，他又根据以前搜集到的证据，派人四处抓捕灌家的人，全部判处了死罪。灌夫因为已经被严加看管起来，所以无法用掌握的证据反击田蚡。此时，最焦急后悔的是窦婴，他派人向田蚡说情，但没有作用，因为此时田蚡已下定决心将灌夫置于死地。

一次廷辩

窦婴为解救灌夫心急如焚，妻子劝他："灌夫冒犯丞相就是得罪了太后，还有什么办法能救他呢？"窦婴态度坚决地回答："列侯的爵位是我得来的，就算在我手里失去也没遗憾，反正我不能独活，而对灌夫见死不救！"后来，他还是瞒着家人，向天子上书。武帝立刻召见了窦婴，听他为灌夫辩解，还留他一起吃饭。可是，一个是自己舅舅，另一个是自己表叔，武帝也拿不定主意，最后，他提议大家一起去太后所在的东宫把事情说说清楚。

这天，窦婴、田蚡及武帝的几位重臣都来到了东宫，大家一起在殿上议论灌夫之事。窦婴竭力为灌夫辩护，认为他只是醉后失态，定他死罪有些过分。田蚡立刻反驳，认定灌夫就是骄横放纵，不知检点犯了大逆不道的死罪。双方越辩越激动，终于顾不得体面，互相揭露攻击。窦婴揭露田蚡平日里也占人土地，还受人贿赂。田蚡则反唇相讥道："幸好天下太平，我托皇上的福，还能听听曲，打打猎，但我平日里也就和倡优巧匠混在一起，不像魏其侯、灌夫聚着一群天下豪杰，整天臧否时政，观天察地，就等着天下有变，好干一番大事业啊！"田蚡的弦外之音，几乎在暗指窦婴、灌夫有谋反嫌疑了，武帝一看双方互相攻讦，已经彻底撕破脸了，于是连忙询问其他臣子的看法。御史大夫韩安国首先说："魏其侯说灌夫当年父子出征，身披重创，勇冠三军，这样一个壮士，只是酒后失态，没有大错，罪不至死，魏其侯这些话都没有错。但是，丞相说灌夫骄横放纵，抢夺土地，对族人没有管束，为霸一方，这些话丞相说的也是事实。至于究竟应该如何定罪，还是得请陛下裁决。"韩安国是持重的老臣，不偏不倚，也不做决断。主爵都尉汲黯素以敢于直谏著称，他态度鲜明地支持魏其侯。内史郑当时一开始支持魏其侯，但后来也不敢坚持己见。至于其他的大臣，则全都默不作声，不敢表态。武帝看着噤若寒蝉的臣子们，气不打一处来，他指着郑当时怒斥道："你平时私下里评点魏其侯、武安侯头头是道，现在却害怕得像刚被套上车辕的马驹。看你们一个个缩头缩脑的怂样，我恨不得把你们全处死算了！"说完，气呼呼地散会了。

众臣走出宫门，各自乘上马车回去。田蚡把韩安国叫到了自己车里，责怪自己的老友道："我跟你两个人对付不了一个秃老头吗？你首鼠两端说这一通有的没的，怕什么怕？"韩安国答道："丞相你不自重啊！魏其侯一开始揭你的短，你就应该马上解下绶印辞官，向皇上请罪说'臣不称职，魏其侯说的都对'，这样因为你诚恳谦让，陛下一定不会怪罪你，魏其侯一定因为羞愧而回家闭门思过，甚至自杀谢罪，但现在你们互相揭短，搞成泼妇骂街一样，实在是不体面啊!"田蚡听了，觉得确实是自己没控制好情绪。

一桩悬案

王太后早派人探得了窦婴、田蚡的这场激辩，当武帝来服侍她用膳时，太后气得拒绝吃饭，她对武帝说:"现在我还活着呢，他们就敢这样欺负我弟弟，要是我死了，他还不被人任意宰割啊? 况且皇上你怎么可以像个石头人一样，一句话都不说呢?"武帝无奈地道歉说:"两人都是皇亲国戚，所以才让他们在宫中辩论，否则的话，派一个狱史就能了结这件事了。"说是这么说，但面对母亲的压力，武帝知道自己不得不做出决断。

很快，御史查清了魏其侯对灌夫的辩护有不少失实之处，窦婴下狱，以欺君之罪，等待进一步的审判。当初景帝去世前，窦婴曾获得他的一份遗诏，上面写着:"如果遇到不便时，可以凭此觐见天子。"眼看着灌夫即将被族灭，而自己又身陷囹圄，窦婴想方设法让家人将遗诏呈上，希望能获得面见天子的机会。然而，天子的诏书在宫中都留有副本，而这份遗诏的副本却怎么也找不到，于是朝廷认定遗诏是伪造的，矫诏是非常严重的罪行，罪当问斩。

元光五年十月，灌夫遭族灭。过了很久，窦婴才在狱中得知这一噩耗，他悲愤之下终于病倒，索性不吃不喝，只求一死。后来得知皇上将赦免他的死罪，于是重又开始进食，并接受治疗。但是，中伤窦婴的话不断流传，到了十二月底，窦婴终究还是被处死了。

这一场外戚之间的恶斗，眼看将以田蚡的胜利告终，然而这年春天，田蚡却突然发疯，他口口声声说着谢罪的话，竟然就这样病死了。过了几年，淮南王谋反事败，朝廷查出当年田蚡曾收受淮南王的金钱，还说过大逆不道的话，武帝得知后恨恨地说："如果武安侯还活着，够得上灭族的罪了。"

太史公评论说窦婴执拗，灌夫无礼，田蚡弄权，这些都是引发祸端的因素。当窦婴与田蚡两位皇亲国戚激烈廷辩时，除了个别官员，谁都不敢坦诚自己的意见。正如韩安国所说，能动这杆秤的只有天子，但此时天子虽知轻重，却不敢决断，因为还有太后，太后才是此事件最终的决定者。景帝的那份遗诏，宫中为何没有留存？看似一桩悬案，却分明有着答案，那就是权力的归属。随着武帝掌权日久，羽翼渐丰，祖母的桎梏已然消逝，而他也迅速摆脱了母族的约束，开始乾纲独断，去实现自己的雄心壮志。

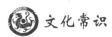 文化常识

西汉时的都城长安

《史记·魏其武安侯列传》中记载，武安侯田蚡贪婪无比，曾向汉武帝讨要考工官署的土地建自己的宅邸，汉武帝生气地质问他："君何不遂取武库！"两人对话中提到的考工、武库都是汉武帝时皇宫内的机构名称，让我们一起走进西汉的都城长安，一起了解这些名称的含义。

刘邦夺得天下后,在刘敬、张良等人的建议下定都关中长安,由丞相萧何负责营建都城、皇宫及周边官署。都城以长乐宫、未央宫为主体,地处东南部的长乐宫在秦朝兴乐宫的基础上修建而成,未央宫在长乐宫以西。两年后(高帝七年),忙于平乱的高祖回到长安时,看到刚刚落成的巍峨宏伟的未央宫,不禁质问萧何,国家尚未安定,为何花费巨资建造奢华壮丽的宫阙,萧何回答是为了显示天子的尊严,也为了让后世不再扩建。此后,宫廷与朝廷机构都迁入长安,长安开始发挥都城的功能。不过,长安城的城墙是在汉惠帝五年才完成的,一座拥有高大围墙的大都城从此出现在渭河南岸的龙首原上。

长乐宫本是汉高祖居住的正宫,高祖驾崩,吕太后占据了长乐宫,汉惠帝改用未央宫为正宫。长乐宫从此成为历朝太后的居所,因为它在皇帝的正宫即未央宫之东,因而又被称为东宫。窦婴和田蚡两人就是在太后的东宫中展开的论辩,因而争论一结束,武帝就能马上向王太后汇报,而太后的耳目其实早已将情况通报给她了。

未央宫坐北朝南,前殿是皇帝朝会的正殿。前殿之北还有夏天避暑的清凉殿、冬天居住的温室殿、与大臣处理政事的宣室殿等。在这些宫殿之后,西北部是皇后居住的椒房殿。椒是花椒的意思,据说是因为花椒结籽很多,含有多子多孙的寓意,以此命名皇后的宫室乃是一种美好的祝愿。另外花椒的叶和果实有香味,古人将花椒和泥涂于宫殿的墙面。皇后之外的其他夫人都居住在旁边的掖庭,因为椒房殿和掖庭都处于正殿的后(北)面,因此皇帝的夫人都被称为

"后宫"。

在椒房殿等后宫的西面是少府所在地，少府是管理皇帝宗室财务的机构，负责帝室私家的收入和用度。少府下属的职官包括负责果实饼饵饮食的"汤官"、负责诊断用药的"太医"等等。拥有大量手工业者、制造各类御用物品和器械的"考工"也是少府的下属部门。本文开头田蚡想要侵占的土地，就是属于考工官署的某一块地。而汉武帝回应的"武库"，则在椒房殿的东面，位于未央宫和长乐宫中间。长安城内的武库是储藏精良兵器的仓库，乃是军事重地，关系着国家的安全。因此，田蚡胆子再大也不敢打武库的主意，汉武帝正是搬出武库来回绝自己的舅舅，言下之意：你这么贪得无厌，干脆连这个皇帝之位也拿去算了！

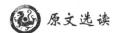 原文选读

《史记·魏其武安侯列传》选段

灌夫为人刚直使酒[①]，不好面谀[②]。贵戚诸有势在己之右[③]，不欲加礼，必陵[④]之；诸士在己之左，愈贫贱，尤益[⑤]敬，与钧[⑥]。稠人广众，荐宠[⑦]下辈。士亦以此多[⑧]之。

注解

①使酒：借着酒劲撒泼闹事。②面谀：当面奉承讨好。③在己之右：比自己地位高的（当时以右为尊）。④陵：羞辱，欺负。⑤益：更加。⑥与钧：指平等相待。⑦宠：表扬，称赞。⑧多：称颂，赞美。

23. 卫青、霍去病

汉武帝刘彻的谥号是"武"，这与他生前重大频繁的军事行动有关。纵观武帝一朝，最主要的军事行动就是征伐匈奴。自马邑之谋掀开了战争的序幕，一直到决战漠北获得大胜，最终彻底改变了汉军对匈奴的被动态势。在十几年的鏖战中，卫青作为汉军的统帅，七次攻伐匈奴，为汉家立下卓越功勋，而少年将军霍去病的横空出世，更是加快了汉军胜利的步伐。他们同是杰出的将领，都是朝廷的外戚，相互间的关系是舅舅和外甥，《卫将军骠骑列传》《匈奴列传》等篇记载了他们的故事。

出身卑微

卫青，父亲姓郑，是平阳侯家的小吏，母亲姓卫，也在平阳侯家做事，是两人私通所生，一出生便是侯家的奴仆。卫青小时候曾跟随父亲生活，父亲的妻子孩子都不把他当家人，只把他当奴仆使唤。有一次，一位戴着枷锁的囚徒遇见卫青，称他的面相很尊贵，将来可以封侯。卫青听了笑着说："我只是人家的奴仆，少挨些打骂就不错了，哪还想着能封侯啊！"

卫青长大后，做了平阳公主的骑奴，负责喂马赶车。平阳公主是武帝的亲姐姐，原先被封为阳信公主，后来嫁给了平阳侯曹寿为妻，因此被称为平阳公主。有一天，武帝在平阳公主家看上了一位侍女，就将她带回宫中，这位侍女名叫卫子夫，正是卫青同母异父的姐姐。于是，卫青因为姐姐的关系而被调往宫中任事，从此随母家姓卫。

武帝的皇后是堂邑大长公主的女儿，但多年没有得子。堂邑大长公主是景帝的姐姐、武帝的姑母，在宫中很有权势，她嫉妒卫子夫受宠，于是派人抓了卫青想要杀害他。幸亏卫青有一位在宫中任骑郎的朋友公孙敖，他和同伴将卫青及时救出。之后，武帝更加宠幸卫子夫，连带将几个卫氏兄弟都予以提拔，卫青后来做了太中大夫。

伏击马邑

武帝继位后，曾与大臣们商议是否与匈奴继续和亲。当时负责邦交与边境事务的是大行令王恢，他曾常年在边关任职，熟悉匈奴的情况。王恢认为匈奴总是出尔反尔，即便和亲了，也经常骚扰边境，还不如发兵打败他们。御史大夫韩安国则认为征伐匈奴是以己之短攻敌所长，得不偿失，还不如延续和亲政策。大臣们多赞成韩安国的建议，于是武帝也同意了。

第二年（元光元年），王恢向武帝提出了一个伏击匈奴的计划。原来，边镇马邑有一位富商叫聂壹，他熟知边境和匈奴的情况，认为如果谎称可以献出马邑，必然能引诱匈奴前来劫掠，汉军可趁机剿灭单于。武帝同意了王恢和聂壹的建议，派出四路大军在马邑周围设伏，韩安国被任命为护军将军，协调这三十万兵马。单于果然听信了聂壹的鼓动，亲率十万大军入关，但在到达马邑之前，他看着漫山遍野的牲畜，却不见一个汉人，顿生疑惑。于是，匈奴攻占了一个边境的亭障，抓了几名俘虏，盘问之下得知马邑有重兵埋伏，单于立刻下令撤退。马邑伏击的计划就这样失败了，汉军倾巢而出却颗粒无收，武帝一怒之下将王恢判了死罪。同时，匈奴也知道了汉朝皇帝的对抗意图，双方的和亲政策再也无法维持，大战一触即发。

元光五年，面对匈奴的频繁骚扰，汉武帝终于下令主动出击。他命令卫青、公孙贺、李广、公孙敖四将分别率军从四个边郡出发，向匈奴发起进攻。卫青被任命为车骑将军，从上谷郡出发，他率军攻到匈奴的龙城，斩杀、俘虏七百人后凯旋。令人大感意外的是，这次行动中，只有初出茅庐的卫青获得了战果，另外几路汉军竟无一胜绩：公孙贺没有遭遇敌军无功而返，公孙敖则在激战中损失了七千将士后铩羽而归，而名将李广被敌人活捉，他凭借着非凡的本领才死里逃生。此战之后，公孙敖、李广被贬为庶人，而本来不被看好的外戚卫青，却获得了汉军对匈奴的第一场胜战，汉武帝十分欣慰，封卫青为关内侯。

收复朔方

两年后（元朔元年），卫子夫为武帝生下一子，随即成为皇后，卫青的地位也更加尊贵。这一年，卫青率领三万骑兵从雁门出发，又一次获得了胜利。但匈奴的报复随之而来，他们大举入侵边境，击败了调任为渔阳太守的韩安国。武帝决定给予强硬回应，命令卫青从云中郡以西出兵，李息从代郡出兵，目标直指黄河河套地区。经过一番苦战，卫青成功打跑了匈奴的白羊王、楼烦王，活捉敌军数千人，缴获牛羊牲畜上百万头。卫青战功显赫，被封为长平侯，随同卫青一同出征的部将苏建、张次公也被同时封侯。这次胜利，使得汉朝收复了黄河河套地区这片肥沃的土地，修复了秦时蒙恬所筑的边关和防御工事，解除了匈奴对都城长安的直接威胁。武帝随即在此建造朔方城，成为汉军的又一个前沿基地，进一步巩固了北方边境。此后，匈奴的侵扰变本加厉，而汉军的反击也一刻不停，双方的战事愈演愈烈。

元朔五年，卫青率三万骑兵从高阙出发，其余几位将军配合作战。匈奴右贤王根据探子的情报，以为汉军不可能很快抵达他的营地，因而继续喝酒作乐，毫无防备。然而卫青谋划周密，行动迅速，竟率领骑兵连夜杀到，右贤王被打了个措手不及，在亲信们的拼死保护下仓皇逃生。此战，汉军擒获匈奴右贤王部下一万五千人、十多位小王以及数百万牲畜。汉武帝得知捷报后喜出望外，立刻派使者赶往军营，封卫青为大将军。卫青凯旋后，武帝还想给他的三个儿子封侯，卫青连忙推辞说："我能带兵打仗，全仰仗陛下的神威，此次获得胜利，都是将士们拼死作战的功劳。我的三个儿子都还年幼，没有尺寸之功，他们如果受封，我无法向将士们交代，还请陛下收回成命。"武帝笑着说："大将军勿忧，将士们的封赏我怎会忘记。"于是，武帝为随卫青出征的公孙贺、韩说、公孙敖、李蔡等诸位将军及校尉逐一加官晋爵。

冠军初征

第二年（元朔六年），汉军又一次重兵出击。大将军卫青率领公孙贺、李广等六将从定襄出发，深入敌境，斩杀数千敌人。一个月后，大军又一次出击，灭敌万人。

在这次军事行动中，有一位青年校尉随军出征，他就是十八岁的霍去病，他的母亲卫少儿是卫青和卫子夫的姐姐。霍去病从小听着舅舅卫青的捷报长大，并渐渐显露出卓越的骑射才能，武帝对他宠信有加，让他在宫中担任侍中。此次出征，卫青特意调拨给他八百名精锐骑兵，并任命他为剽姚校尉。不曾想，初生牛犊霍去病居然带领自己的人马脱离大部队数百里，深入敌境并大有斩获，歼灭了两千多名敌人，还活捉了匈奴贵族。班师后，武帝认为霍去病勇冠全军，因而封他为冠军侯，霍去病一战成名。

这次征战，大将军卫青并没有得到嘉奖，因为汉军虽有斩获，却损失惨重。右将军苏建和前将军赵信率领三千名骑兵遭遇了匈奴的主力，几乎全军覆灭，前将军赵信原本就是匈奴人，因而选择了投降，而右将军苏建则只身逃脱。苏建逃回军营后，卫青与众将商议如何处置他。有人建议："大将军自出征以来，从来没有处死过部将，这次苏建抛弃部下，正好可将他正法问斩，以树立您的威信。"另外一些人则反对说："苏建以寡敌众，苦战一天，部下全部阵亡后他也不愿投降，如果处死他，那以后谁还会拼死回来呢？"听了大家的意见后，卫青说道："我得天子信任统帅全军，不担心自己的威信，即便部将犯了死罪，我不擅自在外做主，等回去听天子发落，这也是作为臣子不敢专权的一种态度啊。"苏建随军回朝后，汉武帝赦免了他的死罪，让他出钱赎罪，废为庶人。

决战漠北

三年后（元狩二年），冠军侯霍去病被封为骠骑将军，一年中他先后两次率军深入匈奴领地，取得了辉煌的战果，汉武帝对他和部将都不吝赏赐，冠军侯的名声和地位都直追大将军。匈奴浑邪王在与霍去病的对抗中屡战屡败，害怕被单于问罪，于是他率部投降大汉。霍去病奉命前去受降，他察觉到投降队伍中有人动摇，果断斩杀了八千名妄图逃跑的降兵，顺利接收了浑邪王和十万名投降的部众。

元狩四年，汉武帝发动了空前规模的一次征伐。卫青与霍去病各自统领五万骑兵，分头进击，另有数十万步兵辎重部队。汉武帝的战前部署完全偏向霍去病，将最勇猛善战的将士交由他指挥，让他担当主攻单于的重任。然而人算不如天算，卫青率领本部从定襄远征千里后，恰巧遇到在大沙漠北边以逸待劳的单于主力。卫青果断部署，利用环形车阵和五千骑兵为饵，同时派出两路人马包抄，单于则先派出一万精兵发起冲锋。两军交战时，正是日暮时分，又恰逢吹起大风，一时石走沙飞，天昏地暗。厮杀了半天，汉军阵地依然固若金汤，同时左右两翼也已完成包抄，单于见势不妙，在百多名骑兵的拼死保护下，乘坐六匹骡拉的战车撕开包围圈，向西北方向仓皇败逃，单于的遁逃，让匈奴军队逐渐溃败。两军一直厮杀到天明，死伤都很惨重，汉军杀敌一万多人。卫青指挥汉军继续追击到寘颜山赵信城，正好用城内存粮埋锅造饭，之后一把火烧了余下的粮食后班师。大将军在归途中遇到了迷路的李广、赵食其部队，李广愤而谢罪自杀。

霍去病率领的一路汉军则遭遇了匈奴左贤王的部队，骠骑将军的军队勇不可当，俘虏匈奴王三人，将军相国等八十三人。霍去病率军穿越沙漠一路追击匈奴，在狼居胥山祭天，在姑衍山祭地，兵锋一直抵达瀚海，斩敌七万零四百四十三人，而本方仅损失十分之三的人马。经过这次大战，匈奴的势力被驱除出大沙漠之南，汉朝边境的威胁大大解除。然而汉军投入作战的十四万匹战马，大战后只剩下三万匹，这使得在之后十几年中，汉军也无法再组织大规模的出击。

将星陨落

漠北之战后，朝廷设置了掌管全国兵马的大司马职位，卫青、霍去病同时担任大司马。年轻的霍去病日益显贵，权势盖过了自己的舅舅。

霍去病寡言少语却敢于做事，有着强者的气魄。武帝曾为他建造府邸，霍去病却说："匈奴还没有消灭，没有考虑过家里的事（匈奴未灭，无以家为）。"武帝因而更加青睐他。但是，霍去病自小显贵，所以不懂得体恤士兵：战时军中士兵没有粮食吃，但班师时将军辎重车里却要扔掉剩余的粮肉；出征塞外，很多士兵饿得没力气站起来，但霍去病却还和自己的部下踢球找乐子。相比之下，卫青性格宽厚，对天子恭顺忠诚，对朝中官员谦让有礼，对待士兵也很仁慈，但却得不到天下人的称赞。

　　漠北之战后第三年，骠骑将军霍去病英年早逝，汉武帝十分哀痛，将他埋葬在自己的茂陵旁，将他的陵墓修建成祁连山的样子，以纪念他的丰功伟绩。漠北之战十四年后，大将军卫青去世。这十四年中，虽然朝廷因为缺少马匹而无力北伐匈奴，但卫、霍两人曾经的部下们不断率军出征，陆续征服南越、朝鲜等地，大汉的疆域由此空前广阔。卫青、霍去病这两位将星，为大汉战胜匈奴、开疆拓土立下了不世之功。

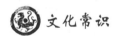 文化常识

汉代的骑兵

　　汉武帝在位期间，卫青、霍去病多次征伐匈奴，取得了决定性的胜利。汉军的胜利除了武帝的知人善任、卫青和霍去病的指挥才能之外，主要倚靠的是军队的实力，尤其是骑兵的力量。

　　战国时期，中原地区出现了最早的骑兵部队。赵武灵王通过胡服骑射的改革，提高了军队中骑兵的作用，以此应

对北方游牧民族的侵扰。然而，直到秦统一天下时，中原地区的军队仍旧以战车和步兵为主，即便是拥有骑兵传统的赵国，骑兵的比例也非常小。陈胜吴广起义后，秦军及起义军之间的交锋也多是车战。到了楚汉相争时期，骑兵的作用在战争中不断提高，刘邦任命灌婴为骑将，组建了精锐骑兵。这支骑兵部队后来发挥其机动性，取得数次关键战役的胜利：帮助韩信大破楚将龙且；追击项羽，迫其乌江自刎……汉并天下后，灌婴率领的骑兵依然是汉军平叛征战的主力之一。然而，此时朝廷任命的太仆（主管全国车、马等事务的最高长官）是善于车战的夏侯婴，可见，战车部队在汉军中的主力地位，仍然是骑兵无法撼动的。

汉高祖从白登山侥幸脱险后，意识到汉军的车步兵在匈奴骑兵面前毫无胜算。然而汉初国穷民弱，连天子的马车都凑不出相同颜色的马匹，朝中大臣们则只能乘坐牛车上朝。随着国家经济发展以及对养马事务的重视，到了汉武帝时，国力空前强大，马匹更是增加无数。于是，武帝下令征伐匈奴，汉军数度从北郡出征，此时部队的主力都是骑兵，每次出征的马匹都有数万匹。漠北决战时，卫青、霍去病各率领骑兵五万，备用及后勤马匹总数达十四万匹之多。另一方面，汉朝通过从西域引进的良马，对汉军马种进行改良，其中成功出使西域的张骞功不可没，他不但带来了乌孙的良马，也引入了许多中原地区没有的养马技术和物种。苜蓿作为马匹最喜欢吃的食物也被引进，苜蓿容易生长，后来连都城长安周围的土地上也长满了苜蓿，可见当时朝廷多么重视养马。值得一提的是，如今上海的"酒香草头""生煸草头"，苏州的"腌金花菜"，这些菜肴中的草头、金花菜其实就是苜蓿。

考古发现，在西汉陵墓中出土的兵马俑，几乎都有骑兵俑，甚至出现了骑兵方阵，这说明汉代骑兵正处于一个快速发展的阶段。然而，通过研究这些骑兵俑的形态，可知当时骑兵应该还没有专门的装备，比如对于骑马者非常重要的马具——马镫。目前考古发现的世界上最早的实物马镫，是我国西晋时期的单脚马镫，因而很多学者认为，马镫极有可能发源于中国。

关于马镫的研究结果颠覆了我们的两个认识：其一，晋代之前的骑兵，他们战斗时居然是没有马镫的，那么我们熟知的关羽、赵云等三国名将，理论上他们的传奇故事都建立在没有马镫的前提下，或者最多只有一个马镫；其二，马镫不是游牧民族率先发明的，原因可能是因为他们骑术娴熟，根本不屑于用马镫，而马镫一直到晋代才出现，可能是因为晋代贵族骑术很一般，所以才需要发明马镫这一辅助骑手的马具。虽然这些都是关于马镫引发的猜想，但我们可以确定，当年卫青、霍去病率领的汉军骑兵能够战胜强大的匈奴，他们的骑术一定非常了得，即便与游牧民族相比，也该是不遑多让的。

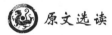 原文选读

《史记·卫将军骠骑列传》选段

天子为治第①，令骠骑视之，对曰："匈奴未灭，无以家为也。"由此上益重爱之。然少而侍中，贵，不省士②。其从

军，天子为遣太官赍③数十乘，既还，重车余弃粱肉，而士有饥者。其在塞外，卒乏粮，或不能自振④，而骠骑尚穿域蹋鞠⑤。

注解

① 治第：修建府邸。② 省士：体恤士兵。③ 赍：读 jī，资助，送给。④ 自振：自己站起来。⑤ 蹋鞠：即蹴鞠，古代的一种踢球游戏。

24. 李广

在汉军征讨匈奴的将领中，卫青、霍去病作为统帅建功立业，威镇寰宇；公孙贺、李蔡后来成为丞相，位极人臣；路博德、赵破奴南征北战，功绩彪炳……然而，有一位将军，历经文帝、景帝、武帝三朝，身经百战但从未封侯，名闻天下却含恨而终。所幸，通过太史公的《李将军列传》，这个名字得以流芳百世，他就是飞将军——李广。

"万户侯岂足道哉"

李广，陇西人，秦将李信之后，宗族世代习射。汉文帝时，李广以良家子身份参军抗击匈奴，他本领高强，杀敌无数，很快成为俸禄八百石的汉中郎，侍奉天子。李广英勇杀敌、力搏猛兽等事迹广为流传，文帝曾有些惋惜地对他说："你可真是生不逢时啊，倘若身处高祖的时代，凭你的本领封个万户侯是绰绰有余的。"

不久，李广遇到了建功立业的大好时机。景帝继位后，吴楚七国叛乱。李广跟从太尉周亚夫平叛，在昌邑攻防战中表现卓越，还斩获敌军旗帜。当时，梁王为表彰李广功

绩，授予他一枚将军印。虽然梁王是盟军，但他毕竟只是诸
侯王，并不能代表朝廷，李广却接受了梁王的表彰，因此班
师回朝后，他反而没有得到景帝的封赏。后来，随着匈奴的
侵扰日益频繁，李广先后担任过多个边郡的太守，当时负责
边境事务的长官公孙昆邪曾哭着对皇帝说："李广是难得的人
才，但他总是凭借个人能力，不顾危险地亲自与匈奴厮杀，
我恐怕他总有一天会遇害啊。"那么李广究竟是如何与敌周
旋，让长官如此担心的呢？

　　景帝曾派一名宠臣跟着李广在边境练兵。有一天，这名
官员率领几十名骑兵遭遇了三个匈奴人，双方交战。匈奴人
武艺了得，百发百中，几乎射死了所有的骑兵。那名官员带
着伤，好不容易逃回了军营，李广闻讯后说："这应该是匈奴
的射雕人。"于是，他亲自率领一百多骑兵追赶，远远看到
三名射雕人正牵着马徒步前进，李广命令队伍从两边包抄，
自己则挽弓射箭，射死两人，活捉一人。正当汉军准备回去
时，迎面出现了几千名匈奴骑兵，匈奴军队没有发动进攻，
只是在山坡上摆开阵势观望。李广的手下非常害怕，都准备
调转马头逃跑。李广却命令勿动，他冷静地对大家说："我们
离开军营太远，一旦他们追杀过来，我们一定会被全歼。他
们现在不敢进攻是因为害怕我们只是诱饵，后面还有大军埋
伏，所以我们必须继续前进！"于是，李广带领队伍继续向
匈奴靠近，到了离他们只有两里的距离时，李广下令说："停
止前进，把马鞍都卸下来，就地休息。"士兵们连忙说："太
冒险了，万一他们杀过来怎么办？"李广坚定地回答："卸下
马鞍，表示我们不想逃跑，这样他们就更加确信我们只是诱

饵。"众人只能跟着李广一起卸鞍，坐下来休息。不久，匈奴军中有一位骑白马的军官驰出了军列，李广瞅准他落单的时机，带了十多骑飞奔过去，将其射杀后又重新回来卸鞍躺下。匈奴人大为吃惊，但仍不敢贸然进攻，到了半夜，他们怀疑汉军的主力会来夜袭，于是便慢慢撤退了。正是黎明时分，李广命令士兵们起身上马，从容不迫地离开，终于安全地回到了营地中。李广就是这样艺高人胆大，出入敌阵，毫无怯意。

"汉之飞将军"

李广威名远扬，汉武帝继位后，将他从边郡调回长安，担任未央宫的卫尉。不久，李广率军参加了马邑之围。四年后，汉军四路兵马主动出击，李广率军出雁门后遭遇了匈奴主力，结果寡不敌众，李广兵败被敌人活捉。单于也知道飞将军的大名，特意吩咐手下要把李广活着带回来。匈奴士兵在两马之间架了个网兜，把受伤的李广放在上面，走了十多里路，李广一路装死，暗中却在观察谋划。看见身旁的士兵骑着匹好马，李广瞅准时机，跃起、抢马、搭弓、射箭，一边驱马飞驰，一边回射追兵，竟然被他逃脱了。虽然李广侥幸逃回，但仍然因兵败而被问罪，后来他用钱赎罪，被贬为庶人。

李广性格沉默寡言，但体恤士兵，吃苦在前，享受在后。李广与程不识两人担任卫尉前都是边郡太守，程不识带兵军纪严明，勤于操练，谨慎细微；而李广带兵往往很随便，对士兵没有过多的要求，安营时只派几个人负责侦察，所以士兵大多喜欢跟着李广出征。射箭是李广酷爱的事情，他身高臂长，极具射箭天赋，家族中无人能比。平时行军休息时，他要么在沙地上画地图，要么就在练射箭。因为对自己的射箭本领相当自信，所以无论打仗还是打猎，李广都敢于接近目标，当目标进入射程后再发动攻击，虽然这样能杀伤对手，但自己被攻击的风险也大大提高。李广留下的许多虎口脱险的传奇故事，也与他这种作战风格有关。

有一次，李广外出打猎，天色渐黑，而草丛中隐约见一虎伏在其中，李广拉满强弓，静气凝神，一箭射出。随从拨开草丛察看，惊奇地发现李广射中的是一块大石头，箭镞竟已没入石中。李广也不敢相信自己的眼睛，他退到原先的位置，对着石头再次张弓射箭，但箭却怎么也射不进那块石头了。李广曾在不少边郡任职，每到一郡担任太守，都喜欢去猎虎，后来他在右北平时曾被老虎所伤，但老虎也被他射死了。

李广赋闲时，也经常去打猎。有一天他回来晚了，正巧遇到霸陵的亭尉。这个霸陵尉正巧喝醉了，命令李广和他的随从不准在夜间行走赶路。随从上前对亭尉打招呼说："我家大人是以前的李将军。"亭尉大声呵斥道："就算是现在的将军也不行，何况是什么以前的将军！"没多久，边境战事吃紧，李广被朝廷重新起用，担任右北平的太守，李广派人将那个霸陵尉召来军中，下令斩杀了他。

匈奴知道李广驻守在右北平，很长一段时间里都远远地躲开，不想与他交战。匈奴人都称李广为"汉之飞将军"。

"广结发与匈奴大小七十余战"

汉武帝很器重李广，任命他为郎中令。元朔六年，后将军李广随大将军卫青出征，但没有建功。两年后，郎中令李广率四千骑兵、博望侯张骞率一万骑兵再次出征。李广的部队被匈奴左贤王的四万人马包围，李广下令摆出圆阵进行防御，他的儿子李敢当时也在军中随父作战。这是一场充满腥风血雨的苦战，匈奴箭如雨下，汉军死伤过半，人人面无血色，李广父子身先士卒，从容不迫，稳住了军心。厮杀至第二天，张骞的援军赶到，匈奴这才撤退。这一仗，博望侯张骞因延误时间，获罪成为庶人，坚持到底的李广部队，几乎全军覆没，李广功过相抵，没有得到封赏。

李广威名天下皆知，但始终没有封侯。李广有一位堂弟叫李蔡，年轻时兄弟俩一起做了中郎，李蔡因为跟随大将军卫青立了功，此时早已被封为乐安侯，之后居然又被升为丞相，位列三公。同李蔡相比，李广名声比他大，本领比他强，而官爵却不如他。李广因此常深感郁闷，甚至还询问过会占卜的人。那人问他是否做过什么不该做的事情，李广自责说，曾经俘虏了八百名敌人，在他们投降后又杀了他们，占卜的人认为这也许就是他无法获封的原因。

元狩四年，卫青、霍去病率领了史无前例的大军出征。此时，李广已经六十多岁，他知道这是自己为国建功立业的最后机会，恳请天子让他随军出征。汉武帝也很想成全李广，却又有些不放心，他任命李广为前将军，但私底下却叮嘱大将军卫青，李广年岁大了，而且命数不好，征战时不能委以重任。于是，在漠北大战前，卫青故意将李广调去与右将军赵食其会合，一同从东路出发迂回作战。李广不想接受命令，他希望自己发挥前将军的作用，作为前锋与单于交战。在卫青的坚持下，李广很不甘心地改变了路线。结果，李广、赵食其的东路军迷失了道路，迟迟没有赶到漠北战场，等到卫青打败单于，班师回朝时，才在漠南遇到了东路军。按照军法，迷失道路、贻误战机的将领要被问罪，李广独自揽下了所有罪责。老将军回到军营中，愤恨交加，他对部下说："自从我结发成年后，与匈奴打了大小七十多场仗，这次有幸跟随大将军出征，本想作为先锋拼死作战，无奈竟被调走。恨我又迷失道路，无尺寸之功，这难道不是天意吗？我已经六十多岁了，不想再忍受狱吏的刁难和审问了！"就这样，李广在营中自刎而死。当飞将军的死讯传到长安，百姓们无不为他伤心落泪。

"桃李不言，下自成蹊"

李广有三个儿子：李当户、李椒、李敢，他们都曾是天子的郎官，李当户、李椒都比李广先去世。漠北大战时，李敢随同骠骑将军霍去病在另一路作战，他作战有功被封为关内侯，后来还继承了父亲的郎中令职务。李敢得知了父亲含恨自刎的经过，归罪于卫青，一怒之下冲到大将军府邸将卫青击伤。卫青却不想责怪李敢，命令在场的人不得将此事泄露出去。然而纸包不住火，这件事让霍去病知道了，他决定要为舅舅出这口恶气。这一天，霍去病、李敢陪同武帝外出打猎，霍去病寻得机会，将李敢一箭射杀。当时正是霍去病如日中天的时候，汉武帝为了保护他，对外宣称李敢是打猎时被鹿角顶死的。霍去病逃过了武帝的怪责，却没能逃过早逝的命运，一年多后，他就去世了。李敢死后，将门李氏逐渐走向衰微。后来，继承李广事业成为武将的子孙，是李当户的遗腹子——李陵。

李陵和祖父李广一样善于射箭，爱兵如子。武帝认为李广后继有人，颇感欣慰，因而十分器重李陵，派他率领五千精兵戍卫边境。

天汉二年，贰师将军李广利奉命征讨匈奴。为了分散匈奴的注意，李陵率领本部五千步兵配合作战。不料，李陵部队遭遇了八万匈奴骑兵主力，汉军在重重包围之下，拼死力战，箭矢用尽，死伤过半，但同时也杀伤了一万名敌人。两军苦战八天，李陵弹尽粮绝，全军覆没，最终接受了匈奴的劝降，五千步兵中仅有四百人逃回汉朝。单于钦佩李陵作战英勇，又闻知是李广之孙，对他非常善待，嫁女给他为妻。汉武帝得知后，勃然大怒，下令将李陵的母亲、妻子、儿女全部诛杀。从此，李家彻底败落。

太史公曾见过李广，他说李广不善言辞，忠厚朴实的样子像一位乡下人。飞将军在前线自刎的消息传来，都城百姓无论男女老幼，都为他伤心落泪。然而，太史公又说，这位名将未必得到了当时士大夫们的认可，他感叹"桃李不言，下自成蹊"，其中蕴含了大道理啊。

一个人如果被人尊敬，他总会留下一些痕迹，即便两千多年过去了，李广仍被无数后人景仰，飞将军仍被无数诗歌赞颂。当我们翻开《史记》时，便仿佛流连在太史公为我们留下的那条小路上，每一次驻足观看，便会多留下一些脚印，多一次感动和传承。

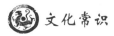 **文化常识**

《汉书》中的李陵

《史记·李将军列传》中记载，李陵投降后"（单于）乃以其女妻陵而贵之，汉闻，族陵母妻子。"在李陵事件中，除了他留在汉朝的家室被灭族，另一位受害者就是司马迁，他为李陵仗义执言而惨遭宫刑。《史记》中对李陵的记载非常简单，在汉武帝仍在位的情况下，太史公不能说、不敢说也不愿说，况且李陵当时也还在匈奴，当事者都还活着，历史就还没有完结。幸好，我们在二百年后东汉班固编写的《汉书·李广苏建传》中可以找到李陵故事的结局。

《汉书》中记载天汉二年（公元前99年），李陵率领五千步卒，作为贰师将军李广利的策应部队出击，却遭遇了数倍于己的匈奴骑兵主力，李陵苦战十数日，兵尽矢穷而援兵不至，不得已投降了匈奴。汉武帝希望李陵奋战到死，因而对李陵投降感到愤怒，群臣也纷纷附和，之前从李陵部队回朝汇报的陈步乐甚至畏罪自杀。此时，太史令司马迁却挺身而出，独为李陵辩护，然而武帝误会他在责怪贰师将军，所以司马迁越是振振有词，武帝越是觉得他可恨可杀，终于将司马迁下狱施以宫刑。武帝冷静后，颇感李陵孤军无援之困窘，对他投降之事稍稍释怀，于是他一方面下令犒劳李陵部队的生还者，另一方面派公孙敖率军出征，意欲迎回李陵。公孙敖的军队无功而返，却碰巧抓了个俘虏，这个俘虏告诉汉军，李陵正帮助单于训练匈奴士兵，以对付汉军。汉武帝闻知大怒，于是将李陵的家室全部杀害。

此时，李陵在匈奴已经一年多了，他闻知家人的噩耗后，通过询问汉使，搞清楚了其中的天大误会。原来，帮助匈奴训练军队的是另一位汉朝降将李绪，那名俘虏错把李绪说成了李陵。李陵一气之下，派人刺杀了李绪。

单于对李陵非常器重，将女儿嫁给他，封他为右校王。这段时间，与李陵同在匈奴的，还有两位曾经的汉使。

一位是投降匈奴的卫律，他被封为丁灵王，单于非常信赖他。后来贰师将军李广利也投降了匈奴，卫律嫉妒李广利受宠，于是借他人之手杀害了李广利。李广利是李陵事件中第一位死去的当事者。《史记》中司马迁记载的最晚的历史事件，就是征和三年李广利的投降。

另一位汉使是苏武，他是将军苏建的儿子，奉武帝之命出使匈奴，因为卷入一起针对单于的阴谋而被扣留，被罚在北海苦寒之地牧羊，匈奴数度劝降他都被拒绝。苏武与李陵原本就是熟人，曾一起担任侍中，单于便派李陵劝降苏武，但苏武拼死拒绝，让李陵非常感动。后元二年，汉武帝驾崩，李陵告知苏武，后者痛哭至吐血。汉昭帝即位后，李陵的朋友霍光、上官桀等人掌权，但李陵仍拒绝回汉。苏武则终于历经劫难，荣归故里。李陵曾经流着泪与苏武诀别，自叹如果朝廷当初宽赦自己，没有灭其族、杀其母，自己也一定能拼死尽忠。

李陵留在匈奴前后共二十多年，死于汉昭帝元平元年（公元前74年），此时，李陵事件中的另两位当事人汉武帝、司马迁也早已作古。

 原文选读

《史记·李将军列传》选段

顷之①，家居数岁。广家与故颍阴侯孙屏②野居蓝田南山中射猎。尝夜从一骑出，从人田间饮。还至霸陵亭，霸陵尉醉，呵止③广。广骑曰："故李将军。"尉曰："今将军尚不得夜行，何乃故也！"止广宿④亭下。居无何⑤，匈奴入杀辽西太守，败韩将军，后韩将军徙⑥右北平。于是天子乃召拜广为右北平太守。广即请霸陵尉与俱⑦，至军⑧而斩之。

注解

①顷之：不久，过些时候。②屏：隐居。③呵止：喝止，大声命令停止。④宿：过夜。⑤居无何：没过多久。⑥徙：调动官职。⑦与俱：和他一起去。⑧军：军队，军营。

25. 张汤

　　秦朝严苛的律法，既成就了统一的伟业，也导致了二世而亡的速崩。到了汉初，推崇无为而治，法网稀疏宽大，百姓得以休养生息。随着经济复苏、社会繁荣，汉朝的律法也逐渐严厉，陆续出现了晁错、郅都这样以严苛闻名的酷吏，令诸侯百官都畏惧忌惮。到了汉武帝时，更是出现了一大批令人闻之丧胆的酷吏。《酷吏列传》中共列有十三人，其中十人都是汉武帝的臣子，而其中最为著名的就是张汤。

天赋异禀

　　张汤，出生在都城长安附近的杜县，父亲担任长安丞一职。

　　小时候，有一天父亲外出，嘱咐张汤看家。不料，家里的肉被老鼠偷走了，父亲回来后很生气，将张汤鞭打了一顿。无缘无故被老鼠拖累受罪，张汤咽不下这口气，他想办法掘开老鼠洞，不但将洞中的老鼠全部捉拿，还发现了老鼠没有吃完的肉。于是，张汤自己做审判官，按照审案流程，先告发老鼠立案，然后对老鼠拷打审问，并一丝不苟地记录下审问的经过，煞有其事地罗列证据、宣判定罪。最后，可怜的老鼠被张汤判处磔刑（一种分裂肢体的酷刑）。

老鼠在家中的堂下被公开处刑，旁边摆着罪证——吃剩的肉。这一幕被张汤的父亲撞见了，他简直不敢相信自己的眼睛，这时候，他的儿子居然还拿出了自己的审案记录。父亲惊讶地发现，这个审案记录条理清晰、措辞老练，简直像老狱吏写的一样。原来，张汤平时跟随父亲进出官署，对审案等程序早已耳闻目染，但他年纪这么小就能对这些事务融会贯通，为自己申冤办案，让老鼠死得明明白白，简直就是一个天才审判官。于是，张汤的父亲让他正式学习法律和刑狱知识，在父亲的言传身教下，张汤很快成为这方面的能手。父亲死后，张汤便担任了长安吏。

发迹之路

长安是大汉的都城，到处都是王公贵族，长安的大牢中也经常关押着不小心栽了跟头的权贵。长安吏张汤就遇上了这么一个身陷囹圄的贵人，他的名字叫田胜。张汤对狱中的田胜很照顾，倾尽全力解救他。田胜获释后不久便飞黄腾达了，原来田胜的姐姐就是汉武帝的母亲王太后，武帝继位后，田胜和哥哥田蚡都成了国舅，田胜被封为周阳侯，田蚡被封为武安侯，立刻尊荣无比。

田胜没忘记张汤的恩情，带着他认识当朝贵胄，凭着田胜做靠山，张汤也很快被朝廷任用为内史。张汤的顶头上司是宁成，出了名的铁面无情，不过张汤办事干练又很会做人，得到了宁成的青睐。宁成推荐张汤去了丞相府，担任了茂陵尉，是负责监督营造武帝陵墓的好差事。

等田蚡做了丞相后，张汤再被升任为御史，负责审理案件，这恰是张汤所擅长的。不久，他遇到了一桩颇为棘手的皇家大案——陈皇后的巫蛊（gǔ）案。皇家内部的案件牵涉的都是皇亲国戚，办案人员稍不留心反会遭到牵连，但是张汤办案果断，追查彻底，将陈皇后及其帮凶悉数定罪。此时，废黜皇后正是汉武帝想要的结果，张汤因而被皇帝重重嘉奖，并被升任为太中大夫。这时候张汤认识了著名的酷吏赵禹，两人性情相近，很快成为好友，还一起制定了很多严苛的律令，比如"见知法"——如果官员知道他人犯罪而不举报，将被一起问罪。像这样的律令鼓励官员互相检举揭发，搞得官员们人心惶惶，却让张汤、赵禹如鱼得水。张汤后来成了廷尉，赵禹成为少府，都位列九卿，张汤对待赵禹像兄长一样恭敬。两人都以严酷闻名，但赵禹更加傲慢，奉公无私，而张汤则善与人结交，更加圆滑。

秉"君"执法

张汤虽然执法严厉，但他并非严格按照法令秉公执法，而是严格按照皇帝的心思秉"君"执法。汉武帝倾心于儒家学说，张汤就选用熟悉《尚书》《春秋》等典籍的儒者博士来做自己的下属，因而上交的判案文件都饰以儒家的说辞，颇得皇帝赏识。在判案时，张汤也非常善于揣摩皇帝的心思：如果呈报的判定得到皇上的赞扬，他就说是下属的功劳，如果被皇上责问，他便自己承担责任，自责没有听从下属的正确意见，这样皇帝也往往会宽赦他；如果处理的案件是皇上想严办的，张汤就委派给办事苛刻的下属，反之，则派办事平和的下属去主理，求得宽赦；如果对象是豪强，就巧立名目进行诬陷，如果对象是普通百姓，就按平常法令请皇上明察。张汤就是这样和属下们都按照皇帝的想法，投其所好审判各种案件，然后用儒家的说辞予以装饰，既光大了天子的皇恩，又达到了问罪的目的，因而都能得到汉武帝的肯定。

张汤虽然位列九卿，但并不居官自傲，体现了他极高的为人处世的素养。对待老友熟人，无论贫富都殷切周到，处处照顾；对待三公长官，无论寒冬酷暑都定时拜访，从不间断。因而，虽然张汤善于察言观色，判案多存私心，但仍然博得了包括丞相公孙弘在内的朝中大臣们的交口称赞。

权力巅峰

淮南王刘安等人的谋反案被挫败后，张汤穷追猛打，展开彻底清查。武帝想要宽赦牵涉其中的庄助、伍被等人，但张汤却反对说："伍被从头至尾都参与策划谋反，而庄助是出入宫廷的天子亲信，如果他们不被问罪处死，以后陛下就无法驾驭臣子了。"武帝最终同意了他的意见。张汤以这样的严格审判，说出了皇帝想说却不便说的话，清除了皇帝想除却不便除的人，赢取了皇帝的信赖。他很快被任命为御史大夫，位列三公尊位。

当时匈奴浑邪王率部投降，不断获得的胜利，助长了汉武帝继续征讨匈奴的决心。张汤清楚地看到了这一点，并坚定不移地支持响应武帝的政策。

有一次，匈奴前来请求和亲，武帝与众臣商议。有一位博士名叫狄山，他认为和亲政策对朝廷有利，他说从高祖一直到景帝，始终采用和亲政策，让天下生民富足，现在战争日久，国库空虚而边境百姓困顿，不如和亲。张汤立刻驳斥他："这是愚蠢的儒生的无知建议。"狄山被激怒了，反驳道："就算我是愚忠，总比御史大夫诈忠要好。张汤办理淮南王案件时，用严酷手段诋毁诸侯，离间宗室骨肉，使得各国诸侯惶恐不安，所以张汤的忠诚是装出来的。"

武帝一听狄山不仅反对征战，甚至质疑淮南王的谋反案，他强压怒火，铁青着脸问狄山："我让你主管一个郡，你能防御匈奴的劫掠吗？"狄山是做学问的博士儒生，根本不懂治军打仗，连忙回答："不能。"皇帝追问："一个县呢？"狄山又答："不能。""那么，给你一个边境哨所呢？"狄山明白自己已经触怒天子了，再拒绝的话一定会被问罪，于是只能硬着头皮回答："能……"于是，武帝立刻派狄山前往边境上任。一个月后，传来狄山被来犯匈奴斩首的消息，朝中大臣因而人人自危，生怕不小心说错话。

忤逆皇帝的意志就是逆龙鳞，狄山就是逆龙鳞的下场。张汤绝不做这样的事情，他担任御史大夫后，在各方面都积极配合天子的政策，国家因连年征战而财政紧缺，张汤就上奏天子铸造白金货币、五铢钱，垄断盐铁专营权，推行算缗告缗政策，并推出相应的保障措施，打击豪富，大肆敛财……虽然张汤的行为大大超越了御史大夫的职权，乃至架空了丞相，但汉武帝每次都对他的提议非常感兴趣，每当与张汤商议这些政策时，都会交谈到很晚甚至忘了吃饭。张汤获得了天子的赏识，权力越来越大，而他的政策侵犯了天下人的利益，民怨也越来越多，无论卿大夫还是平民百姓都对张汤敢怒而不敢言。

物极必反

虽然张汤获得了无以复加的尊荣，但物极必反，张汤弄权日久，树敌众多，他也终于走到了败亡的这一天。

有人盗挖了汉文帝陵墓里的殉葬钱，这对臣属来说是失职行为，于是丞相庄青翟与御史大夫张汤商定，上朝时两人一起向皇帝谢罪。但面见天子时，张汤却认为，丞相负有四季巡查皇陵的责任，陵墓失窃，这是丞相的失职，与他这个御史大夫无关。于是他非但没有跟着庄青翟谢罪，还奉命查办他的过失，甚至准备给他定一个"见知"的罪名，也就是说丞相明明知道有人盗墓却没有上报，这是一项大罪。庄青翟意识到自己大难临头，这回栽在张汤手里，要被他整死了。就在庄青翟惶恐无助时，他手下的三位长史却挺身而出，不过，他们并非只是想救丞相于水火，而是早就对张汤恨之入骨，准备趁此机会扳倒张汤，这三位长史是：朱买臣、王朝、边通。

朱买臣，是庄助的同乡和好友，当年两人一起获武帝重用，官至太中大夫。那时候张汤还只是一个小官吏，经常跪在朱买臣他们面前等候调遣。后来，张汤成为廷尉，主理淮南王的谋反案，正是在他的严办下，好友庄助惨遭杀害，朱买臣因而对张汤怀恨在心。张汤升任御史大夫后,朱买臣从会稽太守调回朝廷,不久因为犯法被免官,暂时充任代理长史的小官。当朱买臣去拜见张汤时,张汤丝毫不念老长官的旧情,竟然坐着不起身,甚至张汤的手下都对朱买臣极为傲慢无礼。新仇旧恨,让朱买臣对张汤恨之入骨,每每欲置之死地而后快。另两位长史王朝和边通,都曾居高位,官做得比张汤大,但自从沦落为长史后,他们都饱受张汤的侮慢。于是,三位长史与丞相庄青翟共同谋划,寻找张汤的罪证。

很快,罪证便被找到了。有一位叫田信的商人,与张汤熟识,据说每当张汤向朝廷提出政策时,田信都能预先知悉,他提前囤积货物,发了财后便分钱给张汤。汉武帝很快得到这一密告,但他想要试探一下张汤,于是召见他:"听说每当我要下达新政策时,总有商人会预先知晓,囤积居奇,发家致富,似乎有人透露消息给他们了,你知道这回事么?"张汤听了,并没有请罪,只是回答:"也许有这种事情吧。"汉武帝心中不快。就在这时,张汤当年与下属合谋诬陷他人的事情被揭发了,张汤欺骗皇帝,利用伪证杀人,证据确凿。汉武帝大怒,认为张汤果然是欺君罔上的奸臣,于是审问张汤,但张汤拒绝招供,前后派了八批特使审问都无法让张汤认罪。最后,张汤的老熟人赵禹被派来了,他语重心长地对张汤说:"你做过什么事,皇上会不知道么?被你判处死刑乃至族灭的人还少么?如今你的罪行确有证据,这让皇上也很为难,你应该自我了断,再做辩解又有何益?"于是,张汤写下了请罪的书信说:"拜陛下所赐,我无尺寸之功,从一名刀笔吏直至位列三公,我现在百口莫辩,但诬陷害死我的人就是那三个长史。"

薄葬昭雪

张汤死后，朝廷搜查其家产只有五百金，而且都是他的俸禄。张汤的族人想要厚葬他，但他的母亲却坚决反对，她说："张汤是皇上的臣子，他遭受恶言而死，厚葬他又有什么意义呢？"于是，按照张汤母亲的要求，家人只用牛车拉棺材，下葬时也只有内棺而无外椁，简陋至极。

汉武帝听说了这件事后，感叹道："没有这样的母亲，就生不出这样的儿子啊！"于是，他下令重新彻查张汤的案子，最终处死了朱买臣、王朝、边通三名长史，而丞相庄青翟也畏罪自杀。不过，汉武帝对张汤始终心怀愧疚，因而后来重用他的儿子张安世。

太史公在《酷吏列传》中评论说，位列九卿的人大多庸碌无为，只想保住自己的官职。而列传中的这些酷吏们，其中廉洁的可称为表率，贪婪的可引以为戒，其中大多数人都把本职工作做得很好，虽然有些人手段惨烈残酷，好歹是称职的。而那些没有被列入传记的、杀人如麻、专以虐人为乐的酷吏在当时又是何其之多啊。

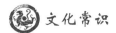 文化常识

巫蛊之祸——皇后的宿命

张汤得到汉武帝的赏识，源于他办理了宫中的巫蛊大案，"治陈皇后蛊狱……于是上以为能"（《史记·酷吏列

传》），这件案子导致汉武帝废黜了陈皇后，并将卫子夫立为皇后。所谓的蛊狱就是巫蛊之罪，这究竟是多严重的罪行呢？我们一起来了解下。

巫蛊是当时的一种巫术，将被诅咒者名字等信息写在木头小人上施咒，然后埋于被诅咒者宅邸或所行经之路上，据说以此能摄取此人的灵魂。陈皇后诅咒的对象正是卫子夫，因为她虽贵为皇后，却多年无子，因此非常嫉妒卫子夫为武帝生育并受宠。陈皇后巫蛊败露后，张汤奉命彻查，牵连无数宫人，陈皇后也惨遭废黜。

令人意想不到的是，多年后，皇后卫子夫居然也因巫蛊之罪被废，而这次发生在武帝晚年的巫蛊之祸，其过程更为惨烈，后果更加严重。祸端发生于当时的丞相公孙贺，他的妻子是卫皇后的姐姐，其子公孙敬声被举报在武帝外出的道路上埋了偶人并施咒。公孙贺父子很快死于狱中并被灭族，此事又牵连了卫皇后的女儿和卫青的长子，卫氏势力遭到削弱。祸事不断蔓延并扩大，有一个叫江充的人，奉武帝之命大肆抓捕巫蛊同党，牵连甚众，甚至得罪了太子刘据和卫皇后。江充害怕太子一旦掌权将诛杀自己，于是陷害太子。太子被逼得走投无路，怒而杀死江充等人，当时武帝正在都城外的甘泉宫中，他收到太子造反的谣言，于是任命丞相刘屈氂平叛。由此事态迅速升级，太子的人马与丞相的平叛军队发生了激烈战斗，数万人被杀，长安城内血流成河。最终太子兵败逃亡，但很快在遭遇围捕后自缢身亡，其母卫皇后也被废自杀。

汉武帝虽然获得了胜利，但不久他就觉察出太子是被陷害逼反的，他又对当初陷害太子的人进行了清算。丞相刘屈氂、贰师将军李广利等都被灭族，当时李广利正在征讨匈奴前线，只得投降了匈奴。《史记》中并没有记载这次巫蛊之祸，但却交代了几位当事者的结局，公孙贺"为巫蛊，族灭，无后"，李广利"闻其家以巫蛊族灭，因并众降匈奴"。另外，从《史记·田叔列传》褚少孙补记的内容中可知，司马迁的好友任安、田仁都牵连在此次事件中被杀。

汉武帝的两任皇后都因巫蛊之祸而败，尤其是武帝晚年的这次巫蛊之祸，彻底改变了朝廷中的权力结构。汉武帝后来建造了"思子宫"，表达对太子的思念，追悔自己的过失。武帝崩后，幼子刘弗陵继位，即汉昭帝。昭帝去世时没有子嗣，而继位的汉宣帝刘询（原名刘病已），就是当年遭遇巫蛊之祸而流落民间的太子刘据之孙。

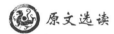 **原文选读**

《史记·酷吏列传》选段

汤死，家产直^①不过五百金，皆所得奉赐^②，无他业^③。昆弟诸子欲厚葬汤，汤母曰："汤为天子大臣，被污恶言而死，何厚葬乎！"载以牛车，有棺无椁。天子闻之，曰："非此母不能生此子。"乃尽案诛三长史。丞相青翟自杀。出^④田信。上惜汤。稍迁^⑤其子安世。

注解

①直：通"值"，价值。②奉赐：俸禄和赏赐。③他业：其他的产业。④出：释放，放出。⑤稍迁：渐渐提拔。

26.　郭解

　　韩非子说"儒以文乱法，而侠以武犯禁"，他批评儒者、游侠都是对治理天下无益的人。太史公感叹儒者多被人称道，特别是武帝时代，很多儒者通过权术得以身居高位，名垂青史。然而，当世的游侠虽然行为不一定合乎正义，但他们言必信，行必果，重然诺，轻生死，救人于水火，却从不自夸功劳，因而游侠也是值得称赞的。季札、信陵君等都位居卿相，他们广招贤士，人尽皆知，乃是卿相之侠。而出身平民的布衣之侠，通过自己的品行扬名天下，他们耻于恃强凌弱的行为，但往往被人误解。其中最具代表性的当世游侠就是郭解，《游侠列传》中记录了他的故事。

少年慕其行

　　郭解，轵（zhǐ）县人，是擅长相面的许负之孙，他的父亲因为游侠犯禁，而在汉文帝时遭诛杀。郭解长得短小精悍，年轻时心狠手辣，遇到不称心的事，往往会动手杀人。郭解也爱帮朋友，为他人报仇不惜自己性命，时常藏匿罪犯、作奸犯科者，闲来无事时还私铸钱币、盗挖坟墓。所幸，郭解运气不错，做了这么多坏事却总能逢凶化吉，即便被抓也能遇上大赦免罪。

随着年岁增大，郭解收敛了许多，不再像从前那样好勇斗狠，他非常注意自己的言行，以德报怨，经常帮助别人却不求回报。郭解行侠仗义的念头越来越强烈，他救人性命但不求彰显功劳，不过内心还是阴狠，依然会睚眦必报。当时的年轻人都以郭解为榜样，效仿他为人做事的风格，常常为郭解报仇解气却从不告诉他。

郭解的外甥与人喝酒，对方不胜酒力，但他仗着舅舅的威风，硬逼着对方喝完。那人怒而将他杀死后仓皇逃走。郭解的姐姐悲愤异常，她赌气说："大家都说郭解最讲义气，现在他的外甥被人杀了，凶手居然找不到！"于是，她故意不收敛儿子的尸体，将之丢弃于道路旁，想以此羞辱刺激自己的弟弟为她报仇。郭解派人打听出凶手的下落，凶手知道后非常恐慌，来向郭解自首，坦白了事情的详细经过。郭解听了，对他说："这事是我外甥做得不对，你杀了他是应该的，你走吧。"凶手被释放，郭解派人收敛尸体，埋葬了事。这件事被传出去之后，人们纷纷赞叹郭解的公正仁义，而追随依附他的人也更多了。

郭解名声在外，他出行时，里中之人都会回避他。然而，有一个人见到郭解非但不避开，还傲慢地坐着看郭解。郭解派人去打听那人的姓名，他的门客们却都想动手杀了这个无礼的家伙，郭解劝他们说："身处里邑中却不受尊重，这说明我自己的德行有问题，这个人哪来的过错呢？"郭解又私下跟邑中的官员打招呼说："此人是我要关照的，轮到他服徭役的时候，帮他免除掉。"后来，那人好几次都没轮上徭役，他心里感到很奇怪，于是就去向官员打听原因，这才知道原来是郭解帮了他忙，他非常感激和惭愧，立刻光着上身登门向郭解请罪。这件事之后，年轻人们更加钦佩郭解的所作所为。

贤豪交其游

雒阳有人互相结怨为仇，当地的十多位豪杰长者先后居中调解，但都没有用。于是，门客请求郭解前去调停。郭解特意选在夜里去，这些人因为他的缘故，勉强表示愿意和解。郭解对他们说："我听说雒阳地方上的人物都来劝说过了，但未能达到目的，今天承蒙各位看得起在下，但我毕竟是外乡人，怎么可以夺了本地豪杰的名声呢。"郭解连夜赶回去，临走时对大家说："我看这里的事情解决得差不多了，等我走了以后，再请雒阳的贤豪来调解，到时候你们听从他们就是了。"

郭解就是这样凭借自己的威名解决问题，却不留姓名，这也是他最热衷的任侠风范，令各地贤豪人士钦佩不已。郭解平时非常低调，作为平民，不敢坐车进出官府。他去别的郡县或诸侯国，都尽力帮助别人解决问题，就算不能解决，也能令各方感到满意，这样才敢留下来吃饭。郭解越是低调，人们越是对他尊敬礼遇，年轻人对他趋之若鹜，有权有势的人也会半夜派车马接送郭解和他的门客们，以配合他的风范，成就他的美名。渐渐地，上到皇亲国戚，下到平民百姓，谁都知道游侠郭解的大名。

天子灭其族

汉武帝下达命令，将天下豪富迁至茂陵，各郡县中财产达到标准的人家都必须迁徙。郭解家里没钱，但迁徙的名单中却有他。于是大将军卫青受托向天子求情，说郭解家里很穷，不够迁徙的标准，但汉武帝却一口拒绝："一个平民百姓，权势大到能够动用大将军来向我求情，这说明他并不穷困。"于是，郭解不得不举家搬迁去茂陵，人们凑了一千多万钱为他送行。等郭解一到茂陵，闻讯而来结交他的关中贤豪又是络绎不绝。

轵县人杨季主的儿子是当地官员，当初是他负责将郭解列入迁徙名单的，因此郭解的侄子后来砍了他的头，于是杨家和郭解结了仇。等郭解搬到茂陵后，杨季主又被人杀害。一连杀害杨家父子两人，被害人还是县里的官员，这简直是目无王法了，于是杨家人决定直接上书向天子申冤。最后，送书进宫的杨家人竟然又被杀死在了宫门前，这事终于惊动了汉武帝，他下令立刻缉拿郭解。

郭解知道这次惹上皇帝，自己没得救了，赶紧逃命。他将母亲安置到了夏阳，自己则改名换姓逃到临晋，请求当地人籍少公帮他出关，最后辗转逃到了太原。缉拿郭解的官员一路追到临晋，籍少公方知自己之前帮的是大侠郭解，为了防止郭解的行踪暴露，籍少公毅然自杀。追查的官员断了线索，因而花了很长时间才捉到郭解。

官府准备彻查郭解所犯的罪，却发现他的杀人案件都发生在大赦前，早就一笔勾销了。在审查的过程中，郭解的门客都为他辩解，称赞郭解为地方上做的事情，但陪同的一位轵县的儒生却说："郭解一向做的都是触犯律法的事情，只不过他会钻空子才没被抓，怎么可以说是贤人呢？"没想到，这番话为他招来了杀身之祸。不久，郭解的门客便杀死了这个儒生，还把他的舌头割了下来，就因为他说了郭解的坏话。于是，官员又拿这个案件去狱中质问郭解，郭解当然不知道凶手是谁。就这样，凶手一直没有被抓，眼看就要判定郭解无罪了。这时候，担任御史大夫的公孙弘发表了他的意见，他说："郭解一介布衣，任侠弄权，往往睚眦必报，动不动就能置人于死地，所以，这件案件虽然郭解不知道谁是凶手，但郭解的罪比凶手还大，无论是他还是他影响到的人，无视官府，目无法纪，他所犯的罪名叫作大逆不道！"御史大夫的意见，基本传达的就是皇帝的意志，于是郭解被族灭。

武帝时，太史公也搬家到了茂陵，他曾亲眼见过游侠郭解，见他相貌平平，言语普通，看不出非凡之处。然而，天下人都崇拜他，一提到游侠首先就会想到郭解，可见他的盛名，然而谚语说："人貌荣名，岂有既乎！"无论是美貌还是声名，都是会衰败的吧。

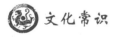 文化常识

西汉的徙陵制度

《史记·游侠列传》中记载："及徙豪富茂陵也，解家

贫……不敢不徙。"游侠郭解虽不是富户，却也被迁徙至茂陵。茂陵是汉武帝的陵墓，那么为什么汉武帝要将天下富户，包括郭解这样有影响的人物迁徙至自己建造中的茂陵附近呢？其中就涉及西汉徙陵制度，这要从汉高祖刘邦与刘敬说起。

汉高祖夺得天下后，并不能高枕无忧，北方匈奴势力严重威胁着汉朝的边境。连年战乱后，天下初定，汉朝并不是匈奴的对手，甚至汉高祖都险些在白登之围中丧命。刘邦脱险后，立刻找到刘敬（原名娄敬，因谏言定都关中有功，赐刘姓）商量，当初正是刘敬在出使匈奴后力劝不能对匈奴动兵，可惜高祖没有听。这次，刘敬为高祖分析形势后提出了两项重要的政策：一是与匈奴和亲，二是迁徙人口充实关中。和亲政策是将汉室公主嫁给匈奴单于，附送丰厚陪嫁以缓和双方的关系。迁徙人口充实关中则是因为匈奴骑兵一日一夜即可进入关中，而关中屡遭战乱，人口凋敝，土地闲置，也没有人防御来犯之敌；同时，齐地、楚地的富户豪杰仍是地方上的巨大隐患，秦末正是这些六国的后人掀起了反秦的浪潮，因此"臣愿陛下徙齐诸田，楚昭、屈、景，燕、赵、韩、魏后，及豪桀名家居关中。"（《史记·刘敬叔孙通列传》）刘敬建议将齐楚等六国豪杰迁徙至关中，既可防御匈奴，又可压制关东诸侯，一举两得。

汉高祖采纳了这些政策，当时齐、楚等地移入关中约十万人。从此之后，西汉徙陵制度逐渐形成。在皇帝即位之初，便开始修建自己的皇陵，同时在皇陵附近设置以陵命名的县，并迁徙关东地区的人口充实陵邑。陵邑能更好地供奉皇帝，同时起到防御功能，而到了武帝时，匈奴以及藩国不再对中央朝廷构成威胁，而徙陵制度仍得到了坚决的执行。一直到汉元帝（汉武帝的玄孙）时，这一制度才被废止。

汉高祖长陵、惠帝安陵、文帝霸陵、景帝阳陵、武帝茂陵、昭帝平陵、宣帝杜陵等都建有陵邑，每座陵邑人口多在十万以上，茂陵邑在西汉末期多达二十七万人，甚至超过了当时都城长安的人口。关东富户、朝廷官员的大量迁入，也让这些陵邑的经济文化分外繁荣。大儒董仲舒、东汉班固等名人也都曾是陵邑中人。司马迁在《史记·游侠列传》中说自己见到过郭解，司马迁父亲司马谈担任太史令后，举家搬入了茂陵邑，因而年少的司马迁极有可能就是在茂陵邑亲眼见过大侠郭解的风采。

七座拥有陵邑的皇陵中除了文帝的霸陵、宣帝的杜陵之外，其余五座都在长安北部、渭河北岸的咸阳原上，因而咸阳原也被称为五陵原。这些人口众多的陵邑就像是长安的卫星城，既是保护都城的一道屏障，又是当时古人都市生活的一道风景线。后世"五陵年少金市东，银鞍白马度春风。"（李白《少年行》）以及"五陵年少争缠头，一曲红绡不知数。"（白居易《琵琶行》）等诗句，正是后人对繁荣一时的西汉陵邑生活的想象和向往。

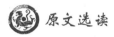 原文选读

《史记·游侠列传》选段

雒阳人有相仇^①者，邑中贤豪居间^②者以十数，终不听。

客乃见郭解。解夜见仇家，仇家曲听③解。解乃谓仇家曰：
"吾闻雒阳诸公在此间，多不听者。今子④幸而听解，解奈何
乃从他县夺人邑中贤大夫权乎！"乃夜去，不使人知，曰：
"且⑤无用，待我去，令雒阳豪居其间，乃听之。"

注解

①相仇：相互结怨仇恨。②居间：从中调解。③曲听：委屈听
从，勉强听从。④子：你们，各位。⑤且：暂时。

27. 公孙弘

　　自高祖以来，朝中主政的丞相多是开国元老，高祖时有萧何、惠帝时有曹参、文帝时有陈平和周勃等，景帝时则有周勃之子周亚夫。作为百官之首，丞相人选反映了朝廷用人的方式，武帝之前的朝臣多出自军功家族或宗室，而到了汉武帝时，这种格局被打破了。武帝一继位便征召天下文士，亲自遴选人才，出身不论的各色人物逐渐登上武帝一朝的历史舞台。其中最引人注目的便是公孙弘，他是汉室第一个没有封侯而成为丞相的人，是儒者执政的代表人物。在《平津侯主父列传》《汲郑列传》等篇中记录了公孙弘与同时代的朝中大臣主父偃、汲黯的明争暗斗，这些人物展现了武帝统治时期的官场百态。

模范丞相

　　公孙弘，淄川国薛县人，曾经是当地的狱吏，后因犯错免职，以养猪为生。四十多岁时，公孙弘才开始研习儒家经典，成为一名儒生。

　　汉武帝继位第一年（建元元年）向各地征召贤能的文学

之士，六十多岁的公孙弘因此入朝，但随后他出使匈奴表现平平，天子很不满意，很快公孙弘就托病辞官回乡了。元光五年，淄川国又一次推荐公孙弘入朝，因为第一次的失败经历，他本想推辞，但这一次，公孙弘时来运转，在百多名儒生上交的策论中，汉武帝将他的文章评为第一，由此他成为博士，得以向天子上奏进谏。

公孙弘见多识广，日常举止堪称儒者表率：他生活节俭，平时睡觉盖粗布被子，用餐不吃两道以上的荤菜；他极守孝道，待后母如亲生母亲一般，后母死后也为她守孝三年。公孙弘非常了解君臣的相处之道，朝会时他只陈述事实，让皇帝自己选择决断，从不会当庭与天子争辩，汉武帝觉得公孙弘为人敦厚，办事能干，因而升他为左内史。当时，汲黯担任九卿之一的主爵都尉，他性格直爽，敢于直谏。因此每每遇到需要商议的要事，公孙弘都会等汲黯先向天子汇报完，再将自己的观点和对策，用儒家的理论修饰润色后娓娓道来，天子往往会愉快地采纳。由此，公孙弘越来越得汉武帝的青睐，但他为了顺应皇帝的意思，经常临时改变自己的主张，因而也会引来非议。有一次，众臣朝会前商定了一件事情，准备一起上奏天子，结果朝会时，公孙弘又见风使舵，完全改变了原先商量好的对策，引得汲黯当场跳起来斥责他"不忠诚"，而公孙弘也不生气，只是从容地对天子说："了解我的人都认为我很忠诚，不了解我的人会认为我不忠诚。"汉武帝由此更欣赏他的宠辱不惊。

元朔三年，公孙弘被升任为三公之一的御史大夫。当时汉武帝听了主父偃等臣子的谏言，决定筑造朔方城，巩固北境前线，抵御匈奴。公孙弘不主张修建工程，劳民伤财，因而他不仅反对建设朔方，也反对汉武帝当时开通西南夷、设立沧海郡的政策。然而，汉武帝想做的事情，公孙弘反对也没有用，于是公孙弘自责道："我是来自山东的鄙陋之人，不懂得修建朔方的好处，我请求先停止开通西南夷和沧海郡，从而专心建设好朔方郡。"汉武帝同意了他的提议。公孙弘就是这样擅长迂回进谏，在不得罪天子的同时达到目的。

老对头汲黯一直看不惯公孙弘貌似模范的行为，他曾在朝廷上指责说："公孙弘位居三公高位，俸禄很多却只盖布被，以此向世人表现自己的简朴，这明明是欺诈！"公孙弘立刻向皇帝请罪："汲黯是我最好的朋友，他说的都是事实，我身居高位却盖布被，是沽名钓誉的欺诈。但是在我故乡，从前有两位著名的齐相：一位是管仲，他生活奢侈，居所众多，齐桓公在他辅佐下称霸天下；另一位是晏婴，他生活简朴，肉菜不超过两种，妻妾不穿着丝衣，他是在向平民看齐，两人虽然生活态度迥异，但都是闻名天下的贤相。如今我公孙弘虽为御史大夫，却只盖布被子，大官和小吏还有什么差别？所以汲黯说得在理，而且正因为有他这样敢于直言的忠臣，陛下才能听到这样的话啊。"汲黯明明是在攻击诋毁自己，但公孙弘却能一一化解，以德报怨，在肯定对手的同时，令皇帝感到他的宽广胸怀和高尚品德。因此，对公孙弘的攻击诋毁越多，汉武帝越发觉得他谦让仁厚，具有真正的儒者风范。最终，汉武帝将公孙弘任命为丞相，后来才封他为平津侯。公孙弘成为建汉以来第一位以平民身份登上相位的丞相。

后来居上

汲黯在朝中最看不顺眼的是公孙弘和张汤，认为前者虚伪，后者残酷，两人共同的特点是完全顺从汉武帝的意志办事，而不秉持公平正义的原则，公孙弘擅长用儒家那一套冠冕堂皇的话矫饰，而张汤擅长用严刑峻法和官府爪牙达到目的。与他们相反，汲黯性格耿直，眼里容不下沙子，敢于直谏。

汲黯的家族以前是卫国的卿大夫，汲黯深谙无为而治之道，擅长抓大放小，治理地方颇有政绩。武帝继位后，汲黯被调入朝廷，后来担任了主爵都尉，位列九卿。汲黯高风亮节，坦坦荡荡，但不能容人之过，往往得罪人，甚至多次当面顶撞天子，因而此后一直官居原位，得不到升迁。汲黯推崇袁盎这样敢于谏言的大臣，与他交往的也往往是灌夫这样的性情中人。

当初，田蚡担任丞相，尊崇无以复加，高官们谒见田蚡时都要下拜，但汲黯从来只是对他行拱手礼。后来，大将军卫青如日中天之时，汲黯也只施以拱手之礼，旁人都劝他应该行下拜礼，汲黯驳斥说："难道因为有行拱手礼的客人，大将军就显得不尊贵了？"卫青听说后，反而更加敬重他，经常向他请教。无论皇亲国戚，权贵大臣，汲黯始终不卑不亢，就连面对天子，他也敢说敢做。一次上朝时，汉武帝与群臣商议征召儒者文士之类的事情。听着皇帝说要做这做那，汲黯忍不住当众上奏："陛下内心欲求那么多，表面却要施行儒家的仁义，这怎么可能达到尧舜那样的上古治世呢？"

武帝听了沉默许久，铁着脸宣布散朝，回到宫中便气得破口大骂道："汲黯这家伙太过分了，这个没修养的莽夫！"大臣们退朝后也纷纷指责汲黯不该顶撞皇上，汲黯道："众臣辅佐天子，难道只是讨好谄媚，将天子置于不义之地吗？我身为九卿，纵然爱惜性命，但也不能知错不谏，否则对得起朝廷社稷，对得起天下苍生吗？"

虽然大多数朝中大臣对汲黯敬而远之，但在大家心目中，与只会做表面文章的公孙弘相比，汲黯才是真正的臣子表率、朝廷栋梁。有一次，庄助被皇帝问到对汲黯的看法，庄助说："让汲黯做官的话，并不见得出类拔萃，但如果让他辅佐幼君、坚守城池，那么他必然以死效忠，无人可以夺其节。"武帝也不禁感叹说："汲黯确实像古代的那些社稷之臣啊！"淮南王刘安谋反前，也很忌惮汲黯，他对左右说："汲黯一向敢于直谏，是死节守义之臣，很难迷惑动摇他，而想要说服公孙弘这样的人，就像揭开盖子、摇落枯叶一样简单啊！"

汉武帝对汲黯十分敬重，对待汲黯的态度格外庄重：武帝在宫中与大将军卫青谈话时，经常随随便便地坐在床榻边；接见丞相公孙弘时，武帝有时候连冠都不戴；但每次要见汲黯时，武帝一定要戴好头冠，严肃对待。有一回，武帝在帐前看到远处汲黯正赶来上奏，此时他还没来得及戴冠，赶紧躲到后面的帐中，让人代他批准了汲黯的奏议。所以在汉武帝的心中，汲黯虽为臣子，却万不可轻慢。

然而，当初官位在汲黯之下的官员都渐渐得到了提拔，甚至他最看不顺眼的公孙弘、张汤也都位列三公，地位超越了他。有一天，汲黯终于忍不住对汉武帝发牢骚说："陛下您用人可真像堆柴啊，后面取来的都堆在上面（后来者居上）。"汲黯这话又激怒了汉武帝。后来，因为反对武帝厚待匈奴降军，汲黯被罢官回家。几年后，虽然武帝又让他担任淮阳太守，但终不肯再把他调回朝中，更别说重用他了。不过，等汲黯死后，武帝很照顾他的族人。

一语谏杀

公孙弘虽然表面宽厚仁义，其实内心很狭隘，但凡曾与他有过节的人，他虽表现得宽宏大量，甚至以德报怨，但只要一有机会，就会施以报复。公孙弘对皇帝的谏言举足轻重，往往能决定一个人的命运，比如在他的谏言下，游侠郭解被族灭、儒者董仲舒被调派去胶西国等，还有一位朝中大臣更是被公孙弘一语谏杀，他就是主父偃。

主父偃，齐地临淄人，本来学习纵横之术，后来又习儒家经典，但他性格不讨人喜欢，当地的儒生都排斥他。主父偃家贫，只能去各地游历，但始终没能获得好机会。后来，他干脆去了都城长安，虽得到大将军卫青的举荐，但天子一直没有召见他。然而天无绝人之路，主父偃直接写了一份奏议交到宫中，居然被天子一眼看中，早上奏议交进去，日暮时他就被汉武帝召见了。

原来，主父偃关于征伐匈奴的谏言深得汉武帝之心，因而与徐乐、严安一同被武帝召见，武帝与他们相见恨晚，任用他们为郎中。主父偃后来提出的一系列策略都被天子赏识，一年之内被连续提拔了四次，成为中大夫。之后，主父偃又提出了影响巨大的"推恩令"，将诸侯国由诸侯王的嫡子继承改为所有子嗣共同分地继承，表面上是恩泽诸侯子弟，实则是将诸侯国土地分化消解，强化皇帝的集权统治。这条政令继承了晁错当年削藩的思想，但在手法上更为温和巧妙。主父偃强化君权，并不仅仅钳制诸侯，他又提议将天下富户豪杰迁居茂陵，"内实京师，外销奸猾"，武帝也一并采纳。

主父偃当年游历各地时，颇受冷眼，加上他曾揭露燕王罪行，所以诸侯大臣们都害怕被主父偃告发，纷纷用重金讨好贿赂他。主父偃也是来者不拒，照单全收。有人劝他不要太贪婪了，他回答说："我学成后游历四十多年，饱受屈辱，众叛亲离，苦日子过够了，我要抓紧时间享受荣华富贵，大丈夫得意时就该享受五鼎美食，倒霉时大不了被五鼎烹杀罢了。"所以，主父偃依然我行我素，而他提出的建设朔方郡等提议继续得到汉武帝的采纳。

元朔二年，主父偃告发齐王的淫乱行为，汉武帝于是任命他为齐相，让他前往齐国治理。齐王闻讯后，畏罪自杀。赵王见主父偃先后扳倒燕王、齐王，害怕步他们后尘，于是向汉武帝告发主父偃收受贿赂之事。汉武帝对主父偃起了疑心，怀疑他利用皇帝旨意逼死齐王，便将主父偃收押审问。起初，汉武帝并不想置主父偃于死地，但公孙弘却对他说："齐王没有留下子孙，他自杀后，齐国就没有了，成了朝廷的郡，这件事情诸侯们都很忧虑，主父偃是齐王自杀的祸首，如果陛下不杀他的话，无以谢天下。"汉武帝权衡之后，终于下令将主父偃族灭。主父偃死后，那些在他生前逢迎讨好他的人，全不见了踪影，只有孔车一人为他收尸。

六年后（元朔二年），公孙弘病逝于丞相之位，其子继承了平津侯爵位。

公孙弘正逢武帝征召儒者文士之时，而他的行为又堪称楷模，因而以高龄入仕，最终居然成为百官之长。与主父偃相比，公孙弘并没有提出具有建设性的策略和政策，武帝如此看重他，并最终立他为相，似乎就是想为天下树立一个为人臣子的模范。汲黯看穿了这一点，他直言汉武帝"内多欲而外施仁义"，而公孙弘及其所表率的仁义，正配合了汉武帝一系列对内集权、对外征战的重大举措。

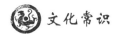 **文化常识**

拜与揖——古人的见面礼仪

《史记·汲郑列传》中记载，田蚡成为丞相后，朝中大臣谒见他时都行拜礼，"然黯见蚡未尝拜，常揖之"，汲黯却对田蚡只行揖礼，那么拜和揖这两种行礼方式有何差别呢？我们来了解一下。

秦汉时人们相见，拜是最常见的行礼方式。原因之一是当时还没有我们现在的椅凳等坐具，古人都是席地而坐，主客相见时一般是跪坐，而拜就是在跪坐的基础上，身体前倾，拱手下触地，随之头部也低下贴地。不过，面对不同的对象和场合，拜的姿势也略有差异。《周礼》中列举了跪拜的九种类别，包括稽首、顿首、空首、振动、吉拜、凶拜、奇拜、褒拜、肃拜，后世称之为"九拜"。其中稽首是指跪拜时头部在地上停留一定时间，在拜礼中最重，一般是臣子对君王、儿子对父祖行的大礼；顿首相比稽首，头部只贴地顿一下立即抬起，平辈之间多用此礼；空首则是跪拜时拱手贴地，头向下但不贴地，低头至手即可，因而空首又被称为拜手。古文中常说的再拜，指连续拜两次，所表示的尊重也是加倍了，如果是对君王、父祖等，则还要再拜稽首。古人写信时，在书信末尾署名下也用"再拜"一词，作为敬辞，相当于我们现代人写信用的"此致敬礼"。

揖与拜的姿态不同，揖礼一般是站姿，行礼时身体肃立，双手合抱，左手在前右手在后，接着向前俯身一定的角度，并推手向前，最后起身恢复站姿。长揖是在揖礼的基础上双手高举并上下缓缓移动，是更加庄重的行礼姿态，但总体上揖礼在行礼程度上比跪拜轻。《史记》中出现很多不拜而揖的场景，比如《史记·郦生陆贾列传》中，刘邦边洗脚边接见郦食其，于是"郦生入，则长揖不拜"，显然，郦食其被刘邦的无礼行为激怒了，于是他也以简慢的礼数回敬刘邦；又比如《史记·绛侯周勃世家》中，汉文帝巡视周亚夫军营时，周亚夫对他说"介胄之士不拜，请以军礼见"，因为军人身穿甲胄，不方便行跪拜之礼，因而对天子也只能行揖礼，这并不是不敬，而是自古军中的惯例。

本故事中，汲黯不对田蚡行拜礼，是他的耿直本色，田蚡也拿他没办法。但田蚡接受大臣的跪拜，却没有回礼，这在古代也是一种失礼的态度。田蚡可不是生性倨傲，当年还没有得势时，他在窦婴面前"跪起如子姓"（《史记·魏齐武安侯列传》），像儿孙一样跪拜，那应该是稽首一样的大礼了吧,所以后来变得高傲的田蚡,只是仗势欺人罢了。

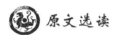 原文选读

《史记·平津侯主父列传》选段

弘为人意忌①,外宽②内深③。诸尝与弘有郤④者,虽详⑤与善,阴⑥报其祸。杀主父偃,徙董仲舒于胶西,皆弘之力也。食一肉脱粟之饭⑦。故人所善⑧宾客,仰⑨衣食,弘奉禄皆以给之,家无所余。士亦以此贤之。

注解

①意忌:猜疑嫉妒。②宽:宽厚。③深:指城府很深。④有郤:有隙,有过节。⑤详:通"佯",假装。⑥阴:暗中,私下。⑦食一肉脱粟之饭:指一餐只吃一个荤菜和脱去谷壳的粗米。⑧善:亲善,交好。⑨仰:依赖,依靠。

28. 卜式

汉武帝是一位有作为的天子，对外征伐匈奴、平定南越和朝鲜，对内治理黄河、封禅泰山、巡视天下，在建立丰功伟业的同时，也耗尽了汉室的国库，令财政入不敷出。为了继续他的事业，汉武帝提拔了桑弘羊等人才，不断推出经济政策，将列侯平民的财富尽可能地收入朝廷；为了推行这些政策，官府又必须依赖张汤这样的酷吏，确保天下人就范。在这一过程中，汉武帝也曾试图树立一位榜样，让人们跟从效仿他，但是榜样的力量没有起到作用。这位榜样就是卜式，《史记》中没有单独为他列传，他的故事隐在《平准书》中。卜式就像一滴水，折射出武帝时代的光和影、明和暗、喧哗和骚动。

捐钱助边的羊倌

卜式，河南郡人，家里以畜牧为业。父母死后，卜式将房屋、土地、财物全部留给了弟弟，自己只带走了一百只羊。十几年后，卜式放牧的羊增加到了一千多只，还拥有了自己的房屋和土地，而他的弟弟却败光了家产，于是卜式又

分了一半土地给弟弟。后来，朝廷开始征讨匈奴，卜式积极
响应，上书说要献出自己的一半财产支援朝廷的事业。汉武
帝知道后，既欣慰又好奇，他派人问卜式："你是想要当官
吗？"卜式回答："我自小牧羊，不会当官。"使者又问："那你
是家里有什么冤屈需要上报吗？"卜式说："我没啥冤屈，我
从不和人结怨，乡亲们也都愿意找我帮忙。"使者纳闷了：
"那你捐出这么多私产是图什么呢？"卜式答道："天子要攻
打匈奴，我觉得大家应该有钱出钱，有力出力，这样才能消
灭匈奴。"使者把卜式的话回报给了天子，汉武帝颇受感动。
武帝与丞相论及此事时，公孙弘却说："此人所作所为，不是
人之常情，像这样心怀不轨的人，不能称赞宣扬他的事情，
请陛下不要再考虑如何嘉奖他了。"于是，汉武帝没再找卜
式，卜式在家继续牧羊。

过了一年，匈奴浑邪王率部来降，天子奖赏他们花费了
大量钱财，但当年遭受水灾的民众也需要钱财迁徙安置。于
是，卜式又献出二十万钱给河南郡太守资助灾民。汉武帝看
到捐献名册上这个熟悉的名字，决定必须好好地奖励卜式，
但卜式却将奖赏的钱财又全部捐了出来。武帝认为卜式确是
一位品德高尚的人，应该好好地表彰和推崇，让天下人都知
道他，以此教化百姓。

奉旨牧羊的中郎

汉武帝想要宣扬卜式的行为，是因为当时朝廷的财政压
力越来越大。

汉高祖开国时，天下久经战乱，穷困破败，甚至找不到四匹相同颜色的马为天子拉车，大臣们只能乘坐牛车，百姓家里都没有余粮。经过了七十多年的治理，到了汉武帝继位时，国库充实，堆积了许多钱和粮食，年代长的串钱绳子都烂了，粮仓里的陈年粮食也都腐败了。百姓安乐富足，田间牛马成群，人们生活越来越讲究，参加聚会都不允许用母马拉车，连里弄的看门人都能吃上细粮和肉食了……大汉子民安居乐业，一派国富民强，欣欣向荣的景象。

然而，边境匈奴的骚扰，让年轻气盛的天子愤而发兵。汉武帝中断自高祖以来的和亲政策，宣布征伐匈奴，这是一场持久而浩大的战争，朝廷同时又发兵攻打闽越、南越，通西南夷，这些都付出了大量人力财力，不得不想办法增加国库的收入。朝廷因而推出了许多政策，比如卖官鬻爵，将官爵明码标价，原先通过建功立业博取的荣誉和地位，可以用钱财购买；比如推出"白鹿皮币"，这是针对列侯的敛财手段，规定列侯每年向朝廷进献的玉璧必须用白鹿皮作为铺垫，而白鹿皮只有天子的园林里才有，于是每一方白鹿皮作价数十万让列侯购买，相当于巨额的货币；又比如推出"白金三品"货币，用银锡合金制作的所谓白金，加上龙、马、龟的花纹，标价分别为三千、五百、三百钱……通过这样的手段，虽然朝廷获得了不少财富，但也造成不少混乱，商人囤积居奇，大发横财，更有不法之徒通过私铸获利。

于是，汉武帝提拔了东郭咸阳、孔仅管理盐铁事务，并任命桑弘羊为侍中。东郭咸阳是个大盐商，孔仅是个冶铁商人，而桑弘羊是一个雒阳商人的儿子，擅长心算。这三个精通商业、善于计算的人为汉武帝更快地获取更多的财富。朝廷很快推出一系列新政策：盐铁专卖政策将铸铁煮盐事务全部交由官府负责，从此百姓需要食盐和铁器等都要向官府购买；算缗政策则是针对有产者征收的税，要求他们上报自己的财产，商人等每二缗（一缗为一千钱）抽取一算（一算为一百二十钱），小手工业者每四缗抽取一算。算缗政策推出后，大多数人都隐匿自己的财产，而卜式却主动捐献，但仍然没有人效仿他的行为。于是，朝廷又紧跟着推出了告缗政策，鼓励世人告发那些隐匿财产的人，很快无数人被定罪剥夺了私产。

卜式被汉武帝任命为中郎，但他并不想当官，就想回去做他的牧羊老本行。天子想到自己的皇家园林里就有羊，于是请卜式去上林苑里放羊，卜式这才接受了朝廷的任命，穿着粗衣破鞋奉旨放羊去了。没过多久，上林苑的羊被养得只只膘肥体壮，天子路过时正巧看到羊群，大大地夸奖了卜式。卜式对汉武帝说："其实放牧羊群和治理百姓是一样的道理，让他们吃饱睡足，同时注意除掉坏群的家伙，别让他败坏了其他人。"皇帝觉得卜式非同一般，于是试着让他去治理缑氏县。过了一段时间，卜式的政策取得很好的效果，后来他治理别的县也很出色，于是武帝任命他为齐王的太傅。

请求"烹羊"的御史大夫

当时，推行盐铁专营的孔仅被汉武帝任命为大农令，而原先的长官颜异却在新政推行期间被诛杀了。原来，白鹿皮币的点子是张汤提出和负责制作的，武帝曾征询颜异的意见，颜异反对说："诸侯朝见时献的玉璧价值不过数千钱，但做衬垫的白鹿皮却价值几十万，这是本末倒置。"武帝听了不开心，张汤知道后更生气，他本来就与颜异有矛盾，于是想方设法陷害他。颜异曾被人询问新颁的诏令中有何不妥，他没有表态，嘴唇动了一下，欲说还休。这件事正巧被张汤知道了，他上奏说，颜异身为九卿，发现诏令中有不妥之处，却没有如实上报朝廷，而在心里议论是非，其罪当诛。颜异竟然就这样被定了死罪，汉朝也从此有了"腹诽"的罪名，朝中大臣人人自危。受新政影响的人，上至王公大臣，下至平民百姓，而汉武帝为了将这些政策推行下去，必须依赖张汤这样的酷吏。

汉武帝依靠盐铁专营等政策，终于充实了国库，支撑着汉军对匈奴获得了一次又一次的胜利。然而随着治水赈灾、建宫殿、修高台，国库的支出越来越大。北境稍定，而南越又发生了叛乱，身为齐相的卜式率先表示，他和儿子以及齐国熟悉驾船的人都愿奔赴前线。汉武帝又一次被卜式感动了，不仅赏赐卜式金钱土地，还封他为关内侯，并将此事布告天下，希望天下诸侯能群起效仿，积极助战。然而，最终没有一个列侯响应卜式的做法，天子勃然大怒，以献金不足的借口剥夺了一百多位列侯的爵位。同时，卜式被汉武帝任命为御史大夫，位列三公。

卜式位居高位后，了解到各郡县对盐铁专营的怨言很多，原因是官府的盐铁往往粗制滥造，质低价高，甚至还出现强迫百姓购买以增加收入的情况。而运货的船只因为也要抽取税负，造成运货商人减少，因此货物价格高涨。卜式将他掌握的情况上书天子，他的直言进谏却引发了汉武帝对他的不满。

元封元年，卜式被贬为太子太傅，而桑弘羊却被升为治粟都尉，统领大农事务。桑弘羊取代孔仅管理全国的盐铁专营，同时又进一步推出了"均输平准法"。所谓"均输"就是协调地方向京师运输货物的政策，原本各地按规定向京师运送当地的特产货物，运输成本很高，而货物又常会损坏，均输法要求各地官府将货物就地折合为钱，或就近卖掉，上交朝廷等值的货币即可。所谓"平准"就是让物价平稳，官府在货物价格低时买进，价格高时卖出，以此打击商人的囤积居奇、哄抬物价。桑弘羊在各地派出均输官，适时买入和卖出物资，在长安和重要城市派出平准官，掌管物价。这一政策使得朝廷更多地控制了商品的买卖，原先商人牟取的利益都被归拢到了朝廷和官府里，极大地解决了皇帝的财政危机，因此汉武帝对桑弘羊大加赏赐。

汉武帝对新政获取的成果非常满意，却忽视了新政带来的弊端——朝廷与民争利，官员如同商人一样，低买高卖，不务正业。恰巧这一年发生了旱灾，汉武帝与群臣商议如何求雨，于是卜式建议说："官员应该依靠税赋治理地方，但桑弘羊却发动官员经营买卖，唯利是图。所以我认为，只要烹杀桑弘羊，老天就会下雨了（烹弘羊，天乃雨）。"此时，在卜式的眼里，桑弘羊就是羊群中那只恶羊，应该马上将他去除。然而，在汉武帝眼中，卜式也早已褪去了榜样的光辉，失去了宣传的价值。对于卜式来说，自始至终，他都没有想要成为天下的楷模，虽然他心怀家园，但他只是一个牧羊的行家，一个淳朴的羊倌。

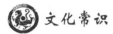 文化常识

五铢钱——汉武帝时的钱币

汉武帝在位时期，为了应对浩大的内外开支，曾前后六次进行钱币改革，而改革的最终成果——五铢钱，在后世延续使用了七百多年，一直到唐代才停止使用，堪称古代最为成功的货币之一。

秦始皇统一货币时，使用的是圆形方孔铜币——秦半两。秦汉时期的重量单位，一两为二十四铢，因此半两是十二铢。那么铢到底有多重呢？秦代一斤约为现在的250克，一斤为十六两，那么一铢大约相当于现在的0.65克，因此一枚秦半两约为8克。铢是很小的计量单位，我们常用"锱铢必较"一词形容斤斤计较的人（一锱等于六铢）。另外，秦半两圆形方孔的形制也被固定了下来，延续使用了两千多年直至清朝末年，并且影响了古代周边的一些国家及地区，形成了独特的东方货币文化体系。

秦半两使用没多久，秦朝便灭亡了。汉初百废待兴，没有对货币进行统一的规范，为了让货币使用更方便，以便更多地流通，汉高祖允许民间铸造减重的半两钱，导致货币私铸现象十分严重。后来吴王刘濞、文帝宠幸的邓通等都坐拥铜山，因私铸铜币而富可敌国。在这一过程中，钱币越造越轻，经过吕太后、文帝、景帝三朝后，汉代的半两钱只有四

铢重，被称为"四铢半两"。当然，半两钱的长期使用，对稳定物价、发展经济起到了重要的作用，是"文景之治"时期经济繁荣的原因之一。

汉武帝时朝廷铸造过"三铢""四铢半两"等钱币，甚至发明了"白金三品""皮币"等敛财所用的虚币。元狩五年，朝廷第四次改革，下令"罢半两钱，行五铢钱"，这也意味着流通了一百多年的半两钱从此被废弃了。同时，朝廷命令郡国铸钱时必须保留"钱郭"，也就是钱币边缘的一圈突起。钱郭的作用就像钱币的城墙一样，是为了防止私铸者将钱币边缘磨去后，获取铜屑再去铸钱。这次币制改革的货币称为"郡国五铢"，然而各郡国所采用的材料、规制仍然无法统一，导致钱币被盗铸的情况非常频繁。于是，朝廷对五铢钱又进行改革，不许郡国铸钱，而由都城长安的钟官统一铸造"赤仄五铢"，并规定一枚"赤仄五铢"抵五枚"郡国五铢"。不过，这项改革仅仅施行两年便被废除了。汉武帝的第六次货币改革又一次规定只有朝廷才能铸币，并设置了专门的铸币机构"上林三官"，即设立在皇家园林上林苑内的三个官职："钟官"负责铸钱、"辨铜"负责原料、"均输"负责运输材料（另一说"均输"应为"技巧"）。由上林三官专门负责铸造的全国通用的"五铢钱"，被称为"上林三官五铢"。

推行五铢钱经历了两次改版，由上林三官五铢确立了货币标准，上林三官五铢制造工艺先进，钱形整齐，铸工精细，由此真正开启了我国古代货币的五铢钱时代。另一方面，货币铸造权和发行权收归朝廷控制，实现了货币的真正统一，从而标志着中央集权的汉王朝进入了鼎盛时代。

 **原文选读**

《史记·平准书》选段

初①，式不愿为郎。上曰："吾有羊上林②中，欲令子牧③之。"式乃拜为郎，布衣屩④而牧羊。岁余，羊肥息⑤。上过见其羊，善⑥之。式曰："非独羊也，治民亦犹是也。以时起居；恶者辄⑦斥去，毋令败群⑧。"上以式为奇⑨，拜为缑氏令试之，缑氏便之。

注解

① 初：起初。② 上林：指上林苑（皇帝的园林）。③ 牧：放牧，放养。④ 屩：草鞋。⑤ 肥息：羊肥壮而繁衍众多。⑥ 善：称善，称赞。⑦ 辄：立即，就。⑧ 败群：败坏群体。⑨ 奇：稀奇，少有。

29. 汉武帝

汉武帝是一个非常特殊的人物，他是司马迁著述《史记》时的统治者，在现实生活中，主宰着包括司马迁在内的所有当世人的命运。而在《史记》当代部分的内容中，汉武帝就像恒星一样，无论王侯将相、世俗平民，都围绕着他运行。那么，司马迁该如何在书中记述这个特殊的人物，又该如何面对这个特殊的读者呢？现存的《史记》中，仍留有《今上本纪》（即《孝武本纪》）一篇，但内容几乎是取自《封禅书》。因此，我们需要从《史记》记录的其他人物传记中，一起去拼凑出司马迁笔下的"今上"——汉武帝。

宫墙之内

汉武帝刘彻，在景帝十三位皇子中排行居中，母亲是王夫人，外祖母是已故燕王臧荼的孙女臧儿。臧荼在高祖时叛乱被平定，臧儿流落民间，嫁给了槐里人王仲，生下一男二女，长子王信，长女王娡即后来的王夫人。王仲死后，臧儿又改嫁田氏，生下田蚡、田胜兄弟二人。臧儿先是将长女嫁给金王孙，并生有一女。后来，臧儿又强拆这对夫妻，将女儿送入宫中，成了太子的王美人，生下一男三女，这个皇子即刘彻。

汉景帝的长子是太子刘荣，母亲栗姬。景帝的姐姐长公主刘嫖，很想把自己女儿嫁给未来的皇帝，但栗姬拒绝了她。刘嫖深受窦太后和景帝的宠信，在她的影响下，刘荣被废，而同意了儿女婚事的王夫人最终成为皇后，刘彻被立为太子，王夫人兄长王信被封为盖侯。

景帝去世后，武帝继位，刘嫖的女儿便是陈皇后。武帝还找到了王太后与金王孙在民间生下的女儿，金王孙已死，武帝将自己同母异父的大姐迎入宫中，使得母女相认。

陈皇后侍奉武帝多年却无子，而武帝宠幸的卫子夫为武帝生有一男三女。陈皇后对卫子夫十分嫉恨，居然派人使用巫蛊邪术，败露后被武帝废黜。武帝改立卫子夫为皇后，卫皇后的兄弟是卫青，姐姐卫少儿生的儿子便是霍去病。卫子夫与卫青原先都是平阳侯的家奴，后来卫青娶了自己曾经的主人、武帝的姐姐平阳公主。

武帝最初即位时，祖母窦太后掌握着宫中的大权，少年天子多受掣肘，无法施展。窦婴、田蚡作为外戚手握朝廷重权。窦太后死后，窦婴与田蚡又因为灌夫醉酒事件发生冲突，先后死去，祖母及母亲的外戚势力也同时消亡。此时，卫青被培植为征讨匈奴的将领，随着卫子夫成为皇后、刘据封为太子，卫青、霍去病先后成为大将军和骠骑将军，外戚卫氏虽然如日中天，但武帝驭臣有术加上卫青谦恭仁厚，卫氏的势力得到了很好的控制。

卫皇后之外，武帝还宠幸赵国王夫人和中山李夫人，她们都很早去世，也都为武帝育有儿子。其中，李夫人的兄弟李延年因为精通音律而受到武帝宠幸，长兄李广利则被任命为贰师将军征伐大宛，但李广利并没有取得卫青那样的功勋。李氏后因罪被族灭。

朝堂之上

《史记》成书时，武帝已经在位很长时间，书中记述的武帝的臣子也如走马灯一样换了一批又一批，与之前的天子不同，武帝重用儒者。

汉高祖是用武力夺得的天下，他平时轻视儒生，但马上夺天下却不能治天下，因此需要以礼治天下。儒者叔孙通为高祖制定了汉礼，他的学生也多被用为朝官，久乱的天下重又迎来了儒家礼仪。然而，儒家并非当时的主要思想，一直到文景之时，天子都崇尚黄老思想的无为而治，朝中重臣多是开国元勋，以军功立世。到了武帝继位，他更倾向于儒家，于是向天下征召品德贤良又精通儒家经学的士人。由于黄老、刑名等其他学派的学者不受重用，而有公孙弘这样的儒生榜样在前，此后天下士人研习儒学终于蔚然成风。

儒家的经典主要包括《诗经》《尚书》《礼记》《易经》《春秋》，合称五经。随着武帝时期儒学兴盛，朝廷中治学儒家五经的博士逐渐拥有了权威地位，而治经的学者都以各家的方法教授学生，因而五经各有代表人物。

鲁人申培公讲授《诗经》，当年他曾随同老师拜见过汉高祖，到了武帝时，他已经是一位八十多岁的老人了。当时，申培公的学生王臧、赵绾被武帝重用，他们千里迢迢接老师来京师向天子讲学。少年天子请教治国安邦的方法，申培公只说了一句："治理天下不用多说什么，尽力多做实事就对了。"汉武帝本想多听点冠冕堂皇的文辞和道理，听了这一句话后，沉默不语。汉武帝推行儒家政策遭到了窦太后的反对，王臧和赵绾不久都死于牢狱之中。武帝掌握实权后，孔安国等申公门下的十多位弟子成为博士，很多人被朝廷委以重任。

齐人辕固生也是《诗经》学者，汉景帝时就是朝中的博士，他曾与黄生在朝中争论商汤、周武王推翻前朝究竟是弑君还是顺应天命的问题，他也曾因为得罪窦太后而被扔入野猪圈，差点丧命。武帝时，辕固生以九十多岁的高龄被征召，正巧遇到同期被召见的公孙弘。当时，那些喜欢逢迎阿谀的儒生都嘲笑辕固生太老了，而公孙弘也不敢正视这位前辈大儒，辕固生却语重心长地对他说："公孙先生，要堂堂正正地以学问论事，不要曲解学说去迎合世俗啊。"

齐地济南人伏生是秦朝的博士，秦始皇焚书时，伏生将《尚书》藏在墙壁之间，因而躲过战火，幸存了一部分。后来伏生讲学《尚书》，文帝曾派晁错前去向他学习。倪宽是伏生的徒孙，后来受到张汤的重用，一直官至三公。他精通《尚书》，为官清廉能干，为人善良和顺。

董仲舒，擅长讲解《春秋》。慕名向他求学的人实在太多，他只能让一些先入门的弟子教授，因而很多学生甚至从没见到过他。董仲舒精研学问，为人庄重，武帝曾征召他，并十分赏识他提出的学说。当时，公孙弘学问不如董仲舒，但却平步青云，董仲舒认为他只是善于迎合世俗，颇不以为然。公孙弘记恨在心，设计将董仲舒派往胶西国为相，董仲舒虽没有死于暴虐的胶西王之手，却很快因病罢官，终老家中。

汉武帝重用儒生，因而一大批像倪宽、董仲舒这样的儒家学者得以任用。然而，他最为器重的公孙弘却并非以学问见长。儒家提倡以德治国，而汉武帝治理天下，真正依靠的却是严刑峻法和一群酷吏。

普天之下

汉武帝是真正掌控天下的大汉天子。汉高祖铲除异姓王，让众人的天下真正成为刘家的天下；高祖死后，吕太后想让吕氏坐大，却遭军功大臣的讨灭，只有刘氏才可称王已是天下共识；汉文帝时，济北王刘兴居叛乱，成为宗室藩王反叛的先声，而朝廷中削藩的呼声也越来越强烈；汉景帝时，晁错的激进削藩政策虽然引发了吴楚七王之乱，但朝廷平叛成功，也意味着基本消除了诸侯势力的威胁，为汉武帝进一步的削藩政策铺平了道路。

彻底分化消亡诸侯势力的策划者是主父偃，他向汉武帝提出了"推恩令"，这是一把宰割诸侯势力的软刀子，以广推恩泽之名，行分解诸侯之实。燕王、齐王都因为主父偃的压迫而身死国除。诸侯们对主父偃展开了疯狂的反击，虽然他被灭族，但对于汉武帝来说，这不过是顺理成章的兔死狗烹。不久，淮南、衡山两国谋反阴谋败露，被除国为郡，天下再没有能与朝廷分庭抗礼的诸侯王，只剩下一盘散沙。

从此，诸侯失去了对抗朝廷的力量，如刀俎上的鱼肉一般任天子宰割。征讨匈奴、南越等战事都要他们出钱出人，白鹿皮币、白金三品等政策又不断对他们巧取豪夺，即便如此，汉武帝仍不断削藩除爵，收回他们的土地和劳动力。元鼎五年，汉武帝以酎（zhòu）金不合规制为名，一次夺去一百零六个爵位。当年那些出生入死的战将功臣和权倾一时的皇亲国戚，获得这些爵位时何等尊荣，而如今在他们子孙手中就这样被轻易剥夺了。

削藩除爵只是天子集中权力的一部分，地方豪强也在打压之列，主父偃谏言将天下富户豪强迁徙至茂陵。于是像郭解这样有影响力的游侠，即便家无巨财也在迁居之列，因为谁也不能挑战天子的权威，普天之下，只有一个皇帝。为了更快更多地从民间收取钱财，皇帝必须倚仗那些不择手段又极端高效的官吏，于是酷吏便开始一批批地出现。

张汤位列三公，虽然他善于迎合天子的心意巧立名目，但至少按律法办事，断的也多是王公贵胄的大案，而张汤之后的酷吏们则更令世人闻风丧胆。

比如义纵，强盗出身，被任命为河内郡长官后，便族灭当地豪强，树立了权威，后被调任为定襄太守，将牢狱中没有戴牢具的重犯两百人，以及曾来探望过他们的两百多人，全部定了"为死罪解脱"的罪名而悉数诛杀，人们由此听到义纵的名字便不寒而栗。

又如王温舒，曾是盗墓贼，后为张汤的爪牙，他成为地方官后，手段比张汤更为凶狠残忍。王温舒赴任广平郡时，沿途派人在各驿站都准备了好马，他在广平一上任就抓捕当地豪强奸猾之人，连坐涉及了一千多家，有的判死罪，有的判灭族。因为事先在驿站准备好了马匹，所以交通迅速，上交的奏书和皇帝的回复往往两三天就到了，罪犯很快便被处死。杀死的人如此之多，乃至血流十里。王温舒九月上任，到了十二月时，广平郡内已是人人自危，盗贼都避开此地而逃往他处，广平郡内号称道不拾遗。春天到了，按例暂时不能行刑，王温舒不禁跺脚感叹道："如果冬天能够延长一个月，我就能把所有事情都了结了。"他喜爱杀伐居然到了如此的地步。

义纵、王温舒都不得善终，然而汉武帝时代的酷吏又何止这二人。在《酷吏列传》中，共记录了十三人，其中十人都是汉武帝时代的官员，而那些没有被列入的，如毒蛇猛兽般凶恶的各色酷吏，又哪里能说得完呢？

千里之外

汉武帝是一位有着雄才伟略的帝王，他不仅统治普天之下的大汉臣民，更想将天子的恩威传至更远的地方。汉武帝放弃了与匈奴的和亲政策，与之展开数十年的较量，最终将匈奴逐出漠北，缓解了匈奴在北境的威胁。同时，他也通过征伐四方，树立了大汉天子的权威。

汉武帝刚继位的建元年间，东南部的东瓯和闽越交战，东瓯向大汉求救，汉武帝于是派遣庄助调集会稽郡的士兵前去讨伐。闽越很快撤军，而东瓯的百姓都被迁居到了大汉境内。不久，闽越又侵犯南越，庄助又一次平定了闽越。汉武帝两次出兵东南，解决了外藩之间的争端，建立了威信，而像田蚡、刘安、汲黯等老臣都认为这些军事行动劳民伤财。后来，因为南越国相吕嘉反叛，朝廷派大军彻底征服南越，并设立了九个郡。

当时，在汉朝西南部有滇、夜郎等几十个小藩国，因为交通闭塞，这些国家的君主甚至不清楚汉朝有多大。汉武帝先派唐蒙，后又派司马相如为使者，又不断征发民众，希望建设打通西南部的道路，为此花费了大量人力物力。后来，这些地方也陆续归入了大汉的版图。汉武帝又派军征服了东北方的卫氏朝鲜，在此设置了四个郡。汉武帝时期，大汉的疆域空前辽阔，是一个前所未有的统一的多民族国家。

汉武帝在征伐匈奴的过程中，还开创了另一项事业，那就是与西域广大地区建立了沟通。早在马邑之谋前的建元三年，汉武帝便派出张骞出使西域，目的是寻找被匈奴驱逐到西域的月氏等部落，想联合他们共同进攻匈奴。然而张骞一行人在途中被匈奴抓住并扣留，张骞被留在匈奴十多年，甚至在此娶妻生子，但他一直保留着天子赐给他的使者节杖，从没有忘记自己肩负的使命。后来张骞终于逃了出来，继续向西经过大宛、康居等地后，到达了月氏，然而月氏人此时已经安定下来，不想再去与匈奴交战。张骞只能失望地打道回府，没料到归途中又一次被匈奴抓走了。一年后，趁着匈奴发生内乱，张骞终于带着他的匈奴妻子一起逃了出来。元朔三年，张骞回到了长安，此时距他离开大汉已经过去了整整十三年，当年随他出使的一百多位随从，只剩下一人跟着他回来。

张骞出使西域，虽然没有完成最初的军事目的，但带回了沿路获得的信息，大大拓展了世人的认识，建立了大汉与西域之间的交流。长期在匈奴的生活，也让张骞熟悉了匈奴境内的地形，知道水草的分布情况。此时，卫青正率军频繁出击匈奴，汉武帝便让张骞随同卫青行军，凭借张骞的丰富经验，汉军经常能获得水草，张骞因功被封为"博望侯"。然而两年之后，张骞与李广分兵出击时，因为误期导致李广部队惨败，他被削去了爵位。张骞此后说服汉武帝，派他带着重金厚礼和大量人员再次出使西域，这次出使的目的是彰显大汉的繁荣强大，让西域各邦臣服于大汉天子的威德之下。后来，张骞果然带着西域的使节们回到了长安，张骞被任命为大行，位列九卿，但一年后他便去世了。许多人步张骞后尘，或怀着雄心壮志，或揣着贪心私欲不断出使西域。从此，与西域的沟通更为频繁，推动了文明的交融，并带来物品、人群、金钱的交换。当然，还有一件汉武帝最渴望的东西——汗血宝马。

通使西域后，乌孙提出与大汉和亲，并献上乌孙马作为礼物。这些骏马深得天子的欢心。后来汉武帝又得到了大宛国的汗血马，比之乌孙马更为健壮雄伟，被武帝命名为"天马"。随着卫青、霍去病率领汉军不断将匈奴驱逐，大汉在西境设置郡县、建造堡垒、驻扎军队，保障了通往西域的交通，使者、商人越来越多，葡萄、苜蓿等西域的物产被引进并被大量种植。熟悉大宛的人告诉汉武帝，在大宛的贰师城有大量"天马"，但都藏起来不让汉朝使者带回。汉武帝心动不已，立刻派人带了大量财物和金马前往贰师城，不过大宛人拒绝了汉朝使者。汉使一怒之下，当众砸碎了带去的金马，并威胁将派军队来讨伐。大宛人也被激怒了，他们将汉使杀死在归途中，并夺走了他们带来的财物。消息传到长安，武帝大怒，他任命李广利为贰师将军，率领六千骑兵出征大宛，前往贰师城抢夺宝马。李广利是武帝宠爱的李夫人的兄长，武帝认为这是为他提供了一次建功封侯的机会。然而，出征大宛路途遥远，汉军沿途得不到补给，兵员大减，还没到贰师城就险些全军覆没，只能灰溜溜地撤回。李广利害怕被武帝问罪，停留在敦煌。当时，汉军在与匈奴作战时损失很大，但汉武帝为了出这口气，在全国征调了六万人马以及大量的补给。这一回，凭借着大汉的强大实力，李广利终于攻破了贰师城，逼得大宛人投降并献上了骏马。为了这些马，汉朝付出了如此多的人力物力，同时也让西域各国见识了汉朝的强大实力，纷纷向大汉天子表示臣服。

天人之间

普天之下，都是汉武帝的臣民，即便是远在千里之外的天马，他也能予取予求。但是，骑着天马并不能上天，而汉武帝最向往的正是求道成仙，长生不老。

汉武帝和当时很多人一样，相信天上有神，海中有仙，并且世间一定有人见过他们，也一定有人知道成仙的法门。有一个叫李少君的人，据说有长生不老的秘诀，他名气很大，还有很多信徒。有一回，在武安侯田蚡的酒宴上，李少君对在座的一位九十多岁的老者说："我曾与你的祖父一起去过很多地方打猎。"老者大吃一惊,因为李少君说的那些地方,他的祖父生前确都曾去过,于是满座哗然。又有一次,汉武帝召见李少君,拿出一个古董铜器,李少君一见就说:"这是春秋时,齐桓公在柏寝台陈列过的器物。"武帝命人查看铜器底部的铭文,果真如此。李少君自称七十多岁,但他却仿佛经历过很久以前的事情,人们都猜测他有几百岁。武帝也对李少君敬重有加,跟着他炼金求仙,对他深信不疑。然而,过了一段时间,李少君居然死了!但汉武帝执着地认为他没死,只是形神分离了,居然还派了一个官员继承他的方术继续求仙。

汉武帝又找到一位名叫少翁的来自齐地的方士,据说能差使鬼神。汉武帝宠爱的王夫人去世不久,少翁称能够让武帝再见到她。于是少翁做法,武帝真的看到帷幕后面有个人影在动,隐约像是王夫人。少翁因而被封为文成将军,武帝又按照他的法子求仙,但很快少翁的一些把戏被拆穿了,武帝一怒之下把他杀了。但是,更多的方士们出现在汉武帝的视线中,而汉武帝也孜孜不倦地寻求着仙人的踪迹。过了一段时间,又来了一个叫栾大的方士,通过一些手法获得了武帝的信任,汉武帝陆续封他为五利将军等四个将军尊号,甚至还将自己与卫子夫的女儿许配给了栾大。过了几年,栾大入海寻仙的欺君把戏也演不下去了,汉武帝又把他杀了。

当初汉文帝曾被一位叫新垣平的方士所骗,文帝将新垣平夷族后,对神明之事便不感兴趣了,连祭祀都不亲自参加。在这一点上,汉武帝完全不像他的祖父,他对寻仙问药之事孜孜以求的样子,更像当年的秦始皇,并且成了继秦始皇之后，又一位在泰山封禅的皇帝。

　　泰山封禅，是皇帝祭祀天地的最盛大的仪式，据说远古时代的黄帝就曾因封禅而成仙。有一年，民间出土了一个巨大的鼎，方士公孙卿对汉武帝说："宝鼎出现之后应举行封禅，封禅后便能得道成仙。古时候，黄帝就曾登泰山封禅，他铸造了宝鼎，上天感应到了，派了一条龙来迎接他，龙的胡须从云中垂了下来，于是黄帝顺着龙须爬到龙背上，他的臣子侍妾们也纷纷跟着爬上来，最后有七十多人骑上了龙。这时候龙飞升起来，一些小官还揪着龙的胡须也想上天，但龙须断了，他们都掉了下来……"公孙卿的故事讲得绘声绘色，汉武帝听得如痴如醉，他情不自禁地说道："哎呀，如果我能够像黄帝一样，我会像扔鞋子一样，舍弃掉人间的妻子儿女。"

　　于是，汉武帝与大臣、学者们商议泰山封禅之事，但自古以来没有封禅的具体细节流传下来，儒生与方士们又各执一词，因而封禅大典在争论中准备了很长时间。几年后，汉武帝终于来到了泰山正式封禅。他先在泰山顶的东边举行了祭天的封礼，接着他只带了掌管车马的近侍官员——奉车都尉霍子侯（即名将霍去病之子霍嬗）作为唯一的随从，从正面山道登上了泰山顶，再次举行秘密的祭祀仪式，直到第二天从背面山道下山。之后，汉武帝又在泰山东北方的肃然山举行了祭地的禅礼。封禅顺利完成之后，汉武帝很高兴，因为没有遭遇当年秦始皇封禅时的风雨。心情大好的汉武帝又在方士们的陪同下，东临大海，想一探海中的仙岛。神仙没有遇到，却死了一名官员，他就是不久前陪同天子上山的霍子侯，他忽然生病，一天之后便暴毙了。汉武帝很快结束了这次不愉快的东巡，当年五月回到了甘泉宫。这一年因为进行了泰山封禅的缘故，汉武帝将年号改为"元封"。

《史记》的历史记录止于汉武帝在位时，而汉武帝的历史在《史记》之外仍延续着。司马迁笔下的当朝天子，是那个时代活着的统治者，盖棺才能定论，司马迁写《史记》时，甚至根本不知道当朝天子的谥号是孝武皇帝，从这个角度说，《今上本纪》也确实很难为武帝立传。但是，汉武帝的身影出现在《史记》所有记录这一时代的书、表、世家和列传中，出现在所有这一时代人物的生死荣辱、悲欢离合和爱恨情仇中。汉武帝的永恒来自那个差点被他杀死，却又忍辱偷生的卑微臣子——太史公司马迁。

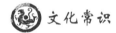 文化常识

年号——汉武帝开创的纪年制度

讲到汉武帝时代的人物故事时，出现了"建元""元光""元朔"等许多纪年的年号，这是因为年号正是在汉武帝时代首创的。从此，年号制度被后世帝王沿用了两千多年。一起来了解关于年号的相关知识。

在年号使用前，古代帝王以王号加年数纪年。比如编年体史书《左传》是按照鲁国十二公的顺序记录的，开始于鲁隐公元年（公元前722年）。元年就是君主用新纪年的第一年，又被称为建元或改元。建元是指当原先的帝王去世或逊位后，新君即位开始用新元纪年。改元是同一位帝王在位

期间，因为某些特殊的事情而重新纪年。比如战国时秦惠文君在位第十四年时称王，于是称为更元元年，即更改纪元重新纪年的意思。又比如汉文帝也曾改元一次，文帝十七年得到刻有"人主延寿"的玉杯，以为上天所赐，于是为纪念这一祥瑞而改元。后来发现玉杯是方士新垣平设的骗局，于是夷其三族。后世将文帝改元前的年份称为前元，之后称为后元，在后世人看来，这次改元也带了点荒诞色彩，幸好此后汉文帝对所谓的祥瑞和方士们都敬而远之了。

汉武帝是第一个使用年号纪年的帝王，他一生在位五十四年，共使用了十一个年号，每一个年号的取名都根据这一年号期间出现的祥瑞或其他重要事件，比如"元光"是天上出现的彗星，"元狩"是捕获了被称为麒麟的瑞兽，"元封"是举行了泰山封禅大典，"太初"是制定并施行了太初历，等等。十一个年号中，前六个年号各使用六年，"太初"之后四个年号各四年，汉武帝去世前的两年则没有年号，后人称为后元。

汉武帝之后的帝王们都延续了取年号纪年的方法，有些皇帝在位期间只用一个年号，而有些则很多，比如唐高宗李治有十四个年号，而武则天在位二十一年有十七个年号，几乎每年都要更换。到了明清时期，皇帝在位时往往只用一个年号，因此后人也多用年号指称皇帝，比如"永乐皇帝""康熙皇帝""乾隆皇帝"……

大多数的年号由两个字组成，但也出现过两个字以上的，比如宋太宗的太平兴国、宋徽宗的建中靖国等，而年号的文字内容一般都包含了好的寓意。随着辛亥革命成功，清朝末代皇帝被废，使用了两千多年的年号纪年也从此废止，"宣统"也成了中国古代封建王朝的最后一个年号。值得一提的是，在中国古代使用年号的过程中，也影响了周边的一些国家，朝鲜、越南等国历史上都曾使用过年号纪年，日本至今仍在使用年号。

　　除了年号之外，汉武帝时期还制定了太初历，取代了自秦朝以来使用的颛顼历。太初历是中国第一部有完整文字记载的历法，对农业生产等都产生了非常重要的影响。在提议修改历法并实际参与制定了太初历的大臣中，就有《史记》的编著者——太史令司马迁。

 **原文选读**

《史记·封禅书》选段

　　少君资好方①，善为巧发奇中②。尝从武安侯饮，坐中有九十余老人，少君乃言与其大父③游射处，老人为儿时从其大父，识其处，一坐尽惊。少君见上，上有故④铜器，问少君。少君曰："此器齐桓公十年陈⑤于柏寝。"已而案⑥其刻，果齐桓公器。一宫尽骇，以为少君神，数百岁人也。

注解

　　① 方：方术。② 巧发奇中：巧妙地说一些话而能神奇地语中。③ 大父：祖父。④ 故：古老的，以前的。⑤ 陈：陈列。⑥ 案：同"按"，考察，察看。

30. 司马迁

　　《太史公自序》是《史记》的最后一篇，也就是第一百三十篇。汉时著书，序在最末，厘清文脉，卒章显志。虽然整部书的字里行间都有太史公的身影，但这最后的自序，则充分展现了著作者的身世、经历、思考和希冀，这是一篇太史公司马迁的传记。让我们通过《太史公自序》，走近这个远隔两千年，却恰似在眼前的、活生生的人。

家族之传续者

　　远在上古神话的时代，人神共处，不分彼此。颛顼隔离了天地，命南正（官名）重管理天上诸事，北正（官名）黎管理地上人事，于是绝地天通，人神分而治之。自此后，历经尧、舜、禹、汤的时代，也就是唐虞夏商之时，重黎的后人世世代代管理着天和地。周朝时，他们的后人是程伯休甫，但他在周宣王时失去了世代相传的职守，而做了另一个叫作司马的官职，从此便成了司马氏。司马氏在周朝世代为史官，一直到了周惠王、周襄王在位的年代，才离开周去了晋，司马一族也迁入了少梁。

司马氏入晋后便四散去了各地。有的在卫国，有的在赵国，有的在秦国。秦国的司马氏后人中出了一个司马错，他在秦惠文王时，曾与张仪展开辩论，后来秦王听取了司马错的意见，派他攻取蜀地后驻守在那里。司马错的孙子司马靳，是白起的部将，曾在长平之战中参与杀害了四十万赵军，后来也一起在杜邮被秦王赐死。司马靳的孙子司马昌是秦时主管冶铁的官员，他的儿子司马无泽则是主管长安集市的官吏。司马无泽的儿子司马喜有五大夫身份，他的儿子就是太史令司马谈。

司马谈曾向唐都学习观测天文星象的知识，还向杨何学习《易经》，并跟着黄生学习黄老之道。这三人都是各自领域里首屈一指的专家，唐都很长寿，在汉武帝时代还和司马迁等一同制定太初历，与司马父子都有过交往。司马谈在汉武帝建元至元封年间为官，前后约三十年任职太史令。他曾梳理诸子百家的理论，并就阴阳、儒、墨、名、法、道六家的精髓加以论述，在他精彩扼要的论六家要旨中，列举了五家的长短，而对道家采取完全肯定的态度，认为它包容各家所长，很明显司马谈最为推崇的仍是道家黄老思想。

司马谈做了太史令后，只掌管天文而不管理民事，他有一个儿子，就是司马迁。

山河之漫游者

司马迁出生在黄河边的龙门，小时候父亲还没有去都城做官，童年的司马迁跟着家人耕种、放牧，成长在黄河、龙门这样锦绣壮丽的山河之间，他一定怀着高远的志向，想要遨游于更广阔的天地吧。然而，按照汉代推举官僚的制度，司马迁很小便开始学习，他十岁就能诵读古文，他必须掌握相当数量的文字读写，背诵相当数量的条例律令，才能走上文书官员的选拔之路。在父亲司马谈的言传身教下，他一定很顺利地完成了这些考核，因为到了青年时代，他就开始了自己长时间的壮游。

二十岁时，司马迁远赴南方的长江、淮河流域，他登上了会稽山，探访传说中大禹到过的山洞——禹穴；他来到九嶷山，一览传说中埋葬虞舜，象耕鸟耘的圣地；他又泛舟沅水湘江，感受屈原披发吟诵，怀石自沉的悲愤，体悟贾谊触景伤情，凭吊古人的哀伤；他还向北渡过汶河泗水，到过韩信的故乡淮阴，听到这位无双的才俊当年忍辱负重的传说；他流连在齐、鲁的故都，在曲阜瞻仰孔子的古迹遗风，喟叹"高山仰止，景行行止"，他还在大儒孟子的故里——邹地，学习了乡射等儒家的仪礼；他在峄山寻访始皇帝的石刻，遥想当年秦人封禅泰山，希冀万世的大梦；他在游历鄱县、薛县和彭城一带时遇到一些危险，但并不妨碍他的旅程，他感叹孟尝君招揽来的作奸犯科者们的后代和当地粗悍的民风，他一览当年楚汉相争时黥布、项羽金戈铁马的战场，他倾听汉高祖和沛县那群开国功臣们当年在市井里的传闻轶事；最后，他经过了魏楚之地回到长安，沿途也见到了破败的大梁城墙，当年信陵君和侯生在此告别。所有那些英雄们的坟冢，如同这大梁的城墙一样，早已长满了荒草，但一回到长安，则是一片欣欣向荣的景象。

司马谈在朝廷任职后，司马家搬到了长安附近、渭水北岸的茂陵邑，一个聚集了天下豪杰富户，足有二十多万人口的大邑。司马迁随后也入侍为郎中，大多数时间在宫中侍奉皇帝，但武帝出巡时，郎官们也要随从，所以司马迁的游历生涯还没有结束。这一年，他奉命出使巴蜀以及西南诸郡。当时，朝廷刚刚平定了南越国的叛乱，并在西南地区设置了五个郡，司马迁正是代表朝廷视察安抚当地的民众。这一路他实地了解到唐蒙、司马相如当年开拓西南的功过，对武帝的雄图和民间的疾苦有了更多的认识。

历史之继承者

就在司马迁出使西南之后回来时，司马谈得了重病。原来，这一年武帝终于要去泰山封禅了，建汉以来的第一次，无数大臣、学者、方士前前后后无数次的争论和准备，都只为了这一次封禅仪式。然而，就在浩浩荡荡的封禅队伍出发前，太史令司马谈却被留在了雒阳，无法参与这百年难遇的盛世。悲愤交加之下，本已年迈的司马谈一病不起，万念俱灰，而此时，他唯一的儿子从远方赶回来了。

奄奄一息的司马谈，用尽最后的力气紧握着儿子的手，未开口而泪两行："我们的祖先都是周室的太史官，上古时代开始便世代相传的职守，难道会在我这里断绝吗？如果你继任了太史，那就续上祖业了。如今天子继承千年的传统，封禅泰山，但我却不能随行，这是命啊，是命啊！我死之后，你必为太史，为太史，不要忘了我本想要完成的论著。人尽孝道，始于孝顺父母，进而效忠君王，最后立身处世。扬名于后世，荣耀及于父母，这是大孝。天下称颂周公，因为周公制定了周礼，歌颂文王武王，一直追溯至周之始祖后稷；厉王幽王之后，王道衰微，礼崩乐坏，孔子修旧起废，修《诗》《书》，作《春秋》，至今仍为学者遵循；孔子修史至获麟，从那时至今已四百多年，期间诸侯兼并，史书绝迹，如今大汉兴起，天下一统，出现过那么多贤君忠臣死义之士，我作为太史却没能把他们记载下来，编成史书以留后世，我因此日夜惶恐不安，你千万要牢记我的念想！"听着父亲的嘱托，司马迁泪流满面："儿子虽不算聪敏，但一定会将先人所编订的旧闻轶事逐一论述，不敢缺漏！"不久，司马谈溘然长逝，而司马迁则随同天子封禅。

司马谈死后第三年（元封三年），司马迁果然继任成了太史令。四年后（太初元年），他参与修订了太初历，这是作为太史令的重要本职工作。太初历的施行，无论在汉代历史上，还是在司马迁的人生中，都是具有重要意义的事件。当然，司马迁没有忘记父亲的遗言，他不断收集整理着各类史书，并翻阅国家收藏在石室中的古籍资料，一刻不停地进行着撰写史书的准备工作，等修历工作完成，他便将全副精力都投入到编撰史书的工作中去了。

人间之记录者

司马迁如今继承父亲的衣钵，成了太史公，他对自己说："父亲曾说过'自周公去世后，五百年而出现孔子，孔子去世至今也是五百年，那么谁能够记载这盛世，修正《易传》，接续《春秋》，推究《诗》《书》《礼》《乐》的要义？'他说的难道不就是我嘛！一定是我！我又怎敢推让呢。"

壶遂与司马迁相熟，曾一起向天子上奏修改历法。知道司马迁在编著史书，壶遂有一次问他："孔子为什么编撰《春秋》这部史书？"司马迁用自己习得的董仲舒的话洋洋洒洒发表了一番雄论，阐述周道衰微后，《春秋》起到了拨乱反正的作用，并说："《春秋》文成数万，其指数千，万物之散聚皆在《春秋》。"按照他的说法，《春秋》几乎成了世间一切行为的准绳。于是，壶遂敏锐地指出："孔子遭逢乱世，然而现在是明君治世，万物皆有理可循，那太史公著述史书又有什么可匡正的呢？"司马迁意识到壶遂的善意提醒，于是补充自己的观点："自古以来，盛世也需要彰显明君的德行，《易经》《尚书》《诗经》等都是盛世之作，而《春秋》的内容既有歌颂也有讽刺。汉兴以来，天子圣明，这样的盛世明君，需要有人彰显，那么多的能人贤士，需要有人记载，这都是太史官的职责，而先人的嘱托，我也万不能忘记。"司马迁又谦虚地说，"至于我记录的旧闻故事，只是整理，而非创作，绝不敢与《春秋》相提并论。"然而，当司马迁执笔著述史书时，内心应该还是充满了当仁不让，舍我其谁的壮志吧。

司马迁怀揣着嘱托和使命，日复一日地编撰史书。七年过去了，史书还没最终完成，而灾祸却先一步到来。因为替李陵辩护，司马迁遭受腐刑。蒙冤受屈向谁诉，奇耻大辱何以堪，司马迁叹息着："完了，全是我的错，身体已毁，名誉已毁，我成了废物！"然而，李陵之祸终究没有摧毁他，他看到了古往今来著述者的宿命："《诗》《书》文简意晦，原来都是深藏了作者的思索啊。当年西伯被拘在羑里，演绎《周易》；孔子被困在陈、蔡，著述《春秋》；屈原遭放逐而有《离骚》；左丘失明完成《国语》；孙膑断膝论著《兵法》；吕不韦流放去蜀地，《吕览》传于世间；韩非子囚禁在秦国，《说难》《孤愤》成为名篇；《诗》三百篇，也都是圣贤抒发内心悲愤而作。这些都是因为心有郁结而无处可发，无人可诉啊，所以才只能讲那些过去的事，给将来的人听。"太史公明白，这也是他的宿命，于是擦干了血和泪，忘记了荣与耻，继续夜以继日地著述，终于完成了这部上自黄帝，下至武帝获麟的史书——《太史公书》，即《史记》。

《史记》包括记述历代帝王的《本纪》十二篇；记录各年大事的《表》十篇；记载各方面典章制度的《书》八篇；记述各朝诸侯的《世家》三十篇；记述帝王将相、豪杰平民等各色人物的《列传》七十篇。共一百三十篇，五十二万六千五百字。

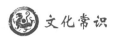 文化常识

《报任安书》——为什么我还活着

除了《史记》外，司马迁留下的文字并不多，所幸我们还能看到他写的一封书信。这封充分表露了他著述《史记》的心路，感动了后世无数人的信就是《报任安书》。

司马迁遭受腐刑后，成了一名宦官，后来被任命为中

书令，负责宫内天子文书的上通下达。这个官职因为亲近天子，所以看上去比原先的太史令更受尊宠，甚至俸禄也要比太史令高。但是司马迁在这个岗位上无所作为，正因为如此，好友任安写信给他，希望他能利用近侍的身份"推贤进士"。司马迁半年间没有写回信，或许是公务缠身，或许只是不想回，但半年之后，任安被下狱，即将问罪行刑，于是司马迁终于写了回信，向好友吐露心声，做个交代。

《报任安书》中，司马迁以解答任安的疑惑为开始，回答了三个问题，层层递进，最终揭露内心的真相。

第一个问题，也就是任安的不解和疑惑：为什么担任中书令却碌碌无为，没有推贤进士？因为司马迁对这个看似尊宠的近侍职位深恶痛绝，对自己宦者的身份感到深深羞耻。

变成如今这样悲惨的局面，自然要追溯到李陵之祸。司马迁接着回答了第二个问题：为什么要替李陵辩护而惹祸上身？因为李陵是位君子，甚至是位英雄，司马迁看重君子，更看重事实，而且他的初衷是为天子解忧。不幸的是，他直言不讳的时机错了，所以他所说的话，他所抱的初衷就全都错了。武帝勃然大怒，认为司马迁诋毁贰师将军令自己难堪，司马迁竟被判了诬罔的死罪。此时，司马迁或可以用赎金买命抵罪，但是他没有钱，而所谓的朋友故交，此时都害怕受到株连，没有一个出来替他分担。于是，司马迁被逼入了绝境：死去，或者……腐刑。对于当时的士大夫来说，被处死尚且羞耻，往往在动刑前便选择自行了断，而腐刑则是比死更令人不齿的刑罚，即便苟活着，一辈子也将生不如死。但令人意外的是，司马迁最终选择了接受腐刑。

　　司马迁回答了最关键的第三个问题：为什么选择腐刑，而没有去死？因为还有未完成的使命、未兑现的承诺、未竟的事业——编著史书。司马迁说"人固有一死，死有重于泰山，或轻于鸿毛"，贪生恶死虽是人之常情，慕义死节却也并非难事，而自己隐忍苟活的原因是因为"恨私心有所不尽，鄙没世而文采不表于后也"。最后，司马迁告诉任安，自己已经做成了这件事，所以别说接受腐刑的耻辱，"虽万被戮，岂有悔哉"！

　　活着都不怕，难道还会怕死吗？这是怎样的信仰和勇气！

　　活着为了著述，出入于宫殿中的中书令只是一具行尸走肉，埋身于简竹间的太史公才是无冕之王。司马迁在自己建造的世界中尽情地呐喊、欢笑、哭泣，肆意地批判、赞扬、嘲讽，他披发狂歌、仗剑逍遥、狂飙突进、力挽狂澜，他活在这一百三十篇的文章中，活在这五十二万六千五百个文字中，那是一项和他上古时代的先祖绝地天通一样的伟业——"究天人之际，通古今之变，成一家之言"。

　　任安应该收到了《报任安书》，因为他很快被赦免了，不过他没逃过两年后的厄运——因为卷入巫蛊之祸而被腰斩。任安以及司马迁另一位好友田仁的故事，都被褚少孙补写进了《太史公书》中。褚少孙是几十年后汉元帝时期的博士，他非常喜欢《太史公书》，并为当时《太史公书》中只存目录而佚失的十多篇补写了内容，是后世众多补写者中最知名的一个。

　　司马迁有一个女儿，嫁给了杨敞，他们有两个儿子——

杨忠和杨恽。女婿杨敞后来官至丞相，外孙杨恽很喜欢外祖的著述，他成为第一个将《太史公书》传之于世的人。不过，后来杨恽也和外祖一样，因为直谏而获罪，最终被处以腰斩。

司马迁死于何时，已无从知晓，《报任安书》是他留下的最后的作品，也为《史记》写下了最好的注脚——用虔诚的一生成就的一部万世不朽的著作。

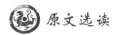 原文选读

《史记·太史公自序》选段

夫《诗》《书》隐约者，欲遂其志之思也。昔西伯①拘羑里，演《周易》；孔子厄②陈、蔡，作《春秋》；屈原放逐，著《离骚》；左丘③失明，厥有《国语》；孙子④膑脚，而论《兵法》；不韦⑤迁蜀，世传《吕览》；韩非囚秦，《说难》《孤愤》⑥；《诗》三百篇，大抵贤圣发愤之所为作也。此人皆意有所郁结，不得通其道也，故述往事，思来者。

注解

①西伯：即周文王。②厄：困厄，遭遇困难。③左丘：左丘明，《国语》《左传》的作者。④孙子：孙膑，战国时期的军事家（此处《兵法》指《孙膑兵法》）。⑤不韦：吕不韦（此处《吕览》即《吕氏春秋》）。⑥《说难》《孤愤》：《韩非子》中的名篇。

跋

　　看完了三册《月读〈史记〉》书稿，我冒出来一个假设：如果没有《史记》，中国的历史要如何继续书写？

　　这是个不成立的假设，因为纵然没有司马迁，也一定会有别的人吧，这事一定会有人做的。因为每个时代都有人关注未来，即使在黑暗的战火纷飞中、在家天下的历史盲盒中，依然有洞若观火、薪尽火传，有百家竞起、九流互作。因为作为人，我们内心总是怀着希望，总是在追光。

　　追光的人一直在光明和黑暗边缘出没。太史公就是这样的追光者，跑进光影之下就是"演周易""作春秋"，被甩到光影之外，一样是"左丘失明""韩非囚秦"。如此出没于光影内外，就像白天和黑夜打架，左手与右手互搏，太史公一边挣扎于生理和心理，一边纠结于善与恶，"诚以著此书，藏之名山，传之其人，通邑大都"，已经打破了上古史家为天作史的传统，要给世人打开一扇门。

　　《月读〈史记〉》则是给现在的孩子们推开了一扇窗，鼓励他们去触碰时间隧道里的星辰，这星辰就打扮成故事的模样。历史当然有偶然必然、具体抽象，但一定都附着在故事上。《史记》是历史书，而《月读〈史记〉》是历史的书。历史书和历史的书不一样，历史书讲故事是有教化作用的，历史的书却是借着历史讲故事。

我们今天读到的历史，都是历史想要给我们看到的，是太史公们凭自己的史才、史识、史德所留下的汉字。我们能为这大美的汉字做点什么呢？或许就像《月读〈史记〉》这样，带着守护汉字之美的责任感和使命感，多给读者们讲几个成语故事、还原几帧从前，对得起读到这本书的人。

《史记》在自己的历史中无数次被碰到，而这次碰到的是三石五：一位热爱课堂和中国传统文化的中年教师，一样三餐四季，一样含饴弄"儿"，一样想要在古籍和学生之间架设一座兴趣的桥梁；跟我们不一样的是，这座桥梁已搭建完成。随着《月读〈史记〉》三册付梓，三石五想到要"找个人写跋"。

于是有了这篇跋，而这个人就是我。

徐 速

壬寅年初冬